现代交通需求预测理论
与模型研究综述

XIANDAI JIAOTONG XUQIU YUCE LILUN
YU MOXING YANJIU ZONGSHU

刘丽华 著

吉林科学技术出版社

图书在版编目（CIP）数据

现代交通需求预测理论与模型研究综述 / 刘丽华著.
-- 长春：吉林科学技术出版社，2021.6
ISBN 978-7-5578-8246-4

Ⅰ.①现… Ⅱ.①刘… Ⅲ.①城市交通—交通需求—预测—研究②城市交通—交通模型—研究 Ⅳ.① F57

中国版本图书馆 CIP 数据核字（2021）第 119111 号

现代交通需求预测理论与模型研究综述

著　　者	刘丽华
出 版 人	宛　霞
责任编辑	端金香
封面设计	皓　月
制　　版	刘　佳
幅面尺寸	170mm × 240mm　1/16
字　　数	242 千字
页　　数	204
印　　张	12.75
印　　数	1-1000 册
版　　次	2021 年 6 月第 1 版
印　　次	2021 年 8 月第 1 次印刷

出　　版	吉林科学技术出版社
发　　行	吉林科学技术出版社
地　　址	长春市福祉大路 5788 号出版大厦
邮　　编	130118
发行部电话 / 传真	0431-81629529　81629530　81629531
	81629532　81629533　81629534
储运部电话	0431-86059116
编辑部电话	0431-81629517
印　　刷	三河市嵩川印刷有限公司

书　　号	ISBN 978-7-5578-8246-4
定　　价	50.00 元

版权所有　翻印必究　举报电话：0431-81629508

内容提要

NEIRONG TIYAO

本书对现代城市交通需求预测理论与模型进行系统分析，涉及交通生成、交通分布、方式划分、交通分配四个阶段预测模型的国内外研究进展、各个阶段的经典模型、改进模型及应用，交通需求融合模型，基于大数据的交通需求预测理论研究。书中内容详细，从理论体系着手，从实践角度出发完善交通规划的理论，是一本反映交通需求预测理论的著作。

作者简介
ZUOZHE JIANJIE

刘丽华（1984—），女，河北唐山人，博士，讲师，东南大学交通运输规划与管理专业博士后。近年来参与国家自然科学基金项目2项，主持完成省级项目1项，参与省级项目2项，获批中国博士后基金面上项目1项，获批江苏省博士后科研资助项目1项；发表学术论文13篇，其中，EI检索5篇，SCI检索1篇，中文核心2篇；出版专著1部，副主编教材1部；授权专利2项。主要研究方向：城市交通规划（交通需求分析）。

本书基金项目资助：

国家自然科学基金重点资助项目《综合交通运输体系一体化交通分析技术》（编号：51878166）；

中国博士后科学基金资助项目《城市居民出行选择行为及出行方式分担率模型与软件实现》（编号：2020M671302）；

江苏省博士后科研资助计划项目《考虑出行者类别与优势运距的城市居民出行方式划分模型与软件设计》（编号：2020Z238）。

前 言
QIANYAN

　　城市交通需求预测理论与模型一直以来都是国际上交通学科研究的热点之一。交通需求预测理论包括交通发生、交通分布、交通方式划分和交通分配四个步骤，也叫作"四阶段法"。四阶段法逻辑明确、步骤分明，在实际工程项目中获得了广泛的应用，被更多地应用于交通需求预测中，基于该方法开发的交通规划软件也被广泛使用，交通需求预测四个阶段都有具体的理论和相应的模型。然而，随着四阶段法相关理论和模型的广泛应用，经典预测法出现了预测过程数据量大、耗时长、交通小区划分主观性大等问题。

　　现代交通需求预测研究的重点是如何开发更加符合现代社会和居民出行行为、符合可持续发展的交通需求预测理论。鉴于此，作者编著了《现代交通需求预测理论与模型研究综述》一书，对现代城市交通需求预测理论与模型进行系统分析，重点围绕交通生成、交通分布、方式划分、交通分配四个阶段预测模型的国内外研究进展、经典模型、改进模型及应用展开，并对不同组合条件下的交通需求融合模型、交通强国背景下的交通需求预测进行研究。

　　全书共分为七个章节，第一章是对现代城市交通需求分析理论与模型进行系统分析，并对相关软件进行介绍；第二章是交通生成预测模型，包括交通生成预测模型国内外研究情况综述，交通生成预测各类典型模型及改进模型分析，土地利用、社会经济发展水平、个体及家庭因素等影响交通生成的主要因素及各自对交通生成的影响分析；第三章是交通分布预测，包括交通分布预测模型国内外研究情况总结，增长系数模型、重力模型、熵模型、介入机会模型及各类改进模型的国内外研究情况综合分析；第四章是交通方式划分预测，包括国内外各类交通方式划分预测典型模型及改进模型的研究及发展，基于优势出行距离的交通方式划分模型、宏观与微观相结合预测方法，不同交通方式的出行行为及对应的方式划分模型，区域多模式综合交通出行行为特征分析及方式划分研究;第五章是交通分配模型,包括交通分配静态、动态预测模型国内外研究综述、交通阻抗函数研究综述,经典静态均衡、非均衡分配模型分析,以及动态交通分配模型;第六章是交通需求融合分析模型,包括各类由交通生成、交通分布、交通方式划分、交通分配等步骤中某两个或某三个阶段组合模型;第七章是基于大数据的交通需求分析进行研究。本书涉及交通需求预测的第二到第五章每章均从两个大方向上来论述,一是国内外研究综述,二是经典模型及改进模型。

在撰写的过程中,理论知识极为丰富,并注意将理论与实际相结合,有较强的实用性,相关资料图表的选择上,以最新的资料为标准,紧跟时代的脚步。

笔者在撰写本书时,得益于许多同仁前辈的研究成果,尤其是本人所在的东南大学王炜教授课题组,相关研究成果已经在本书参考文献中引出,如有遗漏,请各位同仁批评斧正。通过学习同仁前辈的研究成果既受益匪浅,也深感自身所存在的不足。虽然力求知识全面、分析透彻,但由于本人水平有限,在撰写时难免存在不足之处,还请读者批评指正。

本书得到以下基金项目资助,在此一并表示感谢:国家自然科学基金重点资助项目《综合交通运输体系一体化交通分析技术》(编号:51878166);中国博士后科学基金资助项目《城市居民出行选择行为及出行方式分担率模型与软件实现》(编号:2020M671302);江苏省博士后科研资助计划项目《考虑出行者类别与优势运距的城市居民出行方式划分模型与软件设计》(编号:2020Z238)。

作者
2021 年 1 月

目录 MULU

1 交通需求预测国内外研究现状综述 …………………………… 001
　1.1 非集计模型在城市交通需求预测中的应用 ……………… 001
　1.2 城市交通需求预测理论与方法体系 ……………………… 002

2 交通生成预测 ………………………………………………………… 005
　2.1 国内外研究综述 …………………………………………… 005
　2.2 交通生成主要影响因素 …………………………………… 007
　2.3 交通生成预测集计模型 …………………………………… 010
　2.4 交通生成预测非集计模型 ………………………………… 022

3 交通分布预测 ………………………………………………………… 032
　3.1 国内外研究综述 …………………………………………… 032
　3.2 经典预测模型 ……………………………………………… 035
　3.3 经典交通分布预测模型的改进 …………………………… 048

4 交通方式划分预测 …………………………………………………… 055
　4.1 国内外研究综述 …………………………………………… 055
　4.2 交通方式划分预测集计模型 ……………………………… 060
　4.3 交通方式划分预测非集计模型 …………………………… 061

4.4　宏观与微观相结合的方法 …………………………………… 065
　　4.5　基于优势出行距离的交通方式划分模型 …………………… 066
　　4.6　城市分方式出行行为特征分析及方式划分研究 …………… 093
　　4.7　区域多模式综合交通出行行为特征分析及方式划分研究 … 129

5　交通分配预测 ………………………………………………………… 132
　　5.1　交通分配预测模型国内外研究综述 ………………………… 133
　　5.2　交通阻抗函数 ………………………………………………… 136
　　5.3　静态交通分配模型 …………………………………………… 141
　　5.4　动态交通分配模型 …………………………………………… 150

6　交通需求融合分析模型 ……………………………………………… 153
　　6.1　交通需求融合分析研究综述 ………………………………… 153
　　6.2　交通生成 – 交通分布组合模型 ……………………………… 154
　　6.3　交通分布 – 方式划分组合模型 ……………………………… 155
　　6.4　交通分布 – 交通分配组合模型 ……………………………… 157
　　6.5　方式划分 – 交通分配组合模型 ……………………………… 157
　　6.6　交通需求融合分析模型应用前景分析 ……………………… 159

7　基于大数据的交通需求预测 ………………………………………… 161
　　7.1　基于出行链的交通需求预测 ………………………………… 161
　　7.2　基于多元大数据的交通需求预测 …………………………… 165

参考文献 …………………………………………………………………… 170

1 交通需求预测国内外研究现状综述

城市交通需求预测是国际上交通学科研究的热点之一。作为交通需求预测的经典四阶段法[1]在工程实践中得到了广泛的应用，基于四阶段开发的交通规划软件也不断发展完善。

然而，随着四阶段法相关理论和模型的广泛应用，四阶段预测法自身的问题日益显露出来，比如对交通方式划分方法争议、预测过程数据量大、耗时长、交通服务水平变量不协调、小区划分主观性大等。面对多样化的交通方式，交通需求预测理论亟待进一步深化。

近年来看，随着研究的不断深入，预测方法由集计走向非集计，预测模型也由静态发展到动态，研究人员也逐渐研发了各种各样的交通需求预测软件；而"互联网＋交通大数据"时代的到来，使得大数据与交通需求预测得以融合，出现了基于出行链、大数据的分析技术。

1.1 非集计模型在城市交通需求预测中的应用

四阶段法及传统集计模型的局限性使得研究人员将目光转向了非集计模型。非集计模型强调其与集计模型的不同，通常也叫非集计行为模型（disaggregate behavioral model），是非集计分析的产物，是相对于离散选择模型用分散的家庭或者个人的数据来估计任何家庭或者个人的出行可能性，然后输出结果可以合计起来用于预测出行生成的次数。传统的交通规划通常先将研究区域或目标群体划分成若干个小区或群体等特定的集合体，接着以这些小区或群体为基本单位，展开讨论、分析及预测。建模时以这些集合为单位进行集计的统计及分析。通过上述集计处理得到的数据称为集计数据，而用集计数据所建立的模型就叫作集计模型。非集计模型建模过程不再是对样本进行集计或扩大处理，而是以个人为单位，将调查所得数据直接用于建模，详细对比如表1-1所示：

表 1-1 集计模型与非集计模型对比

比较项目	集计模型	非集计模型
调查单位	各次出行	各次出行
分析单位	交通小区	个人（或家庭）
因变量	小区统计值（连续量）	个人的选择（离散量）
自变量	各小区的数据	每个人的数据
预测方法	回归分析等	最大似然法
适用范围水平	预测交通小区	任意
政策的体现	交通小区代表值的变化	个人变量的变化
交通现象的把握方法	出行频率	出行的发生与吸引
	出行分布	目的地选择
	出行方式划分	交通方式划分
	路径分配	路径选择

典型的非集计模型有 Logit 模型、Probit 模型。Logit 模型、Probit 模型分布假定效用的概率变动项分布服从相互独立的 Gumbel 分布、多元正态分布。非集计模型作为集计模型的替代和补充，研究逐渐深入。

我国目前很多城市处于快速建设阶段，可持续发展及交通基础设施资源的合理配置等愈加重要。同时，交通规划也从硬件设施改善向智慧交通发展。随着非集计模型研究的不断深入，其应用将更广泛。

1.2 城市交通需求预测理论与方法体系

交通模型[2]是反映交通系统内在规律的数据模型组合，通过数学、图形、影像、视频等形式来描述，融合交通工程学、经济学、统计学、行为学等多学科基础理论，运用数理统计及和计算机技术，对交通政策与规划、建设与投资、运行与管理等各阶段决策提供重要的定量分析工具。

国内外学者从交通生成、交通分布、方式划分，交通分配等方面对交通需求预测进行了深入的探究和实践，形成了如图 1 中所示城市交通规划模型理论与方法体系。

1 交通需求预测国内外研究现状综述

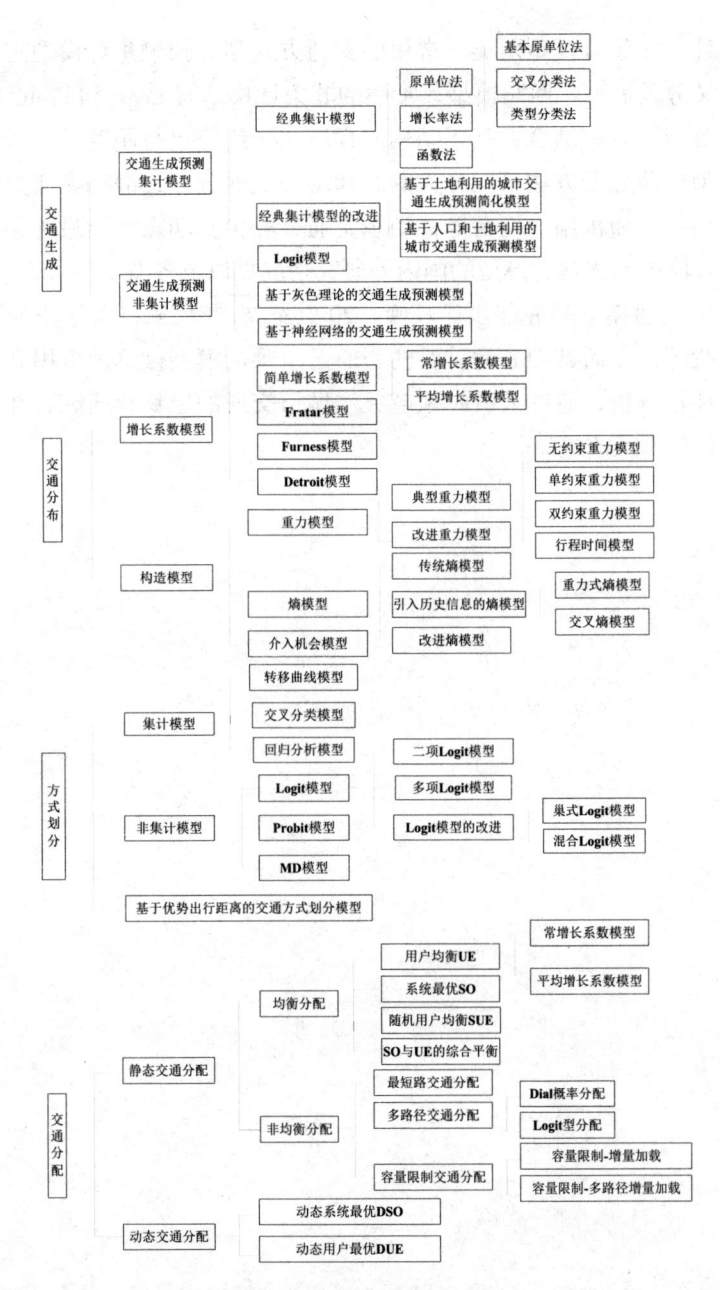

```
                                            ┌─ 基本原单位法
                            ┌─ 原单位法 ─────┼─ 交叉分类法
             ┌─ 经典集计模型 ─┼─ 增长率法      └─ 类型分类法
             │               └─ 函数法
┌─ 交通生成预测 ┤               ┌─ 基于土地利用的城市交通生成预测简化模型
│  集计模型    └─ 经典集计模型的改进 ┤
│                               └─ 基于人口和土地利用的城市交通生成预测模型
交通生成 ┤
│             ┌─ Logit模型
└─ 交通生成预测 ┼─ 基于灰色理论的交通生成预测模型
   非集计模型   └─ 基于神经网络的交通生成预测模型

                ┌─ 简单增长系数模型 ─┬─ 常增长系数模型
                │                   └─ 平均增长系数模型
   ┌─ 增长系数模型 ┼─ Fratar模型
   │              ├─ Furness模型                     ┌─ 无约束重力模型
   │              └─ Detroit模型                      ├─ 单约束重力模型
交通分布 ┤                           ┌─ 典型重力模型 ──┼─ 双约束重力模型
   │              ┌─ 重力模型 ──────┤                └─ 行程时间模型
   │              │                 └─ 改进重力模型
   └─ 构造模型 ───┤              ┌─ 传统熵模型        ┌─ 重力式熵模型
                  ├─ 熵模型 ────┼─ 引入历史信息的熵模型 ┤
                  │              └─ 改进熵模型         └─ 交叉熵模型
                  ├─ 介入机会模型
                  └─ 转移曲线模型

             ┌─ 集计模型 ──┬─ 交叉分类模型
             │             └─ 回归分析模型
             │                              ┌─ 二项Logit模型
方式划分 ┤   ┌─ Logit模型 ──┬─ 多项Logit模型   ┌─ 巢式Logit模型
             ├─ 非集计模型 ─┼─ Probit模型    └─ Logit模型的改进 ┤
             │             └─ MD模型                          └─ 混合Logit模型
             └─ 基于优势出行距离的交通方式划分模型

                                 ┌─ 用户均衡UE           ┌─ 常增长系数模型
                  ┌─ 均衡分配 ───┼─ 系统最优SO           └─ 平均增长系数模型
                  │              ├─ 随机用户均衡SUE
   ┌─ 静态交通分配 ┤              └─ SO与UE的综合平衡
   │              │              ┌─ 最短路交通分配      ┌─ Dial概率分配
交通分配 ┤        └─ 非均衡分配 ─┼─ 多路径交通分配      ├─ Logit型分配
   │                             └─ 容量限制交通分配    ├─ 容量限制-增量加载
   │                                                   └─ 容量限制-多路径增量加载
   └─ 动态交通分配 ┬─ 动态系统最优DSO
                  └─ 动态用户最优DUE
```

图 1-1 城市交通规划模型理论与方法体系

交通生成预测的集计模型包括原单位法、增长率法、函数法等，交通生成预测的非集计模型有 Logit 模型、灰色预测模型、神经网络模型；交通分布预测模型有增长系数模型、构造模型；在交通方式划分过程中，根据方式选择研究单位的不同，

003

同样分为集计和非集计模型两类，常用的交通方式划分预测集计模型主要有转移曲线模型、交叉分类模型、回归模型；常用的非集计模型有 Logit 和 Probit 模型，除此之外还有宏观与微观相结合、基于结构方程、基于优势出行距离的方式划分模型；交通分配模型按照分配方法不同分为静态和动态交通分配，静态交通分配包括系统最优、用户均衡、随机用户均衡等，动态交通分配包括动态系统最优和用户最优分配模型。四阶段中上述各类模型的国内外研究情况见以下各章节。

我国城市交通模型研究起步比较晚，20世纪70年代末，美籍华人张秋将交通工程学引入我国，之后其中非常重要的交通需求预测模型被迅速应用到交通规划、交通建设和评估分析，研究人员越来越关注城市交通的定量化研究，并对经典"四阶段法"进行分析及改进。

2 交通生成预测

交通生成预测是求得各个交通小区的交通生成量，然后通过总量约束条件限制，求出各小区的交通产生和吸引总量。

本章对交通生成预测模型国内外研究情况进行总结，详细分析土地利用、社会经济发展水平、个体及家庭因素等影响交通生成的主要因素及各自对交通生成的影响，并对国内外模型研究情况进行综述，最后重点针对交通生成预测各类典型模型及其改进情况进行综合分析。

2.1 国内外研究综述

根据预测方法不同，交通生成预测模型分为集计模型和非集计模型两大类。

2.1.1 交通生成预测集计模型国内外研究综述

国内外常用的交通生成预测集计模型主要有原单位法、增长率法、函数法。原单位法包括基本原单位法、交叉分类法、类型分析法，但是原单位法只能考虑单一因素，仅能用于较为粗略的估计。其中增长率进行预测的过程中，会将发生、吸引量的增长率按照某些特征指标的增长率来进行处理；常用的函数法有回归分析、增长系数、时间序列等。

以上集计模型在使用过程中，存在以下不足：

（1）需收集大量的相关的数据，包括小区人口数、小区所能提供的就业岗位数、家庭规模及成员的构成、家庭收入及交通工具的拥有量等。在数据收集的过程中，由于涉及的部门较多，经常会出现统计口径不一、收集困难、数据矛盾的现象。

（2）传统函数法虽然以各类性质的土地利用等因素为自变量，运用回归分析等方法构建了交通生成预测模型，但是大部分模型均比较简单，或者认为各自变量与交通生成量为简单的线性相关。

（3）只考虑了常见的主要因素，忽略了同样影响小区实际交通生成量的周边小区社会经济条件、路网服务水平等因素。

鉴于此，研究人员对传统集计模型进行了改进，从土地利用、人口、社会经济与路网服务水平等角度，分析了不同交通小区的交通需求差异。

1996年，易汉文[3]从改善生成模型相关性角度入手，按照用地性质对交通分区进行分类，并在分区基础上构建了基于不同类型交通小区的回归模型用以预测出行生成量。

1998年，杨希锐、王殿海等[4]定量分析了城市的土地利用与城市交通规划的关系，建立了城市区的出行生成预测模型。

1998年，刘安[5]将出行效用引入交通生成预测分析，由于建模过程综合考虑了本小区及周边小区的社会经济状况、所在区域路网服务水平，因此预测能力较强。

2002年，杨明、曲大义、王炜以现状居民出行调查数据为样本，研究我国社会经济背景下交通需求与土地利用的相互作用机理，改进了传统的交通需求方法，简化了预测过程，本章将对简化模型进行详细介绍。

2003年，李霞[6]通过分析城市居民出行基本特征以及影响因素，从二者之间的相互作用和出行生成的机理解释出发，综合出行生成影响因素，改进了以往的多元回归模型，创新性地加入了可达性变量，建立与实际更相接近的出行生成预测模型。

2005年，杨敏、李文勇、陈学武、王炜[7]以土地利用为变量，综合运用多种经典数学分析方法（回归分析、聚类分析）建立了生成实用预测模型。同年，石飞、王炜等[8]提出建立在城市土地利用形态基础上的总量平衡型居民生成预测新模型，逐一探讨土地利用的性质，规模，强度及区位特征对出行的影响。

2006年，刘洪丽[9]遵循产生吸引量平衡原则，构建了基于主成分分析的回归预测模型，同事构建了基于土地利用的交通生成模型。

2007年，王炜、杨朔[10]提出了城市土地利用与动态规划的互馈模式，并在此基础上建立了土地利用与交通生成的直接相关预测模型。

裴玉龙[11]、曲同庆[12]、钟远岳[13]等的研究提出了考虑地块可达性的交通生成预测模型，将可达性引入交通吸引预测研究，确定出各个小区的吸引权重值，并计算求得了各个交通小区的交通吸引。

2014年，张雅婷[14]建立天津市小汽车出行可达性和公共交通出行可达性的量化方法，在TransCAD平台上计算得到可达性的标准化值。

2.1.2 交通生成预测非集计模型国内外研究综述

Logit模型法、灰色预测法、神经网络预测法近年来逐步开始用于交通生成分析，并且在国内很多城市居民出行数据分析及出行量预测中得到了广泛的应用。

2007年，富晓艳等[15]借助Logit模型建立了城市居民出行选择模型，模型参数标定采用软件完成，根据参数标定后的模型预测得到了居民出行次数的期望值。

2009年，考虑到传统Logit模型忽略出行生成影响因素之间差异性，陈峻、李春燕等[16]提出模型的可观测变量参数分布满足对数正态分布的假定，同时通过仿真软件进行了参数标定。

国内外学者利用神经网络技术提出了基于神经网络的交通生成预测模型，具体模型及应用见本章对应内容。

2.2 交通生成主要影响因素

交通生成的主要影响因素包括社会经济发展水平、土地利用情况、居民个人及家庭属性等（职业、年龄、性别、收入、家庭规模及构成等），国内外学者对上述因素做了深入的研究，相关成果对于提高交通生成模型预测精度起到了至关重要的作用。

2.2.1 土地利用相关

交通与土地利用有着密不可分的关系，正是由于人们在不同类型的用地上进行社会活动的需要才产生了交通时空的移动。人口高度集中的城区范围土地开发强度很大、使用效率高，人们聚集于此从事各种活动，交通需求由此产生。城市客运交通是城市分区之间居民空间交互行为的产物，城市人口规模和分布是城市交通生成预测最基础和最重要的指标。居住用地的居民数是社会经济活动的强度的直观反映。

土地利用是社会经济活动的空间表现，同时是交通产生的根源。用地类型的不同使得出行生成机理产生差别。小区出行产生及吸引量与出行生成总量值成正比，同时也与各类用地的使用面积和土地开发强度有着密切联系。《城市用地分类与规划建设用地标准》将城市用地分为10类，其中居住用地、公共设施用地、工业用地等出行活动较为频繁。

城市土地利用与交通相互联系、相互影响，交通发展与土地利用相互促进。从交通角度分析，不同的土地利用布局形态，决定了交通出行的产生量和吸引量，从而决定了出行的空间分布形态，一旦城市形态确定下来也就确定了与之相适应的交通方式结构。从土地利用导向性分析，交通基础设施的建设使得交通条件改善，居民出行可达性提升，则对土地利用具有导向性作用，同时也有助于城市分散，而土地利用布局形态的调整，有助于城市各分区土地利用功能更加明确，城市规模扩张更加科学合理。而土地利用的进一步发展又会对交通系统提出相应的要求，同时在进行土地利用规划时又必须考虑交通系统的容量及服务水平等因素，两者相辅相成，互相促进。

2000年，张晓明、肖秋生[17]分析了影响机动车出行生成的因素，重点围绕出行生成和就业岗位的关系、用地和就业岗位的关系展开；并对机动车出行行为和目的、影响因素进行定量更新，预测了针对机动车出行生成的发展趋势，建模过程引入了可达性指标。

2008年，彭嘹、陆化普等[18]在分析界定城市空间形态基础上，提出描述城市空间形态的以下四个指标，探讨了上述指标与城市居民出行生成之间的关系，从空间的角度阐述了城市的空间状态（布局）对城市交通生成产生的影响。

2014年，李永晟等[19]将用地混合熵的概念引入交通生成预测，提出了用地混合度指标，该指标具有熵结构，借助该指标能够清楚表述用地形态内在特征的异质性，此指标的提出及表述能够反映各交通区内部空间形态的多样化特性，同时反映出城市空间混合评价指标。

2018年，丁浩洋、杨敏、王炜[20]研究了居住区搬迁对出行行为的影响，建立基于多agent的住宅区搬迁对居民出行行为和城市交通影响的仿真模型。以铜陵地区的数据为基础，进行了六种情景的仿真，以检验郊区土地多样性增加、私家车保有量降低和公共交通可达性改善等不同策略对城市中心和郊区居民的影响。研究结果显示，居住区搬迁将会使得出行距离延长、出行方式向机动化出行转移，而相对于其他策略，面向减少搬迁后居民出行需求和出行距离的政策交通改善效果更佳。

2019年，杨洋、王炜、丁浩洋[21]为了提高交通分配的准确，同时不增加额外的数据收集和数据处理工作量，提出了基于聚类分析和土地利用数据（包括兴趣区域、家庭数量、建筑层数）的交通区生成和吸引点的量化方法，对能够反映交通分析区内交通需求分布规律的居住用地和非居住用地进行聚类分析，根据交通活动强度权重将交通需求分配到生成和吸引点，实现交通分析的自动化。分析结果表明，在保持现有交通分析区域划分的基础上，采用交通生成点和吸引点的定量方法可以提高交通分配的准确性。

2.2.2　社会经济发展水平相关

国内外学者对机动车保有量预测、城市交通结构优化[22]与演变机理[23]、城市交通系统可持续发展理论体系进行了深入研究并取得了指导性成果[24][25][26]。

万霞、陈峻、王炜[27]以东南大学交通学院收集的多个城市的居民出行调查数据为基础，以城市人均GDP为经济指标进行回归分析和聚类分析，研究了城市私人小汽车使用强度、使用目的和使用时间分布与城市经济水平之间的关系。结果证明我国现阶段城市经济水平是影响私人小汽车使用情况的重要因素，并针时私人小汽车的发展趋势提出了交通资源配置的建议。

杨晨、王炜等[28]从宏观角度对自行车分担率的主要影响因素进行研究，定性分析了这些主要因素对自行车交通分担率大小的影响程度。杨晨在其博士论文中，针对自行车交通展开研究，建立了方式划分递阶层次结构模型，研究思路如下：首先确定经济发展对交通的促进，然后分析城市机动化水平的主要影响因素以及城市机动化与非机动化的关系，最后确定自行车交通方式划分影响因素。还运用国内典型城市的社会经济、交通调查基础数据进行了回归，采用定性与定量相结合的方法，选取特征城市预测不同发展规模下城市的自行车交通方式分担率发展趋势。

2.2.3 个体及家庭相关

借助居民出行调查分析居民出行行为，并基于此总结出行规律，是城市交通规划与建设中非常重要的工作，也可为制定交通管理政策提供参考。

杨敏、王炜等[29]利用苏州的出行数据建立结构方程分析了出行者性别差异对自行车、公共交通和汽车方式的影响，研究充分证实了性别会导致不同出行方式选择比例的差别。

国内外学者通过数学建模从家庭结构、家庭内部关系、个人承担角色等指标对家庭成员活动出行的影响进行了分析[30]。

2016年，杨硕、邓卫等[31]对基于家庭的城市居民活动出行行为研究情况进行了综述，详细对国内外研究现状进行了分析和评价。

2016年，杨敏、王炜等[32]以南京为例研究了市郊地铁的公共自行车出行方式选择问题，通过建立二元Logit模型来揭示方式选择的影响关键因素：性别、就业状况和与出行舒适度。

2017年，季彦婕等[33]研究了汽车、步行、公共汽车、私人自行车和公共自行车交通方式的选择模型，揭示了个人特征、出行特征和车站环境对轨道交通接驳公共自行车的影响。结果显示，女性、老年人和低收入的铁路通勤者使用公共自行车的可能性较小。

2019年，范琪、王炜等[34]基于多项logit模型构建城市居民出行方式选择模型，建模以家庭共享时间价值为自变量，分三种场景（是否设置家庭收入变量、是否设置家庭收入分段变量、是否设置服从对数正态分布的费用项随机系数）深入分析了模型预测的精度。研究结果表明，如果设置家庭收入变量、同时费用项系数能够满足对数正态分布，此时出行方式选择曲线拟合效果最佳；研究同样证实居民出行方式主观支付意愿的预测期望值约等于家庭共享小时收入的二倍，以上研究成果验证了家庭收入对交通出行的影响。

针对不同家庭收入水平的影响方面，杜影、陈学武（2015年）[35]利用抚顺、南京、湖州基础居民出行调查数对低收入群体通勤出行特征，通过数据处理软件建立了居民出行感知成本数据库，其中包括五个方面的居民基础属性，并对这些属性进行了数学统计及分析，根据分析结果确定了低收入群体通勤方式选择与出行感知成本数据库之间的关联程度。程龙、陈学武（2016年）[36]对城市低收入通勤者的出行特征进行了研究，分析了低收入通勤者的出行决策问题及出行方式选择结果，提出相应的交通改善对策。田涛、陆建（2016年）[37]将目标转向中等收入群体，借助主成分分析、聚类分析把上述主要影响因素分类处理为六类彼此之间独立不相关的变量，将六类变量作为影响本群体出行方式选择的潜变量；利用SEM模型构建了出行方式选择SEM模型，深入探讨了此群体出行方式选择与影响因素的关联性。

2.2.4 其他影响因素

李志斌、王炜等[38]研究了机动车尾气排放对居民出行的影响情况，首先通过居民出行问卷调查数据证实了这一影响的存在，接着引入暴露指数的概念，在此基础上构建了路段尾气污染暴露指数模型，模型求解过程中将其转化为增量时间，确定了机动车尾气排放对居民出行行为的影响程度的量化处理方法。

2.3 交通生成预测集计模型

2.3.1 经典交通生成预测集计模型

经典发生、吸引交通量的预测方法包括原单位法、增长率法、函数法等多种。对于经典模型，本书仅对基本理论进行介绍，具体参见王炜主编《交通规划》。

2.3.1.1 原单位法

原单位法包括基本原单位法、交叉分类法、类型分析法，的区别在于交叉分类法、类型分析法对家庭类型、家庭结构等进行了更详细的划分。

2.3.1.1.1 基本原单位法

原单位法的原单位为每人或者户平均产生的交通量，用此原单位乘以总人口数或总户数，即可求得研究区域的总生成交通量。

原单位的选取：我国以个人平均出行为原单位，而美国等则是以户为原单位。

原单位法生成交通量的计算公式为：

$$T = \sum_m \sum_n a_n^m P_n \quad (2-1)$$

式中：T——研究对象地区的生成量；

a_n^m——属性 n 目的为 m 的生成原单位；

P_n——属性 n 的人口数。

2.3.1.1.2 交叉分类法

交叉分类法则把家庭按类型划分，针对不同类型的家庭，计算本分类范围内平均出行率。交叉分类法以居民家庭为基本单元，将研究范围内的家庭分为若干类，分析得到所有分类中家庭单元的平均出行率，用此数值乘以各交通小区所有分类中家庭单元个数，累加后为各个小区的居民出行生成量。

2.3.1.1.3 类型分类法

类型分析法是在上述交叉分类的基础上演变而来，同样是以家庭为基本单元，将研究范围内所有家庭按照结构、收入水平、机动车拥有量分类，研究假定某一时期内，某一类家庭的出行产生率相对稳定，则能够统计得到基本单元在单位时间内平均出行率，参照交叉分类方法，同样用此数值乘以各交通小区未来所有分类中家庭单元的数量，累加后为各个交通小区的居民出行生成量。

类型分析法需要大量基础数据，同时分类方法及计算繁琐，分类方法也会影响到预测准确度。

2.3.1.2 增长率法

增长率法各个交通区的发生、吸引交通量 T_i' 等于基年此小区的发生、吸引交通量 T_i 乘以其到预测年的增长率 F_i，即：

$$T_i' = T_i \times F_i \quad (2-2)$$

增长率法的关键是增长率 F_i 的计算，常用预测中一般会选择表示各个小区活动性能指标的增长率。例如：

$$F_i = \alpha_i \times \beta_i \quad (2-3)$$

α、β 分别是人口增长率、每人平均拥有自行车数的增长率。

在预测过程中增长率法要求对规划区以外的其他交通小区也要进行发生、吸引量预测，因此增长率法能够在预测的同步得到规划区外围区域的发生、吸引量。

2.3.1.3 函数法

(1) 回归分析法

回归分析建立出行量和主要影响因素的函数关系模型进行预测。用数学的语言描述为：产生或吸引量是人口、就业岗位数、机动车拥有量、土地利用面积等多个主要影响因素的函数。

回归分析模型建模过程中考虑交通生成量与主要影响因素之间复杂联系，适合用于宏观性的预测及分析，尤其适合于城市用地类型复杂、用地混合度较高区域的交通生成预测研究。

(2) 增长系数法

增长系数法的目标年各交通区的居民出行生成量等于各交通小区基年的出行量乘以基年到目标年的增长率。增长率法依据某些提前设定的方式把出行发生、吸引量的增长率按照固定指标的增长率进行处理。只用于预测外部到本区域的出行量。

(3) 时间序列法

时间序列法基本思路是基于过去以及现在的交通生成，关联交通生成与时间，据此进行两者之间的回归分析并建模，最后对未来交通生成量的发展变化趋势展开预测。

时间序列法的使用需要积累很多年的交通产生和吸引量数据、土地使用数据，然而，随着时间的增长及交通政策的实施等，会使得预测精度下降，因此时间序列法不适宜进行远景预测。

2.3.2 经典交通生成预测集计模型的改进

2.3.2.1 基于土地利用的城市交通生成预测模型

土地利用是交通产生的"源头"，土地利用的类型、用地开发强度及用地布局决定着交通需求强度。研究土地利用与交通系统的关系主要就是研究用地性质、用地的布局模式与交通需求间的关系，以下介绍几种典型的改进模型。

2.3.2.1.1 基于土地利用的交通生成预测简化模型

传统的交通需求预测模型研究思路[39]：第一步将出行生成分成产生量、吸引量，同时把居民出行目的按照上班、上学、弹性、回程进行归类，第二步从不同交通区土地利用属性角度出发确定影响不同出行目的的因素，以此作为出行发生相关影响要素，第三步将上述提及的相互关系进行数学表达，在此基础上，建立小行发生、吸引与土地利用、社会经济相关指标之间的数学关系模型，第四步，在已知规划年土地使用前提下，通过模型预测出规划年研究区域内所有小区的居民出行产生量、吸引量。总而言之，典型的交通规划中交通生成预测部分大多是此研究思路，其关注点多集中于出行量与其影响因素之间的相互联系,并在此基础上进行分析。

想要通过分析土地利用情况得到各交通区相关因素的定量化指标,就要求在规划过程中收集大量与出行生成相关的基础数据,包括人口、劳动力、学生、就业和就学岗位等等,在这一系列数据采集及筛选、处理过程中很难保证可用数据库的精度。由此方法所建出行生成与相关因素相关关系预测模型的精度更不能保证。

为了简化上述预测流程,杨明、曲大义、王炜[40]在交通生成与土地利用关系研究的基础上,改进了上述土地利用与交通需求的直接相关模型,提出以下简化模型:

出行发生

$$G_i = \frac{R_i \times K_i}{\sum_{i=1}^{n} R_i K_i} \times T \times K_{居民} \quad (2-4)$$

式中：G_i——i 区的出行发生量；

K_i——i 区的土地利用强度影响系数；

R_i——i 区内的居住用地面积,公顷；

T——人口数；

$K_{居民}$——平均日出行次数；

n——交通小区划分的个数。

由城市居民出行发生量与城市居民出行总量平衡可以得到城市居民出行总量,公式如下:

$$\sum_{i=1}^{n} A_i = \sum_{i=1}^{n} G_i \quad (2-5)$$

式中：A_i——i 交通小区的出行吸引量。

（2）出行吸引

i 小区的出行吸引量:

$$A_i = \frac{C_i K_C K_i + R_i K_R K_i + M_i K_M K_i + W_i K_W K_i + T_i K_T K_i + U_i K_U K_i + S_i K_S K_i + D_i K_D K_i}{\sum_{i=1}^{n} C_i K_C K_i + R_i K_R K_i + M_i K_M K_i + W_i K_W K_i + T_i K_T K_i + U_i K_U K_i + S_i K_S K_i + D_i K_D K_i} \times \sum_{i=1}^{n} G_i \quad (2-6)$$

式中：A_i——i 交通小区内其他用地的吸引量；

K_i——i 区土地利用强度影响系数；

C_i、R_i、M_i、W_i、T_i、U_i、D_i——i 小区内公共设施、居住、工业、仓库、对外交通、市政设施、广场停车场和特殊用地面积；

K_C、K_R、K_M、K_W、K_T、K_U、K_S、K_D——上述用地类型对出行吸引量的权重值。

对比传统预测模型通过城市土地利用来预测各小区人口、劳动力及就业岗位分布等的预测思路,模型直接分析了土地利用与交通生成的关系,简化了中间过程,尤其适用于城市总规与交规同步实施的城市,能够大幅缩减由交通调查所带来的人力、物力、财力消耗。

2.3.2.1.2 基于土地利用的交通生成预测实用分析模型

杨敏、王炜等提出的交通生成预测实用分析模型基本思路如图 2-2 所示。

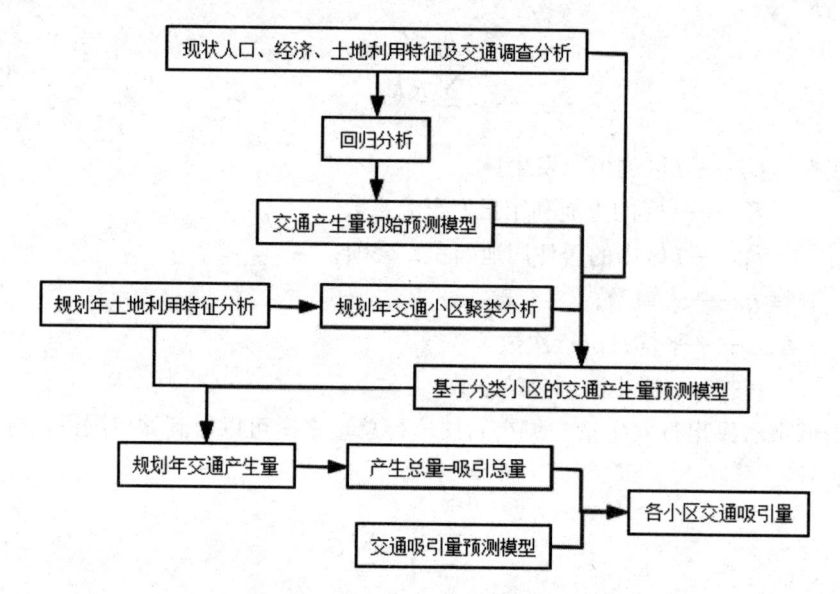

图 2-2 城市交通生成预测实用分析模型流程框图

基本步骤如下:

(1)根据老城区现状的人口数量及分布、经济发展水平、土地利用、OD 调查、交通调查,利用回归分析预测交通产生量,作为初始预测模型。居住用地的用地面积在很大程度上决定了该小区交通产生源的强弱。由相关分析可知,交通产生与各交通小区的居住用地面积相关性高。杨敏、王炜建立了如下初始预测模型:

$$G_{ij} = a_j + b_j R_i \quad (2-7)$$

式中:G_{ij}——i 小区 j 种出行目的的出行产生量;

a_j、b_j——回归系数;

R_i——i 小区居住用地面积。

（2）根据规划年交通小区土地利用特征，提取聚类变量，在新建或土地利用变化明显区域选择典型交通小区，根据初始模型预测值与实测值的差值除以居住用地面积得到的数值矫正模型系数，得到基于居住用地面积的交通区出行产生预测模型：

$$G_{ijk} = a'_{jk} + b'_{jk} R_{ik} \qquad (2-8)$$

式中：G_{ijk}——第 k 类 i 区 j 种出行目的的出行产生量；

a'_{jk}、b'_{jk}——调整后回归系数；

R_{ik}——第 k 类 i 区居住用地面积。

（3）根据城市居民出行产生总量与城市居民出行吸引总量平衡有：

$$\sum_{i=1}^{n} A_i = \sum_{i=1}^{n} G_i = \sum_{i=1}^{n} \sum_{j=1}^{m} G_{ij} \qquad (2-9)$$

式中：A_i——i 小区居民出行吸引量；

n——交通小区个数；

m——出行目的数。

（4）根据不同用地吸引权、不同土地利用指标预测居民出行吸引量：

$$A_i = \frac{C_i K_C + R_i K_R + M_i K_M + W_i K_W + T_i K_T + U_i K_U + S_i K_S + E_i K_E}{\sum_{i=1}^{n} C_i K_C + R_i K_R + M_i K_M + W_i K_W + T_i K_T + U_i K_U + S_i K_S + E_i K_E} \times \sum_{i=1}^{n} G_i \qquad (2-10)$$

其中各参数意义同上。

上述的实用分析预测模型以交通生成量与土地利用之间的关系为基础展开研究，对交通小区进行聚类分析，并采取适当指标对初始预测模型调整，预测结果更为科学、合理。

2.3.2.1.3 土地利用与交通系统协调发展模型

土地利用与交通系统协调发展模型由王炜、肖忠斌[41]提出，该模型采用非线性回归模型进行分析建模，进一步分析各影响变量对交通生成的影响机理。

引入模型之前，首先对以下符号进行定义。

（1）符号定义

道路网络是由节点和路段构成的。存在着两种不同类型的节点：交叉口和质点。质点用来代表小区。用写在下角的 a 代表路网中的路段，p 为路径，i 是小区号，k 代表 O-D 点对。根据上节的论述，对基于城市形态分析的土地利用与交通系统协调发展的变量进行汇总，选取结果如下：

N：网络节点集合，包括质心和交叉口；

I：交通区质心集合，I⊂N；

A：网络有向弧集合；

i：一个起点；

j：一个讫点；

K：OD 点对集合；

$\triangle_i$：小区 i 的面积，$\triangle=(\triangle_i, i\in I)$；

x_i：交通区 i 的人口密度，$x=(x_i, i\in I)$；

y_i：交通区 i 的人口密度，$y=(y_i, i\in I)$；

z_i：交通区 i 的人口密度，$y=(z_i, i\in I)$；

$\underline{x_i}$ 和 $\overline{x_i}$：小区 i 人口密度的下限和上限值；

$\underline{y_i}$ 和 $\overline{y_i}$：小区 i 工业就业密度的下限和上限值；

$\underline{z_i}$ 和 $\overline{z_i}$：小区 i 服务业就业密度的下限和上限值；

u_a：路段 a 的容量，$u=(u_a, a\in A)$；

v_a：路段 a 的总流量；

$v=(v_a, a\in A)$：总流量的向量；

$g_k(g_{ij})$：从起点 $i\in I$ 到终点 $j\in I$ 的交通需求量，O-D 点对 k，也即 $k=(ij)$；

P_k：OD 对 $ij\in K$ 之间的所有路径集合；

q_{ij}：OD 对 $ij\in K$ 之间相应的交通分布量；

h_p：路径 p 上的流量；

X_1：面积；

X_2：人口；

X_3、X_4：工业就业岗位、服务业就业岗位；

X_5、X_6、X_7：人口密度、工业就业岗位密度、服务业就业岗位密度；

X_8：组合就业密度（$X_8=(X_3+X_4)/X_1$）；

X_9：组合密度（$X_9=(X_2+X_3+X_4)/X_1$）；

O_i：起点在 i 区的交通量；

D_j：终点在 j 区的交通量；

d_{ig}：i 区和 j 区间的距离；

$f(d_{ij})$：i 区和 j 区间的阻抗；

η_{ij}：平衡系数。

（2）建模

在土地利用布局规划时，规划区域是作为一个封闭的区域对待的，因此其人口和就业岗位是平衡的，有：

$$\Delta^T x = R, \Delta^T y = E_1, \Delta^T z = E_2 \qquad (2-11)$$

式中 R 是总的人口，E_1 是总的工业就业岗位数，E_2 是总的服务业就业岗位数。同时，存在一系列边界条件的约束：

$$\underline{x} \leq x \leq \overline{x}, \underline{y} \leq y \leq \overline{y}, \underline{z} \leq z \leq \overline{z} \qquad (2-12)$$

根据基本的经济理论，在一个城市里或者小区里，人口和就业数间存在着基本的关系以维持生活的质量（例如，服务业的人数大约是人口的 0.12 倍）。因此，有：

假设 2.1 $l_i(x, y, z)$ 是线性的且是分区独立的，也即 $l_i(x, y, z) = a_i x_i + b_i y_i + c_i z_i + d_i$。

故，人口密度和就业密度间存在着下列的约束条件：

$$l_i(x, y, z) \geq 0, \forall i \in I \qquad (2-13)$$

在 2.1 的假设条件下，2-11 式到 2-13 式是一套线性的等式和不等式系统。对这套系统做进一步合理的假设：

假设 2.2 由 2-11 式到 2-13 式组成的线性系统至少有一个解。

设 ϕ 定义为 2-11 式到 2-13 式系统的所有解的集合。在 2.2 的假设条件下，ϕ 是非空的并且是凸的。

设 O_i 为 i 区的交通产生量，D_i 为该区的交通吸引量。定义 O 和 D 为生成向量和吸引向量。建立产生和吸引量与工业产业就业密度变量、服务业产业就业密度变量以及人口密度变量的数学关系模型，如下式：

$$O = O(x, y, z), D = D(x, y, z) \qquad (2-14)$$

$O(x, y, z)$ 和 $D(x, y, z)$ 是线性函数的向量值。

可以使用重力模型来确定 O–D 点对 $k=(ij)$ 的交通量：

$$g_k = \eta_{ij} O_i D_j f(d_{ij}), \forall k \in K \qquad (2-15)$$

式中 $\eta_{ij} = \eta_{ij}(O, D)$ 是 O 和 D 的函数，d_{ij} 是 i 和 j 之间的距离，$f(d_{ij})$ 是 i 和 j 之间的旅行阻抗，K 是所有 O-D 点对的集合。

起讫点的需求量 g_k，$k \in K$，应该被分配到 O-D 点对 k 的有向路径上。用 P_K 定义连接 O-D 点对 k 的路径的集合，并且令 $P = \bigcup_{k \in K} P_k$。

在任何交通分配中，在路径 p 上的流量 h_p 要满足流量的约束以及非负性的约束。

$$\sum_{p \in p_k} h_p = g_k, \forall k \in K$$
$$h_p \geq 0, \forall p \in P \qquad (2-16)$$

令 $h=(h_p, p \in P)$ 为多重路径流向量。$\Omega(g)$ 为所有可行多重路径向量 h 的集合。则对于任意给定 g，$\Omega(g)$ 是一个凸的集合，并且是对于 $(x,y,z) \in \phi$ 由 2-14 式到 2-16 式确定。

对于一个可行的多重共线流向量 h，路段流量 v_a 由下式给出：

$$v_a = \sum_{k \in K} \sum_{P \in P_k} \delta_{ap} h_p, \forall a \in A \quad (2-17)$$

式中 δ_{ap} 取值当路段 a 在路径 p 上时取 1，否则取 0。其中 $v=(v_a, a \in A)$ 是可行共线路径流向量 h 相关的路段荷载。

为简单起见，定义在路段 $a \in A$ 上的旅行时间为 $s_a(v_a)$，也即它仅仅是其流量 v_a 的函数。定义路径 p 的旅行时间为 $S_p(v)$，它等于 p 上的所有路段的旅行时间的累加值：

$$S_p(v) = \sum_{a \in A} \delta_{ap} s_a(v_a), p \in P_k, k \in K \quad (2-18)$$

Wardrop 阐述了两种不同的交通优化原则：系统优化和用户平衡。用户平衡原则的描述是在平衡状态没有道路使用者能通过单边改变路线来减少他的旅行时间。令 $\mu_k(v)$ 是与路段荷载 v 相关的最短路径旅行时间，则对于 O-D 点对 k：

$$\mu_k(v) = \min_{p \in P_k} S_p(v), k \in K \quad (2-19)$$

那么 Wardrop 的用户平衡原则可以用数学方法描述如下：

$$(v^*) - \mu_k^*(v^*) \begin{cases} = 0, h_p^* > 0 \\ \geq 0, h_p^* > 0 \end{cases}, p \in P_k, k \in K \quad (2-20)$$

约束条件为 2-16 式到 2-18 式。上标 (*) 是用来表示平衡状态。

可以看出对于所有属于凸集合 $\Omega(g)$ 的元素 v，当且仅当路段荷载 $v^* \in \Omega(g)$ 满足下列变分不等式时才是用户平衡的：

$$s(v^*)^T(v-v^*) \geq 0 \quad (2-21)$$

土地利用的设计问题描述为在研究区域寻找合适的人口密度和就业密度，使得总的交通费用和居住费用最小，约束条件为人口和就业的平衡、土地利用的协调、密度的约束以及网络平衡的约束。因此，构建的土地利用设计问题的数学模型如下：

$$\min s(v)^T v + \sum_{i \in I} b_i(x,y,z) \quad (2-22)$$

约束条件：

$$s(v)^T \cdot (v'-v) \geq 0, \quad \forall v \in \Omega(g)$$
$$O = O(x,y,z), D = D(x,y,z)$$
$$g_k = \eta_{ij}O_iD_jf(d_{ij}), \forall k = ij \in K \quad (2-23)$$
$$v \in \Omega(g), (x,y,z) \in \phi$$

式中 $b_i(x,y,z)$ 是小区 $i \in I$ 在密度 (x,y,z) 下的居住费用。

在上述公式中，土地利用问题是一个有平衡约束的数学规划问题。在上层，城市规划师试图正确的分布人口和就业以取得总的居住费用和交通费用最小；在下层，通过变分不等式 2-23 决定道路使用者选择感觉到的最小旅行费用的路径。

（3）模型求解

以上土地利用设计问题是个较复杂的优化问题，包括交通分配多模式的变分不等式、提供搜索方向的偏导数的求解、决定线性搜索幅度的线性规划等，肖忠斌设计了基于敏感性分析的启发式迭代算法，并以湖州市作为算例来验证城市土地利用与交通系统协调发展理论切实可行。

2.3.2.2 基于人口和土地利用的城市交通生成预测模型

传统的生成预测方法本质上都是以城市范围内土地利用、人口、交通需求三者之间关系为基础。但从建模角度分析，根据土地利用特征等变量去预测就学岗位数和就业岗位数，基于此建立出行与就学、就业岗位数的数学模型的预测思路，将土地利用与交通需求的相互关系由直接变成间接，而且建模过程复杂，同时小区产生、吸引量不平衡，精度下降。同时，从调查角度来看，需要采集以下大量基础数据，包括人口数、劳动力、就业岗位数等等，工作量巨大，同时数据采集困难，很难做到全面采集，因此对于基础资料不足的城市或者新区不适用。

针对以上存在问题，2005 年，杨敏、陈学武、王炜等[42]研究了城市人口土地利用与交通需求之间相互作用机理，建立了以下基于城市人口和土地利用的城市新城区生成预测模型。研究思路及成果如下：

（1）建模思路

根据用地面积和权重，参照某些特定准则将出行量在各交通小区之间进行分配。不同用地性质下，产生、吸引机理的不同导致分配的规则产生差异。鉴于此，杨敏将用地分为公共设施和工业为主、居住两类。两类用地的出行产生、吸引组成如下：

出行产生：居住用地引起的非回程出行 + 公共设施、工业等用地的回程出行；

出行吸引：居住用地的回程出行 + 公共设施、工业用地非回程出行。

建模过程中引入区位势因子，其取值是衡量此物质要素土地利用强度及吸引强度的重要指标，最终据此指标评价土地利用和可达性对出行需求的影响等级。运用确定回程出行比例预测得到回程出行生成量，以实现出行产生和出行吸引的平衡。

（2）建模

1）交通生成总量

$$S = \sum_{i=1}^{m}(P_i T_{p_i} + P_{i,f} T_{p_{i,f}}) \qquad (2-24)$$

式中：　S——居民出行总量；

　　　　M——交通大区的数量；

　　　　P_i，T_{p_i}——交通大区常住人口数、人均出行次数；

　　　　$P_{i,f}$，$T_{p_{i,f}}$——交通大区流动人口数、人均出行次数。

其中，人均出行次数由各大区基年和规划年经济发展水平指标（如GDP等）和土地利用强度决定。

2）居住用地的非回程出行产生和回程出行吸引

$$S_1 = S(\alpha_1 + \alpha_2 + \alpha_3) \qquad (2-25)$$

$$\sum_{i=1}^{n} G_{i1} = S_1 \qquad (2-26)$$

$$G_{i1} = \left(\frac{R_i Y_i^G}{\sum_{i=1}^{n} R_i Y_i^G} \right) S_1 \qquad (2-27)$$

$$Y_i^G = \frac{L_i^G H_i^G}{L_1^G H_1^G} \qquad (2-28)$$

$$A_{i2} = \frac{G_{i1} \alpha_4}{\alpha_1 + \alpha_2 + \alpha_3} \qquad (2-29)$$

式中：　　S_1——新区非回程出行产生量；

　　　　A_{i2}——G_{i1}的回程出行吸引量；

α_1，α_2　α_3　α_4——上班、上学、弹性、回程出行比例；

　　　　G_{i1}——i区由居住用地的非回程出行产生量；

　　　　H_i^G——交通产生的可达性评价指数；

　　　　L_i^G——交通产生土地综合使用强度指标；

　　　　Y_i^G——产生区位势。

3）工业用地、公共设施的非回程出行吸引及回程出行产生

$$\sum_{i=1}^{n} A_{i1} = S_1 \qquad (2-30)$$

$$Q_i = (C_i K_C + R_i K_R + M_i K_M + W_i K_W + T_i K_T + U_i K_U + S_i K_S + E_i K_E) Y_i^A$$

$$A_{i1} = \frac{Q_i}{\sum_{i=1}^{n} Q_i} S_1 \qquad (2-31)$$

$$Y_i^A = \frac{L_i^A H_i^A}{L_1^A H_1^A} \qquad (2-32)$$

$$G_{i2} = \frac{A_{i1} \alpha_4}{\alpha_1 + \alpha_2 + \alpha_3} \qquad (2-33)$$

式中：A_{i1}——i 小区公共设施、工业的非回程出行吸引；

G_{i2}——A_{i1} 对应的回程出行产生。

4）产生和吸引总量

产生量模型：

$$G_i = G_{i1} + G_{i2} \qquad (2-34)$$

吸引量模型：

$$A_i = A_{i1} + A_{i2} \qquad (2-35)$$

预测方法具体步骤如图 2-3 所示：

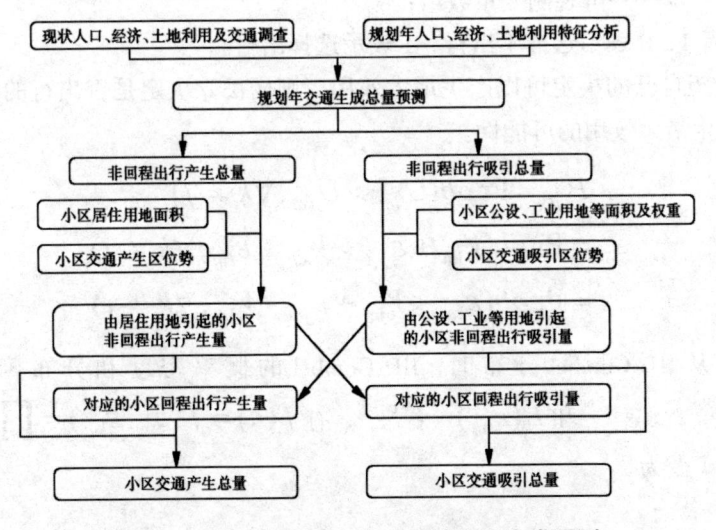

图 2-3 基于人口和土地利用的交通生成预测

2.4 交通生成预测非集计模型

2.4.1 Logit 模型

Logit 模型法是近年来才逐步开始用于交通需求预测,并且在国内很多城市居民出行数据分析及出行量预测中得到了广泛的应用[43]。由于该方法是基于个体属性的个体出行概率分析,在出行的预测上来说,其精度往往会比传统集计模型更高一些。

由于交通参与者选择是否出行是其个人的行为,因此对于出行量的预测也可以采用非集计的 Logit 模型,通过对不同属性出行个体的出行概率进行预测,进而最终通过集计得到最终的出行量。

城市居民出行总量取决于单次出行的累加,居民出行选择会对出行者本身产生一定的效用,效用函数为[44]:

$$U_{jqt} = V_{jqt} + \varepsilon_{jqt} = \beta X_{jqt} + \varepsilon_{jqt} \tag{2-36}$$

式中:U_{jqt}——t 状态下居民 q 决定是否出行时产生的效用;

V_{jqt}——在 t 状态下可观测效用组成部分;

ε_{jqt}——不可观测效用组成部分。

..——X_{jqt} 的参数数组;

X_{jqt}——可观测变量数组;

$j=0$ 或者 1,0 表示选择不出行,1 表示选择出行。

人们希望自己的决定可以产生最大效用,则居民 q 决定是否出行的概率就是其选择可以产生最大效用的可能性。

$$\begin{aligned} P_{jqt} &= \Pr ob(U_{jqt} > U_{kqt}, \forall k \neq j) \\ &= \Pr ob(V_{jqt} + \varepsilon_{jqt} > V_{kqt} + \varepsilon_{kqt}, \forall k \neq j) \\ &= \Pr ob(\varepsilon_{kqt} < V_{jqt} + \varepsilon_{jqt} - V_{kqt}, \forall k \neq j) \end{aligned} \tag{2-37}$$

当 ε 服从 IID Gumbel 分布时,IID Gumbel 的概率密度和分布函数分别为 $f(\varepsilon_{kqt}) = e^{-\varepsilon_{kqt}} \times e^{-e^{-\varepsilon_{kqt}}}$ 和 $F(\varepsilon_{kqt}) = e^{-e^{-\varepsilon_{kqt}}}$,有 $f(\varepsilon) = f(\varepsilon_{0qt}, \varepsilon_{1qt}) = \prod_j f(\varepsilon_{jqt})$,则式(2-37)变为

$$\begin{aligned}P_{jqt} &= \int_{R_N} f(\varepsilon)d\varepsilon \\ &= \int_{-\infty}^{+\infty} f(\varepsilon_{jqt})d(\varepsilon_{jqt}) \prod_{k \neq j} \int_{-\infty}^{V_{jqt}-V_{kqt}+\varepsilon_{jqt}} f(\varepsilon_{kqt})d(\varepsilon_{kqt}) \\ &= \int_{-\infty}^{+\infty} e^{-\varepsilon_{jqt}} \times e^{-e^{\varepsilon_{jqt}}} d(\varepsilon_{jqt}) \prod_{k \neq j} F(V_{jqt}-V_{kqt}+\varepsilon_{jqt}) \\ &= \exp(V_{jqt})/\sum_{k \in A_j} \exp(V_{kqt})\end{aligned} \qquad (2-38)$$

其中：积分区间 R_N 为：

$$R_N = \begin{cases} \varepsilon_{kqt} \leq \varepsilon_{jqt} + (V_{jqt}-V_{kqt}) \\ V_{jqt} + \varepsilon_{jqt} \geq 0 \end{cases}$$

当 j 为 1 或者 0，个体 q 面临是否出行的抉择，式（2-38）变为：

$$\begin{cases} P_{1qt} = \dfrac{\exp(V_{1qt})}{\exp(V_{1qt})+\exp(V_{0qt})} = \dfrac{\exp(\beta X_{1qt})}{\exp(\beta X_{1qt})+\exp(\beta X_{0qt})} \\ P_{0qt} = 1 - P_{1qt} \end{cases} \qquad (2-39)$$

式中：P_{1qt}、P_{0qt}——居民选择出行、不出行的概率。

2.4.2 基于灰色理论的交通生成预测模型

灰色系统由模糊数学派生，用于解决少数据不确定性问题，预测过程中将预测对象视作灰色系统[45]。

白色系统为那些信息完全明确的系统，黑色系统为数据信息完全不明确的系统，而那些信息部分明确、部分不明确的系统则称为灰色系统，比如未来旅客运输量未来变化发展趋势。灰色系统用上述白色信息将部分未知灰色信息进行白色化处理，用于指导预测活动。灰色系统不用原始数据建模，而是先进行数据处理。考虑到原始数据波动性很大，需要提前改造原始数据，使生成的新数据能够表达原始数据的变化规律，同时消除数据原来的波动性弊端，这些新的数据叫灰色预测的生成数，处理过程遵循的原则叫生成函数。

灰色预测法根据过去和现在已知或非确定性信息，构建一个可以由过去引申至未来的模型，用于确定系统在未来的发展变化规律，为交通需求预测理论的发展提供新的思路。

灰色预测的基本步骤：

（1）将已知的数据序列按照某种规则改造成白色模块；
（2）依据某种改变和算法求解未来的灰色模型。

2.4.2.1 基灰色理论的交通生成预测模型

灰色 GM（1，1）模型建模方法：

假设有原始序列 $x^{(0)} = \{x^{(0)}(1), x^{(0)}(2), x^{(0)}(3), \cdots, x^{(0)}(n)\}$

将上述序列 $x^{(0)}$ 累加可以得到 $x^{(1)}$ 如下：

$x^{(1)} = \{x^{(1)}(1), x^{(1)}(2), x^{(1)}(3), \cdots, x^{(1)}(n)\}$

其中，$x^{(1)}(k) = \sum_{m=1}^{k} x^{(0)}(m)$，根据 $x^{(1)}$ 建立方程：

$$\frac{dx^{(1)}}{dt} + ax^{(1)} = b \tag{2-40}$$

令 $\hat{a}$ 为参数向量，即 $\hat{a} = \begin{bmatrix} a \\ b \end{bmatrix}$，则有 $\hat{a} = (B^T B)^{-1} B^T y_N$

其中，$B = \begin{bmatrix} -\frac{1}{2}|x^{(1)}(1) + x^{(1)}(2)|, & 1 \\ -\frac{1}{2}|x^{(2)}(1) + x^{(1)}(3)|, & 1 \\ \vdots & \vdots \\ -\frac{1}{2}|x^{(1)}(n-1) + x^{(1)}(n)|, & 1 \end{bmatrix}$，$y_N = \begin{bmatrix} x^{(0)}(2) \\ x^{(0)}(3) \\ \vdots \\ x^{(0)}n \end{bmatrix}$

于是得到方程（2-40）的解：

$\hat{x}^{(1)}(k) = [x^{(0)}(1) - \frac{b}{a}]e^{-a(k-1)} + \frac{b}{a} \quad k=2,3\cdots$

原始数据序列 $x^{(0)}$ 的变化趋势再由累减生成求得，即有：

$\hat{x}^{(0)}(k) = (1 - e^a)[x^{(0)}(1) - \frac{b}{a}]e^{-a(k-1)} \quad k=2,3\cdots$

灰色理论只需要四个等时空距观测数据即可进行预测，所需数据样本小；无须确定原始数据分布的先验特征，对于无规则数据友好；模型预测精度高，与实际交通状况相符。

正是由于灰色预测模型对观测数据没有特殊要求，其应用范围更广泛，随着智能优化算法的进一步发展，其在交通生成预测中得到了广泛的应用，但也暴露出了一定的问题：对于短期预测预测精度高、效果好，对于长期预测，特别是对于某些随机性及波动性均较大的数据（比如通勤以外的其他类型出行），而且随着时间的推移，未来年交通政策的实施等都会干扰灰色系统，使得数据拟合效果变差，预测精度降低。

2.4.2.2 改进灰色马尔可夫交通生成预测模型

2004年，梅振宇、王炜、李铭、陈峻[46]针对上述问题，提出了如下改进的灰色马尔可夫预测方法：

改进传统的 GM（1，1）模型

设 $x^{(0)}=\{x^{(0)}(1),x^{(0)}(2),x^{(0)}(3),\cdots,x^{(0)}(n)\}$ 为非负离散点列，其一次累加生成序列为 $x^{(1)}=\{x^{(1)}(1),x^{(1)}(2),x^{(1)}(3),\cdots,x^{(1)}(n)\}$，对生成序列 $x^{(1)}$ 建立如下 GM（1，1）优化模型：

$$[x^{(1)}(k)-x^{(1)}(k-1)]+a[\lambda x^{(1)}(k-1)+(1-\lambda)x^{(1)}(k)]=b \quad (2-41)$$

式中，$\lambda=\dfrac{1}{a}-\dfrac{1}{e^a-1}$ $k=2,3,\cdots$

其白化微分方程为：

$$\dfrac{dx^{(1)}}{dt}+ax^{(1)}=b \quad (2-42)$$

建立的生成数据优化模型为：

$$\hat{x}^{(1)}(1)=x^{(1)}(1)$$

$$\hat{x}^{(1)}(k)=(x^{(0)}(1)-\dfrac{b}{a})e^{-a(k-1)}+\dfrac{b}{a} \quad k=2,3,\cdots \quad (2-43)$$

原始数据优化模型：

$$\hat{x}^{(0)}(1)=x^{(0)}(1)$$

$$\hat{x}^{(0)}(k)=(1-e^a)\left[x^{(0)}(1)-\dfrac{b}{a}\right]e^{-a(k-1)} \quad k=2,3,\cdots \quad (2-44)$$

实际预测过程中，原始序列 $x^{(0)}$，a 是待辨识参数，因此无法由 $\lambda x^{(1)}(k-1)+(1-\lambda)x^{(1)}(k)$ 确定与灰导数 $x^{(1)}(k-1)+x^{(1)}(k)$ 相应的最优背景值。

解决思路：首先按传统建模法建立 GM（1，1）模型，得到 a 的一次逼近值 a_1；然后将 a_1 代入 $\lambda=\dfrac{1}{a}-\dfrac{1}{e^a-1}$ 式得 λ_1，求得了灰导数的优化背景值 $\lambda_1 x^{(1)}(k-1)+(1-\lambda_1)x^{(1)}(k)$，接着建立 GM（1，1）的优化模型，求 a 的二次逼近值 a_2，如此反复，逐步能够逼近 a 的最优值。最后，改进 GM（1，1）模型即可用于

对时序数列进行拟合，确定并预测数列的发展变化总的趋势。

（2）模型建立

将数据序列分成若干状态，记为$\otimes_1$，$\otimes_2$，…，$\otimes_n$，（状态转移时间t_1，t_2，…，t_n）。状态$\otimes_i$划分准则同非平稳马氏过程$\hat{x}(t)$曲线变化趋势，以$\hat{x}(t)=x^{(0)}(t+1)$为基准曲线，作若干条平行于$\hat{x}(t)$的曲线，所得若干条形区域中每一条形区域表示一个状态，即$\otimes_i$所属的一个状态区域。

由$\otimes_i$经过k步骤转移到达$\otimes_j$的次数为$n_{ij}(k)$，$\otimes_i$出现的次数为n_i，得到由$\otimes_i$经过k步转移到$\otimes_j$的转移概率：

$$p_{ij}(k)=\frac{n_{ij}(k)}{n_i} \quad (2-45)$$

根据具体情况，将序列$x(t)$划分成若干状态$\tilde{\otimes}_{1i}$、$\tilde{\otimes}_{2i}$，则任一状态$\otimes_i$（灰数）可以用灰元表示为

$$\otimes_i=\left|\tilde{\otimes}_{1i},\tilde{\otimes}_{2i}\right| \quad (2-46)$$

式中，$\tilde{\otimes}_{1i}=\hat{x}(t)+A_i$；$\tilde{\otimes}_{2i}=\hat{x}(t)+B_i$（其中$A_i$、$B_i$为常数，$i=1$，$2$，…，$n$）。系统未来可能的预测值$x^*(t)$取灰区间$\left|\tilde{\otimes}_{1i},\tilde{\otimes}_{2i}\right|$的中点位置，公式为：

$$x^*(t)=\frac{1}{2}\left|\tilde{\otimes}_{1i}+\tilde{\otimes}_{2i}\right|=\hat{x}(t)+\frac{1}{2}(A_i+B_i) \quad (2-47)$$

为了测试改进模型的效果，梅振宇等选择安徽省高速公路交通生成值数据作为基础数据进行了参数标定及预测，证明了模型在实际运用中的效果。

2.4.3 基于神经网络的交通生成预测模型

人工神经网络是非线性的动力系统，它是通过模拟经络活动展开研究。显著特点是高度的并行性、良好的容错性、优秀的联想和记忆力、超强的自适应和自学能力。利用神经网络的这些优点，可实现最优信息处理及运算，丰富和拓展非线性时间序列分析的研究。

目前已有几十种成熟的神经网络模型，如BP神经网络、GMDH神经网络、RBF神经网络等。

2.4.3.1 基于BP神经网络的交通生成预测模型

BP神经网络是典型神经网络目前应用广泛，其权值训练方法采用back-propagation算法，所以该方法也叫作BP神经网络。是一种能够单向传播且多层结构

的前馈式网络[47]，模型结构见下图。BP网络包括输入层、隐层和输出层，由图可知其不同层级之间为全连接，但是相同层级之间无法连接。BP神经网络具有高度非线性映射能力，能够做到输入层单元数到输出层单元数之间的任意映射。BP神经网络在给定输入向和输出向量的前提下，输入通过网络各层单元完成向输出层的传播，在输出过程中确定误差，再次通过网络从输出层向输入层反传。

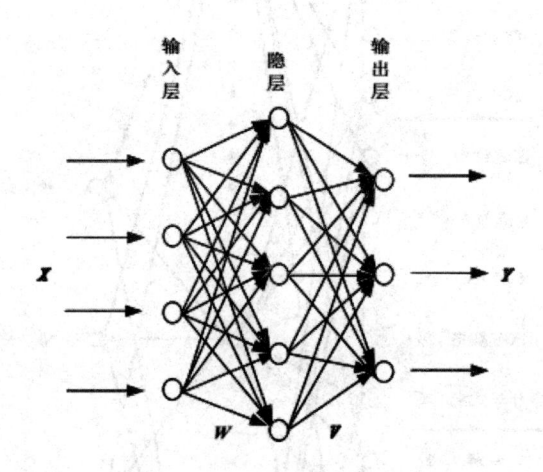

图 2-4　典型 BP 神经网络示意图

陆化普、周钱等[48]在分析交通出行需求影响因素的基础上，建立了一个3层BP网络模型（见下图）。

BP神经网络模型输入层：

小区类输入参数：小区的区位、人口、就业岗位数、就学岗位数；

家庭类输入参数：家庭结构、收入；

个人类输入参数：性别、年龄、职业、家庭分工、是否有驾照。

通过控制输出层精度确定隐层神经元数量、时间单位，最终可以得到交通出行需求预测BP神经网络模型。

陆化普等并利用长春市城区居民出行调查数据进行模型分析处理和修正，同时根据模型的应用情况对输入层和隐层结构进行反复调整，得到交通出行BP神经网络预测模型。

数值分析及统计可知，BP神经网络预测模型精度较高，能满足实际应用需要。

交通生成预测的BP神经网络原始模型见下图。

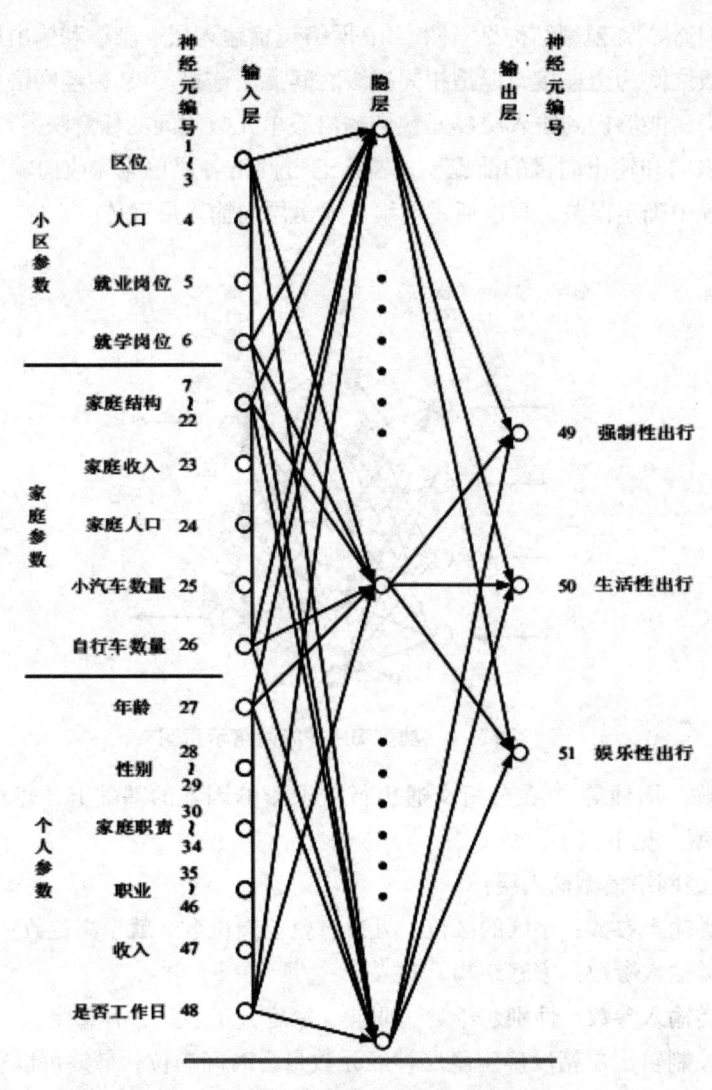

图 2-5　交通生成预测 BP 网络原始模型

2.4.3.2 基于 RBF 神经网络的交通生成预测模型

RBF 神经网络具有成形的系统算法结构,无须再进行数学推导,利用输入和输出的数据学习有用知识,适合研究无规则和多约束问题以及多变量函数逼近问题。RBF 神经网络模型具有唯一的最佳逼近点,同时其独有的容错性和泛化能力,能较好地进行预测。

RBF 神经网络是一种具有拓扑结构的前馈式网络,结构同 BP 神经网络,拓扑结构如下图所示。输入层与隐层进行神经网络的非线性映射，不处理数据。整个RBF神经网络的中心是隐层，隐层与输出层进行神经网络的线性映射。

邓捷、陆百川等[49]利用RBF神经网络进行交通生成预测，根据历史交通生成量数据，对交通量的形成规律进行判断和学习，通过模型仿真分析证明了研究方法的可行性。

（1）模型结构

首先分析和整理预测区域内交通生成量的影响因素，将上述影响因素分类作为模型输入，然后将预测区域交通生成量作为输出，输出结果为各种目的出行次数的集合。假设有：

$$T(k) = \sum_{i=1}^{m} S(x_{m,t}, y_{m,t}, z_{m,t}) \quad (2-48)$$

式中：$T(k)$——交通生成总量；

$x_{m,t}$——土地利用形态影响因子；

$y_{m,t}$——社会经济特性影响因子；

$z_{m,t}$——个人及家庭特性影响因子；

m——大区数。

式（2-48）中的函数 $S(x_{m,t}, y_{m,t}, z_{m,t})$ 为RBF神经网络预测的切入点，通过RBF神经网络内部求得 $S(x_{m,t}, y_{m,t}, z_{m,t})$，就得到未来交通生成量的预测值。因此，RBF神经网络模型的重点在于依靠原始模型样本训练得到 $S(x_{m,t}, y_{m,t}, z_{m,t})$ 的可靠关系式。

令预测指标函数为：

$$e = \frac{1}{2}\sum_{i=1}^{n}(t_i - y_i) \quad (2-49)$$

对于单目标函数 $n=1$，标定目标是调整 以确保误差最小，即：

$$\Delta W_{jk}(n) = -\eta \frac{\partial e}{\partial W_{jk}} = -\eta(t_i - y_i) \times (-1) \times \frac{\partial y_i}{\partial W_{jk}} = \eta(t_i - y_i) \times T_j \quad (2-50)$$

权因子调节公式：

$$W_{jk}(n) = W_{jk}(n-1) + \Delta W_{jk} \quad (2-51)$$

交通生成预测的原始RBF神经网络模型如图2-6所示。模型训练过程是过神经元实现，每个阶段都有对应的参与处理的神经元。输入层的每个参数都与一个神经元一一对应，1-52是输入层神经元，53和54是输出层神经元。隐层也存在大量的神经元，隐层的神经元数量模型训练时隐层神经元由模型系统根据训练目的由模型自身确定。邓捷提前将输出层进行了合并处理，只有两个神经元。

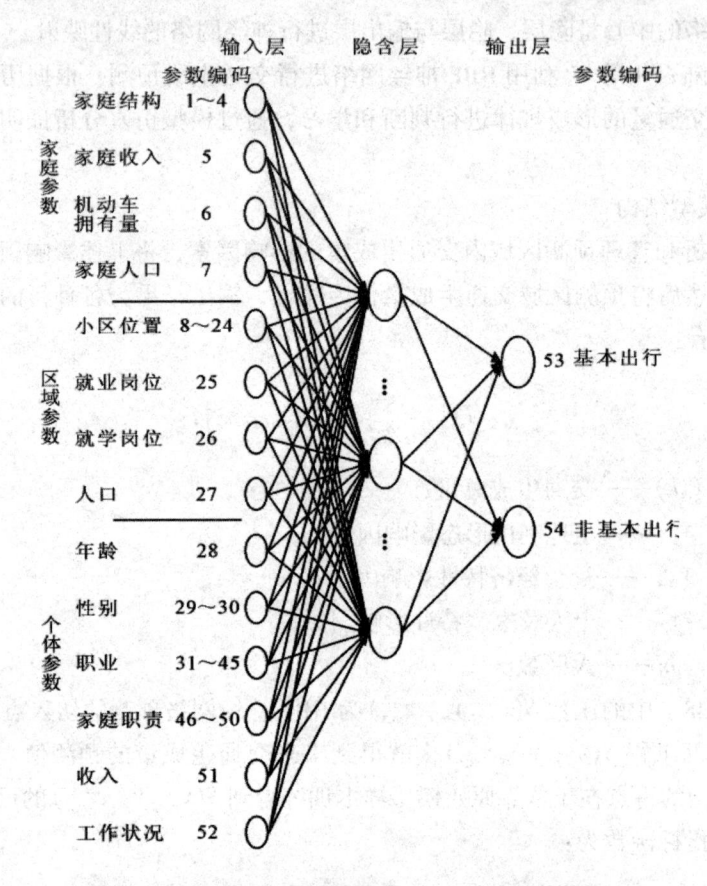

图 2-6　交通生成预测的原始 RBF 神经网络模型

原始神经网络训练成功后，将拟预测区域的影响因素作为输入，并将其输入到已经完全训练好的网络上，通过神经网络的处理预测未来交通生成量。预测过程如图 2-7 所示。

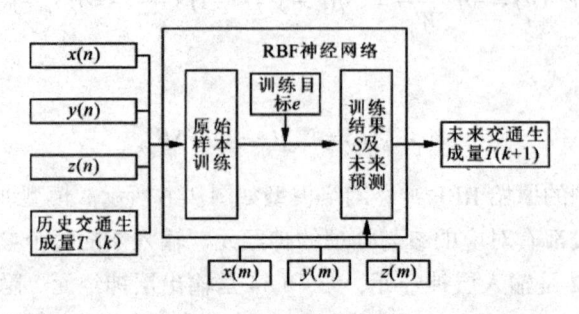

图 2-7　基于 RBF 神经网络的交通生成预测过程

具体算法见对应文献。

（2）模型应用

选择重庆市江北区人口调查数据进行仿真应用。研究证明，基于RBF神经网络的预测模型能成功地进行交通生成量的预测，除少部分数据误差较大之外，其余误差都很小。

为了与RBF神经网络预测模型比较分析，邓捷利用BP神经网络也做出了预测。通过对比预测误差指标对比发现，RBF神经网络的预测精度高于BP神经网络，通过仿真分析还发现，BP神经网络不存在唯一最佳逼近点，需要进行多次预测才能得到最佳预测结果，预测结果精度较低。

3 交通分布预测

交通分布预测是把交通生成预测所得的发生与吸引量转换成空间 OD 量，得到 OD 矩阵。OD 矩阵是描述各交通小区的发生与吸引交通量矩阵，是交通分布预测的目标矩阵。

对客运交通分布进行预测之前，首先需要准备如下 2 类数据，一是交通预测产生量和交通预测吸引量，该类数据通过前述章节的方法即可获取得到；另一类数据为现状的 OD 矩阵。

本章对交通分布预测模型国内外研究情况进行总结，对增长系数模型、重力模型、熵模型、介入机会模型及各类改进模型的国内外研究情况进行综合分析。

3.1 国内外研究综述

3.1.1 交通分布预测模型国内外研究综述

交通分布预测模型按照预测范围分为 2 大类：一类是预测中短期交通分布的增长系数模型，包括简单增长系数模型（常增长系数模型、平均增长系数模型）、Fratar 模型、Furness 模型、Detroit 模型等；另一类是预测中长期交通分布的构造模型，此类模型首先用数学模型表述 OD 分布规律，然后用实测数据标定模型，最后用标定模型预测未来 OD 分布，典型模型包括重力模型、熵模型、介入机会模型。随着以"四阶段模型"为代表的交通预测模型的发展，交通分布的研究形成了以增长系数模型、重力模型、熵模型、介入机会等模型为代表的多种模型。

增长系数模型和重力模型在早期应用实践中产生了较好的效果，简单实用，但理论依据不足，1966 年，Murchland 研究证明了重力模型可以用平衡最大化问题进行求解，熵理论开始用于交通分布预测。

1967 年，Wilson 发表的论文明确证实熵理论可以用于出行分布预测。此后，1970 年 Wilson 的在《城市和区域模型中的熵》一书中详细阐述了 OD 流的估计问题，提出不同形式的最大熵[50][51]。1974年，Wilson给出了理论证明[52]。

然而熵模型是一个纯理论上的求解，模型中规划年矩阵与现状矩阵没有关联，这一点违背了分布预测所遵循的"立足现状，预测未来"的基本思想。为了弥补这个缺陷，人们又开发了引入历史信息的熵模型，以后的熵模型都是基于以上模型改进，例如sasaki的重力式先验概率的最大熵模型[53]，Fotheringham, Kelly, Erlande, Fand, Thorsen等[54][55]。这些模型都是基本熵模型的改进。1959年，Schneider将介入机会模型了引入交通分布预测[56]。

我国的交通分布预测理论及模型研究起步较晚，初期大多是在国外先进规划经验的基础上进行的研究。然而，由于历史原因，我国经济社会发展极为不平衡，在快速的城市化过程中，形成了我国特有的城市发展特点。城市居民的出行半径都相对较小，比起以私家车为导向的国外城市，"摊大饼"的速度明显慢得多。这也造成了我国交通分布的特有模式，所以一些国外模型的结论并不适合我国国情。对于交通分布模型的研究，国内学者也提出了一套适合我国情的模型。

1994年，田志力等[57]在研究重力模型的时候，提出重力模型的K系数在未来是变化的，给出了预测误差分析[58]。1999年，达庆东等[59]研究了交通分布与熵之间的关系，并以熵为准则判断交通分布。2002年，陈尚云等研究发现，我国特大城市重力模型的阻抗系数为0.8–1.5[60]。2005年，邵昀泓、王炜等[61]根据重力式熵模型的原理写出其规划问题：并证明了重力式熵模型与重力模型及底特律模型的一致性，为重力式熵模型的实际应用提供了理论依据。2008年，孙立山、姚丽亚、荣建[62]等构建换乘分布预测的重力先验概率熵模型，并现状换乘分布调查数据为基础，标定参数并求解，建模过程考虑了随机因素。

在传统模型的改进方面，1997年，李旭宏[63]提出了在有完整现状出行分布矩阵、有部分现状出行分布矩阵以及无现状出行分布矩阵的三种情况下均可使用的系统平衡交通分布预测模型等，其后，2010年，邓明君、王铁中[64]利用系统平衡模型进行了出行分布预测，按照供求平衡的原则构造出改进的基于重力模型。2018年，王炜、黄蓉、华雪东等[65]设计了一种结合重力模型与Fratar模型的交通分布预测方法，充分发挥了传统预测方法与重力模型的优势。

在交通分布模型参数标定方面，2003年，曲昭伟、姚荣涵、王殿海等[66]对针对熵模型中参数标定困难的问题，提出了系统分布的熵方法，简化了参数标定，是对最大信息熵原理的扩充。2005年，姚荣涵、王殿海等[67][68]运用最大熵原理，构建了以原点矩均值为约束条件的熵模型，并给出了模型参数标定方法。2008年，朱顺应、管菊香等[69]将最小二乘与模糊预测相结合，对重力模型中参数进行了标定以及模型精度检验；同时，将Frator与模糊预测相结合，研究了能够实现预测OD矩阵中发生、吸引平衡迭代方法，最终针对模糊数学在交通分布预测模型中的应用案例分析，提出了根据模糊不确定性利用模糊预测值的建议。

除了上述传统的预测模型以外，近年来相继出现了交通分布融合分析模型、概率分布模型、基于大数据的交通分布模型等。

3.1.2 交通分布影响因素

影响出行分布的因素很多，本节选择出行者特征、交通方式属性、土地利用情况三个要素进行分析。其中出行者特征是基本关键因素，是土地利用与交通方式的基础。

只有深入挖掘土地利用、出行者特征、交通方式属性三者间的关系，才能分析三者与出行分布的关系，三者之间关系的研究是建立出行分布模型的理论基础。

3.1.2.1 出行者特征

从林早、杨敏等关于出行链的研究中可以发现，出行者特征影响出行分布形态。出行者是出行的中心，正因为不同的出行者有不同的出行需求，这也直接反映到不同的分布状态。

不同属性的出行者有不同的出行目的，意即出行目的由出行者属性决定。出行目的不同使得出行目的地各异。同样，出行者属性不同则起点空间分布也随着发生变化，产生不同的出行分布。由上述分析，可以将出行者特征与出行分布的关系描述为：出行者的自身属性要素，决定或影响出行目的、起讫点，也就决定了出行分布形态，在土地利用情况与交通方式条件的共同作用下，决定出行分布结果。

有以下属性可以对出行者的属性进行表达，分别为出行者的收入、年龄、职业、家庭特征、教育程度、出行目的等等。由于出行者的属性表征要素之间存在着错综复杂的联系，在研究之前需要对关键属性进行筛选，最终保证对出行者属性与出行分布的关系的准确描述。

3.1.2.2 交通方式属性

鲜于建川、王玲玲等研究了基于出行链的城市通勤交通分布问题，发现交通方式与出行分布、出行链之间存在非常明显的影响。出行者必须借助一种及以上的交通方式才能完成一次出行，因此交通方式是否可得、广义成本大小等问题等将影响居民的交通方式选择结果。

不同的交通方式有各自优势出行距离及理论服务范围，在出行者属性确定的情况下，根据不同交通方式的优势出行距离经验飞行可以预测得到出行者的出行起讫点范围。由此可将交通方式与出行分布的关系表述为：在出行者特征给定条件下，出行者根据自身属性、交通要素、交通方式属性要素进行交通方式的选择，同时确定可能的起讫点位置，最终决定出行分布。

由前文分析可知，交通方式的属性主要包括可得性和广义成本[70]。可得性解释如下：①起讫点之间是否能够提供某种交通方式，如果未能提供则该交通出行方式为不可得；②起讫点间所提供的交通方式的空间节点的可接受性，如虽提供了轨道交通方式，但起讫点均离轨道交通站点距离长，且起点、讫点与轨道交通方向相反，同时实际的起讫点距离较短，那么此出行起讫点范围内轨道交通方式就为不可得。广义出行成本由出行时间消耗、出行货币消耗以及其他方面的损失等。

路网与交通方式存在必然的内在关联，路网是交通方式的支撑基础，因此道路网对出行分布也会产生影响。交通方式属性能够表征出路网属性，因此可以认为其是路网属性的体现，因此可以直接讨论交通方式对出行分布的影响。

3.1.2.3 土地利用情况

土地利用与出行分布的关系，主要体现在各类性质的用地开发情况、区位、配套基础设施等为出行产生和吸引提供的条件。

用地布局属性包括用地性质、用地区位以及开发强度等，区位、用地性质、开发强度的不同会导致小区交通吸引不同（吸引出行者的属性不同），出行者在个人属性、交通方式属性、其他因素等详细分析基础上确定出行讫点，形成出行分布。

土地利用与出行分布的逻辑关系：各种性质的用地通过开发强度与区位因子，吸引一定规模、不同层级的潜在出行者，出行者根据自身属性、交通方式属性、其他因素进行决策，确定出行起讫点和交通方式，最终形成出行分布。

3.2 经典预测模型

3.2.1 增长系数模型

增长系数法是进行交通分布预测时最简单的方法，假定 P_i' 为 i 小区的未来年交通产生量，A_i' 为 i 小区未来年交通吸引量，D' 为未来年交通总量，则未来年 OD 矩阵：

$$\begin{bmatrix} d_{11}' & d_{12}' & \cdots & d_{1n}' & P_1' \\ d_{21}' & d_{22}' & \cdots & d_{2n}' & P_2' \\ \vdots & \vdots & \ddots & \vdots & \vdots \\ d_{n1}' & d_{n2}' & \cdots & d_{nn}' & P_n' \\ A_1' & A_2' & \cdots & A_n' & D' \end{bmatrix}$$

要通过模型预测的变量为 d'_{ij}。令 $F_i^{(m)} = P_i^{'(m)} / P_i^{'(m-1)}$，$G_j^{(m)} = A_j^{'(m)} / A_j^{'(m-1)}$，得到如下所示增长系数的迭代公式：

$$d_{ij}^{m+1} = d_{ij}^m \times f(F_i^{(m)}, G_j^{(m)}) \tag{3-1}$$

其中，$f(F_i^{(m)}, G_j^{(m)})$ 为增长函数，当 $F_i^{(m)}$ 和 $G_j^{(m)}$ 的值小于某设定的阈值时迭代结束，得到预测的未来年 OD 矩阵。

根据增长函数的不同形式，增长系数模型又可以进一步细分为如下 4 种方法。

3.2.1.1 简单增长系数模型

3.2.1.1.1 常增长系数模型

该方法认为，d_{ij} 的增长会以某一固定的比例开展，增长函数可以记为：

$$f(F_i^{(m)}, G_j^{(m)}) = C \tag{3-2}$$

其中 C 为增长率常数。该方法由于假定交通出行的增长为常数，一方面忽视了不同交通区间的差异，另一方面由于该增长率常数仅与交通产生或者仅与吸引量其中的一个相关，忽视了两者的联系。

该方法是比较粗糙的预测方法，适用于快速估计短期内未来年的交通分布变化趋势。

3.2.1.1.2 平均增长系数模型

该方法改进上述常增长系数法。该方法认为 d_{ij} 的增长与第 i 小区的交通产生量和第 j 小区的交通吸引量均相关，且两者对 d_{ij} 增长的贡献相同。增长函数为：

$$f(F_i^{(m)}, G_j^{(m)}) = \frac{1}{2}(F_i^{(m)} + G_j^{(m)}) \tag{3-3}$$

3.2.1.2 Fratar 模型

1954 年，Frator 提出从产生和吸引区角度计算 d_{ij}，然后求平均值的方法。Frator 认为 i-j 的交通分布量 d_{ij} 的增长系数与 i 区的发生增长系数、j 区的吸引增长系数，以及整个区域内其他交通小区增长系数均有关，数学表达式为：

$$f(F_i^{(m)}, G_j^{(m)}) = F_i^{(m)} \times G_j^{(m)} \times (\frac{L_i\ L_j}{2}) \tag{3-4}$$

其中，$L_i = \dfrac{F_i^{(m)}}{\sum_j d_{ij}^{(m)} G_j^{(m)}}$，$L_j = \dfrac{G_j^{(m)}}{\sum_i d_{ij}^{(m)} F_i^{(m)}}$ 为调整系数。

Fratar 模型和增长率模型都是交通分布预测中典型的预测方法。Fratar 模型比增长率模型的收敛速度快，计算效率更高[71]，以下通过算例验证其收敛速度：

已知一个调查区域分区情况如下，如图 3-1，基础数据如表 3-1。增长为已知。

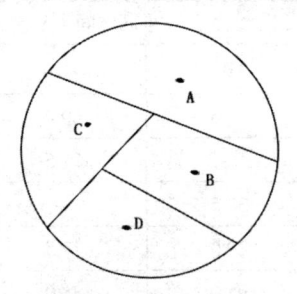

图 3-1 调查区域划分

表 3-1 小区出行数据

区号	起点出行产生	增长系数	现状出行分布 A	B	C	D
A	40	2.0	—	25	10	5
B	50	1.0	25	—	15	10
C	30	4.0	10	15	—	5
D	20	3.0	5	10	5	—

（1）平均增长系数法

第一次计算：

$$T(A,B) = t(A,B) \cdot [E(A)+F(B)]/2 = 25 \times \left(\frac{2+1}{2}\right) = 37.5$$

$$T(A,C) = t(A,C) \cdot [E(A)+F(C)]/2 = 10 \times \left(\frac{2+4}{2}\right) = 30$$

$$T(A,D) = t(A,D) \cdot [E(A)+F(D)]/2 = 5 \times \left(\frac{2+3}{2}\right) = 12.5$$

同理可得：$T(B,C) = 37.5$，$T(B,D) = 20$，$T(C,D) = 17.5$。

计算结果见表 3-2。

表 3-2 第一次计算结果

起点\终点	小区之间未来交通量				
	A	B	C	D	合计
A	—	37.5	30.0	12.5	80
B	37.5	—	37.5	20.0	95
C	30.0	37.5	—	17.5	85
D	12.5	20.0	17.5	—	50
重新合计	80.0	95.0	85.0	50.0	310
要求指标	40×2=80	50×1=50	30×4=120	20×3=60	310
调整系数 α	1.00	0.53	1.40	1.20	

第一次计算后 B、C 交通分布相差大，需要第二次计算，均衡分布量。
第二次计算：

$$T(A,B) = t(A,B) \cdot [E'(A)+F'(B)]/2 = 37.5 \times \left(\frac{1+0.53}{2}\right) = 28.7$$

$$T(A,C) = t(A,C) \cdot [E'(A)+F'(C)]/2 = 30.0 \times \left(\frac{2+1.4}{2}\right) = 36.0$$

$$T(A,D) = t(A,D) \cdot [E'(A)+F'(D)]/2 = 12.5 \times \left(\frac{1+1.2}{2}\right) = 13.8$$

同理可得：$T(B,C)=36.2$，$T(B,D)=17.3$，$T(C,D)=22.8$。
计算结果见表 3-3。

表 3-3 第二次计算结果

起点\终点	小区之间未来交通量				
	A	B	C	D	合计
A	—	28.7	36.0	13.8	78.5
B	28.7	—	36.2	17.3	82.2
C	36.0	36.2	—	22.8	95.0
D	13.8	17.3	22.8	—	53.9
重新合计	78.5	82.2	95.0	53.9	309.6
要求指标	40×2=80	50×1=50	30×4=120	20×3=60	310
调整系数 α	1.02	0.60	1.26	1.11	

第二次计算后，小区之间的交通分布都逐渐均衡，但距离目标相差较大，需要按照平均增长系数法继续调整，直至精度达到要求。

（2）Fratar 法

$$T_1(A,B)=t(A,B)\times E_A\times F_B\frac{t(A,B)+t(A,C)+t(A,D)}{t(A,B)\times F_B+t(A,C)\times F_C+t(A,D)\times F_D}=25$$

$$T_2(A,B)=t(A,B)\times E_A\times F_B\frac{t(B,A)+t(B,C)+t(B,D)}{t(B,A)\times E_B+t(B,C)\times E_C+t(B,D)\times E_D}=17.86$$

$$T(A,B)=\frac{T_1(A,B)+T_2(A,B)}{2}=21.43$$

同理可得，$T(A,C)=44.0$，$T(A,D)=15.00$，$T(B,C)=29.98$。

第一次迭代：

表 3-4 Fratar 法第一次迭代

起点 终点	小区之间未来交通量				
	A	B	C	D	合计
A	—	21.4	44.0	15.0	80.4
B	21.4	—	29.3	13.3	64.0
C	44.0	29.3	—	33.0	106.3
D	15.0	13.3	33.0	—	61.3
重新合计	80.4	64.0	106.3	61.3	312
要求指标	40×2=80	50×1=50	30×4=120	20×3=60	310
调整系数 α	1.00	0.78	1.13	0.98	

Fratar 法比增长率收敛速度快。

3.2.1.3 Furness 模型

Furness 模型认为未来矩阵的预测需要先可假定同一交通小区有增长系数 a_i，b_j，且满足：

$$d'_{ij}=a_ib_jd_{ij} \tag{3-5a}$$

$$s.t.\begin{cases}\sum_j d_{ij}=F_i\\ \sum_i d_{ij}=G_j\end{cases} \tag{3-5b}$$

则将 d_{ij} 带入约束条件可得：

$$\sum_j d'_{ij} = \sum_j a_i b_j d_{ij} = F_i \tag{3-6}$$

则易得：

$$a_i = F_i / \sum_j b_j d_{ij} \tag{3-7}$$

同理：

$$b_j = G_j / \sum_j a_i d_{ij} \tag{3-8}$$

则：

$$d'_{ij} = a_i b_j d_{ij} \tag{3-9}$$

其中 $a_i = F_i / \sum_j b_j d_{ij}$，$b_j = G_j / \sum_j a_i d_{ij}$

该方法主要是求两组约束系数 a_i，b_j。

3.2.1.4 Detroit 模型

该方法是由学者 Detroit 在 1956 年首先提出的，该方法认为：从交通区 i 到交通区 j 的交通分布量与交通区 i 的发生量的增长系数、交通区 j 的交通吸引的增长系数相关。其函数形式如下：

$$f(F_i^{(m)}, G_j^{(m)}) = F_i^{(m)} \times G_j^{(m)} \times \frac{D^{(m)}}{D} \tag{3-10}$$

式中：$D^{(m)}$——迭代到第 m 次的交通量。

3.2.1.5 增长系数模型优缺点及适用性分析

（1）优点

①增长系数模型简便易行、易于理解。

②直接使用基础矩阵预测，保留了基础观测值的效果，适用性特别强。

（2）缺点

①增长系数模型需要完整的基础矩阵，预测精度依赖于基础矩阵质量，基础矩阵缺失情况下不适用；

②假设交通抗阻固定不变，未考虑运输费用的降低、基础设施的改善以及交通拥堵等等的影响，一旦研究年限内土地使用和经济结构发生了重大的改变，增长系数模型预测出行分布精度大大降低。

③只考虑出行起讫点的增长率，而未顾及其他地区的增长率。

（3）适用范围

适宜在研究年限内交通增长状况相对稳定的区域，不适用于进行交通政策分析，多用于短期交通分布预测。

3.2.2 重力模型

重力模型模拟万有引力定律发展而来，认为小区之间交通量的发生与吸引，与两小区的人口数量，工作岗位等成正比，与两小区之间交通阻抗成反比，这一点与实际情况相符。

与增长系数法相比，重力模型考虑的因素较为全面，综合考虑了影响出行分布的地区社会经济增长因素和出行空间、时间阻碍因素，尤其是强调了交通分布与交通系统之间的相互作用，比较符合实际情况。根据其基本假定，即使没有完整的现状 OD 表也能进行预测。重力模型法是交通规划中使用最广泛的交通分布预测模型。

按照模型预测交通量与求和后的发生、吸引量是否一致，可分为无约束、单约束和双约束重力模型三种。

Casey 在 1955 年首先提出将重力模型应用在交通分布中，其形式为：

$$d_{ij} = K \frac{P_i \times A_j}{(C_{ij})^2} \qquad (3-11)$$

其中，C_{ij} 为小区 i 与小区 j 之间的阻抗。

上式形式过于拘泥于万有引力公式，导致误差较大，研究人员将其改进为：

$$d_{ij} = K \frac{P_i^\alpha \times A_j^\beta}{(C_{ij})^\gamma} \qquad (3-12)$$

其中。K、α、β、γ 为待定系数，这样由个待定系数去拟合 $N \times N$ 的数据，其误差将有较大的降低。然而，这类模型，在本质上存在以下不足：由于约束条件不足，不能保证预测值满足平衡约束。

为了解决传统重力模型的这个问题，单约束的重力模型应运而生，在无约束模型的基础上加上约束条件：

$$\sum_{j=1}^n d_{ij} = P_i \qquad \sum_{i=1}^n d_{ij} = A_j$$

根据是否满足约束，重力模型有 3 种形式：无约束重力模型、单约束重力模型、双约束重力模型。

3.2.2.1 无约束重力模型

无约束重力模型公式如下:

$$d_{ij} = K \frac{P_i^\alpha \times A_j^\beta}{f(C_{ij})} \qquad (3-13)$$

无约束重力模型参数 K、α、β、γ 通过拟合现状 OD 调查资料,用最小二乘法标定,其中交通阻抗参数为现状交通网络。

3.2.2.2 单约束重力模型

在无约束重力模型的基础上加上约束条件,得到如下单约束重力模型:

$$\sum_{j=1}^{n} d_{ij} = P_i$$

典型的单约束重力模型有乌尔希斯重力模型、美国公路局重力模型(B.P.R. 模型)。

(1)乌尔希斯重力模型

将无约束重力模型带入上式约束条件,即可得:

$$K = \frac{1}{\sum_j A_j f(C_{ij})} \qquad (3-14)$$

从而可得出乌尔希斯重力模型:

$$d_{ij} = \frac{P_i A_j f(c_{ij})}{\sum_j A_j f(c_{ij})} \qquad (3-15)$$

K 为"行约束系数"。

(2)美国公路局重力模型(B.P.R. 模型)

美国公路局重力模型[72](B.P.R. 模型)计算公式如下:

$$d_{ij} = \frac{P_i A_j f(c_{ij}) K_{ij}}{\sum_j A_j f(c_{ij}) K_{ij}} \qquad (3-16)$$

上式中 K_{ij} 为 i 区产生而吸引到 j 区的出行量调整系数。

BPR 模型在城市居民出行分布预测方面应用较多,而且预测效果很好。在我国一些城市的居民出行分布预测中已使用 BPR 重力模型,而且预测精度很高,例如大连、贵阳、烟台等。

3.2.2.3 双约束重力模型

在重力模型引入额外的约束条件,使得交通产生量和吸引量的和值相等,就得到了如下双约束重力模型:

$$d_{ij} = K_i K_j P_i A_j f(C_{ij})$$

(3-17)

$$K_i = \left[\sum_j K_j A_j f(c_{ij})\right]^{-1} \qquad K_j = \left[\sum_i K_i P_i f(c_{ij})\right]^{-1}$$

以上模型同时引进了,K_i、K_j,即行约束条件和列约束条件。

3.2.2.4 行程时间模型

以上的双约束重力模型以行程时间为交通阻抗,就变为如下行程时间模型:

$$d_{ij} = K_i \frac{A_j / S_{ij}^c}{\sum_j A_j / S_{ij}^c} P_i$$

(3-18)

$$\sum_{j=1}^n d_{ij} = P_i \qquad \sum_{i=1}^n d_{ij} = A_j$$

式中:S_{ij}——i 区至 j 区的行程时间;

C——参数,1.0~2.0,试算法求得。

3.2.3 熵模型

熵的概念最初是来源于热力学,是由克劳修斯在 1865 年首次提出的,到现在为止已经过了 100 多年,是热力学中的一个反映气体系统失序的概念,即混乱度。根据热力学第二定律,孤立系统倾向于增加混乱程度,后来信息论中也引用了这个概念,用于表示信息量,即有序程度越多,信息量越大,而一般事件总是倾向于无序的,推而广之,到现实生活,总是最混乱的结果出现的可能性最大。它的应用早已超出了热力学、统计物理学的范畴,成功用于气象学、信息科学,交通科学。

在热力学系统中,微观状态是分子,那么在交通分析中,微观状态就是每个独立出行的人,而中观状态就是起讫点间的交通分布量,很可能微观状态不同,例如有些人出行的目的地发生了对调,但反映出来的中间状态是相同的,即出行总量不变,交通出行的宏观状态就是每条路上的路段交通量,或者是交通小区的交通发生。统计宏观状态的交通出行比统计相对微观状态的要容易得多,应用熵的原理,与我们所知道的宏观数据相一致的微观行为是等概率地可能发生的,所以一个很好的反映这种一致性的方法就是给我们的信息以等价的约束,因为我们更有兴趣描述中观状态，所以我们就在给定这些宏观约束的前提下，确定最有可能的中观状态，根据已有的信息量，例如仅仅有一部分交通发生和交通吸引的信息量（OD 矩阵的行向量和列向量），推算出最有可能发生的交通分布。以上工作主要是由 Wilson 进行的理论研究。

3.2.3.1 传统熵模型

Wilson 指出，与中观状态 d_{ij} 相联系的微观状态数 $G\{d_{ij}\}$ 由下面的式子[73]给出：

$$G\{x_{ij}\} = \frac{X!}{\prod x_{ij}!} \quad (3-19)$$

其中，$\frac{X!}{\prod x_{ij}!}$ 为总量为 D 的交通量任意分布到各交通区之间产生的组合。

同时 $G\{d_{ij}\}$ 还与系统阻抗相关，则最终分布预测模型为：

$$\max H = \frac{X!}{\prod x_{ij}!} \quad (3\text{-}20a)$$

$$s.t. \begin{cases} \sum_j x_{ij} = F_i \\ \sum_i x_{ij} = G_j \\ \sum_{i,j} x_{ij} C_{ij} = C \end{cases} \quad (3\text{-}20b)$$

3.2.3.2 引入历史信息的熵模型

3.2.3.2.1 重力式熵模型

第一种引入历史信息的熵模型是由左左目纲[74]提出，他认为模型参数的估计需要引入重力式的先验概率，因此该模型也叫重力式熵模型。

设 p_{ij} 为规划年 OD 矩阵的先验概率：

$$p_{ij} = \alpha f_i g_j c_{ij}^{-\gamma} \quad (3\text{-}21)$$

式中：$f_i = \frac{F_i}{T}$——规划年产生权；

$g_j = \frac{G_j}{T}$——规划年吸引权；

C_{ij}——出行阻抗，一般以距离/时间度量；

γ、α——常数。

实际中，取先验概率 p_{ij} 为交通调查的 i，j 小区间的出行量与总出行量的比值，再用最小二乘法进行估计,得出参数γ与α的值,得到规划年先验概率值。

引入先验概率p_{ij},根据多项式概率分布理论,可得下列式子:

$$F = \frac{T!}{\prod\limits_{i,j=1}^{n} T_{ij}!} \prod_{i,j=1}^{n} p_{ij}^{T_{ij}} \quad (3-22)$$

则问题转化为求F的最大值的问题,这便得到了佐佐木纲引入重力式先验概率的熵模型。即使现状OD矩阵缺失信息也可以预测,最大熵模型实用性强。

为了验证重力式熵模型在交通分布预测中的精度,邵昀泓、王炜等[75]对其规划问题进行了以下数学描述:

假设规划年小区i交通发生概率为f_i,j的交通吸引概率为g_j,i的交通选择j的概率为h_{ij},即有:

$$\begin{aligned} f_i &= X_i / X, \left(\sum_i f_i = 1\right) \\ g_j &= Y_j / X, \left(\sum_j g_j = 1\right) \\ h_{ij} &= X_{ij} / X_i, \left(\sum_j h_{ij} = 1\right) \end{aligned} \quad (3-23)$$

式中:X_i、Y_j——规划年i的出行发生量、j的出行吸引总量;

X_{ij}——规划年i-j的出行分布总量;

X——规划年全域的出行产生总量。

假设i,j的重力式先验概率$q_{ij} = \alpha f_i g_j t_{ij}^{-\gamma}$,$\sum q_{ij} = 1$,$\alpha$、$\gamma$通过最小二乘法确定。

不考虑q,将总交通量任意分布到各交通区的组合数为:

$$E = \frac{X!}{\prod\limits_i \prod\limits_j X_{ij}!} \quad (3-24)$$

引入q_{ij},某一种分布方式发生的概率为:

$$F = \frac{X!}{\prod\limits_i \prod\limits_j X_{ij}!} \prod_i \prod_j (q_{ij})^{X_{ij}} \quad (3-25)$$

根据最大熵原理,求解F为最大值时对应的分布方式,即可求出i,j间的分布量X_{ij}占总发生量的比例h_{ij}。

$$h_{ij} = e^{-1} a_i b_j t_{ij}^{-\gamma}$$
$$\sum_j h_{ij} = 1$$
$$\sum_j f_i h_{ij} = g_j \qquad (3-26)$$

式中：$a_i = \exp(\mu_i / f_i)$，$b_j = \exp(\lambda_j)$

μ_i、λ_j——拉格朗日系数。

然后就可求出 X_{ij}。

由此，模型关键是参数 γ 的标定。实际应用中可取先验概率 q_{ij} 等于 i、j 间调查出行量占总量的百分比，对式（3-24）取对数即可用最小二乘法估计得到 γ，然后代入式（3-26），对约束条件收敛验算确定拉格朗日系数。首先令 μ_i、λ_j 的初始值 $\mu_i^{(1)}$、$\lambda_j^{(1)}$ 分别为 1 和 0，计算 和 $\lambda_j^{(2)}$。

$$\mu_i^{(2)} = -f_i \ln\left[\sum_j \exp(-1 + \lambda_j^{(1)}) t_{ij}^{-\gamma}\right]$$
$$\lambda_j^{(2)} = \ln g_i - \ln\left[\sum_i f_i \exp(-1 + \mu_i^{(2)} / f_i) t_{ij}^{-\gamma}\right] \qquad (3-27)$$

然后用 $(\mu_i^{(2)} - \mu_i^{(1)}) / \mu_i^{(1)}$ 和 $(\lambda_j^{(2)} - \lambda_j^{(1)}) / \lambda_j^{(1)}$ 表示迭代误差，若两者在迭代精度 ε 以内，迭代结束，代入式（3-25）求 h_{ij}；否则令 $\mu_i^{(1)} \leftarrow \mu_i^{(2)}$ 和 $\lambda_j^{(1)} \leftarrow \lambda_j^{(2)}$，继续迭代计算直到满足精度要求。

接着证明了重力式熵模型与重力模型及底特律模型具有相同的表达形式，并通过实际预测结果证实了重力式熵模型与这两种模型的一致性，预测结果存在的微小误差产生于不同的迭代过程，为重力式熵模型的进一步应用提供了理论依据。

3.2.3.2.2 交叉熵模型

第二种引入历史信息的熵模型来自交叉熵的概念。关于交叉熵的详细解释可见 Shu-Cherng Fang（1997）所写《Entropy optimization and mathematical programming》[76]。利用交叉熵的概念，便可以得到另一类引入历史信息的交通分布模型——交叉熵模型。

$$\min \sum_i \sum_j d_{ij} \log \frac{d_{ij}}{q_{ij}} \qquad (3-28)$$

3.2.4 介入机会模型

介入机会模型的创始人是 stouffer，他将该模型用于移民、服务和居民定位，现代形式的介入机会模型由 Schneider 于 1959 年提出。基本假定：

（1）期望出行时间较短；
（2）进行目的地小区选择时，按照科学标准确定目的地小区优先级；
（3）选择某一小区的概率与活动规模成正比。

也就是说两个小区之间的阻抗不再直接与距离或费用相关，而是依赖于两个小区之间介入目的地的机会数，是距离起点更近的其他机会的可能性，因此属于随机概率模型。

对起点 i，按照与其距离的远近为优先级把可能成为目的地的小区 j 进行编号。(i, j) 表示拒绝 $j-1$ 个比 j 更近的终点而选择 j 点，这 $j-1$ 个可能的终点叫作影响 j 的"介入机会"。

令 p 为出行者被一个小区吸引的概率。假定某人从 i 出发，被第一个吸引小区的接受概率为 p（拒绝 $1-p$）。

若被第一个小区拒绝，改为第二个小区，以此类推，直到选中一个小区。p 为前 $j-1$ 个更接近 i 点的小区被拒绝后选中第 j 个小区的概率。城市空间布局确定 p 的值恒定，也就是说选择每一个吸引小区的概率相同。

令 dj 为 j 与 $j+dj$ 之间的吸引小区数目，pdj 看作在 dj 内选中一个区的概率（j 为连续变量）。令 $p_i(j)$ 为拒绝前 j 个小区概率，$p_i(j+dj)$ 即为拒绝前 $j+dj$ 个吸引小区概率。则：

$$p_i(j+dj) = p_i(j)(1 - pdj) \qquad (3-29)$$

则 $\dfrac{p_i(j+dj) - p_i(j)}{dj} = -pp_i(j)$，当 $dj \to 0$ 时，得到 $\dfrac{dp_i(j)}{dj} = -pp_i(j)$；

解得：$p_i(j) = ce^{-pj}$，c 是常量，由城市空间布局决定。

选择前 j 个小区中任一个的概率为 $p_i(j) = ce^{-pj}$。选择第 j 个小区的概率 $p_i^j = c(e^{-p(j-1)} - e^{-pj})$，则 i 到 j 的出行量为：$T_{ij} = O_i c(e^{-p(j-1)} - e^{-pj})$。

为保证出行生成约束 $\sum_j T_{ij} = O_i$，解出常数 c：

$$c = \dfrac{1}{\sum_{j=1}^{m}(e^{-p(j-1)} - e^{-pj})} \qquad (3-30)$$

则介入机会模型：

$$T_{ij} = O_i \dfrac{e^{-p(j-1)} - e^{-pj}}{\sum_{j=1}^{m}(e^{-p(j-1)} - e^{-pj})} \qquad (3-31)$$

根据概率和归一化条件，即：$\sum_{j=1}^{m}(e^{-p(j-1)}-e^{-pj})=1$，模型简化为：

$$T_{ij}=O_i(e^{-p(j-1)}-e^{-pj}) \tag{3-32}$$

式中，p 为交通吸引率，为待定参数，根据现状 OD 调查资料确定。

介入机会模型在建模根据上较重力模型强，创新性和优越性在于其将距离作为一个普通变量，将起点出发后介入出行目的地的机会看作核心变量。

介入机会模型的缺点在于，概率的随意性和统一性，过于笼统和不精确，小区顺序的决定性也过于随意；在预测未来分布时，可能会出现计算出行分布量不满足生成和吸引两个约束条件。

介入机会模型在实际中较少被采用，主要包括以下几个原因：

（1）理论基础知名度小，实践操作不便；
（2）建立从起点到终点按出行距离由近到远排列的矩阵存在困难；
（3）缺少软件支持。

3.3 经典交通分布预测模型的改进

3.3.1 改进的重力模型

对比增长系数模型的优势在于，重力模型不需要现状 OD 矩阵，然而重力模型法仅仅是将交通小区之间的出行交换量看作出行成本的函数，未能真实反映出行分布的本质，因为出行交换量本质上并不是由未来各小区的出行成本决定。同时，根据经典重力模型，当出行成本为零（或者极低）时，将会导致出行交换量结果增长过快。

改进重力模型是指改进参数标定方法的重力模型和基于土地利用的改进重力模型两种。

3.3.1.1 基于改进参数标定方法的改进重力模型

重力模型标定方法包括线性回归法、逐步搜索法、牛顿法、Hyman 法等，国内外学者针对模型参数标定方法的改进涉及基于逐步搜索法的时空分布标定法[77]、基于牛顿法或类牛顿法的最速下降法、梯度法，基于 Hyman 法的抛物线法[78]等。具体可参见上述文献。

基于改进参数标定的改进重力模型，其本质是对模型参数标定方法的改进，并没有改变重力模型存在的本质问题。因此该类改进模型的不足与经典重力模型大同小异。

3.3.1.2 基于土地利用的改进重力模型

传统重力模型时并没有考虑用地性质对交通小区之间的出行分布量的影响,造成预测结果与实际产生偏差。

对基于土地利用的改进重力模型,其本质是结合开发强度计算交通小区之间各类用地性质的吸引强度,根据吸引强度计算吸引概率,从而求得各交通小区之间的出行分布量,最终得到 OD 矩阵。

3.3.1.2.1 一般表达式

其一般模型表达式为:

$$t_{ij} = p_{ij} \cdot k \cdot \frac{P_i \cdot A_j}{F(P_i, A_j, k)} \quad (3-33)$$

式中:p_{ij} ——i 区与 j 区基于用地关联关系计算所得的关联强度。

3.3.1.2.2 基于土地利用性质分类的重力模型

王赛剖析了传统重力模型实际应用问题,提出基于土地利用性质分类的改进重力模型[79]:

(1)预测目标年各交通小区各子类的交通生成量。

由于不同性质用地均会产生去往不同性质用地的出行,所以将各类性质用地居民去往同一性质用地的产生量进行累加即为居民去往不同性质用地的产生量。不同性质用地的吸引量即为各类性质用地的吸引量。基于上述分析,王赛提出了两种不同用地性质的交通生成量预测方法,具体步骤及模型见本章第三节。

(2)平衡目标年各交通小区各子类的交通生成量。

在交通分布预测阶段之前,需要平衡各交通小区的产生、吸引总量。一般情况下,选择各交通小区的产生总量作为平衡标准。将各小区的吸引量乘以调整系数,即可确保各交通小区产生总量等于吸引总量。

(3)确定交通小区之间的交通阻抗参数及函数。

交通阻抗参数反映的是各个交通小区之间出行便利程度的总体差异。由于幂型函数形式简单,较易于标定,所以选择幂型函数作为交通阻抗函数,并选用距离作为交通阻抗。幂型阻抗函数的基本形式见式 3-34。

$$f(R_{ij}) = R_{ij}^{-b} \quad (3-34)$$

式中,

R_{ij}——i区与j区之间的距离,选取交通小区的几何半径作为区内的出行阻抗。
b——待定参数。

参数 b 可以通过现状出行调查数据确定,但对于新城区没有或缺少调查数据时,可令 $b=1$。

(4)分类建立重力模型

在确定各交通小区居民去往不同性质用地的产生量和不同性质用地的吸引量之后,就可以应用重力模型计算出各交通小区各子类的出行分布量。其模型见式3-35。

$$T_{ij,h} = \frac{K_i K_j' P_{i,h} \cdot A_{j,h}}{f(R_{ij})} \quad (3-35)$$

式中：h——子类;
K_i、K_j'——分别为行约束系数、列约束系数;
$T_{ij,h}$——i区与j区之间类别为h的出行分布量;
$P_{i,h}$——i区类别为h的出行产生量;
$A_{j,h}$——j区类别为h的出行吸引量;
$f(R_{ij})$——i区与j区的阻抗函数。

(5)改进模型

根据步骤(4)得到各交通小区各子类的出行分布量后,对其进行叠加即为目标年的居民出行分布量。那么建立的改进模型见式3-26。

$$T_{ij} = \sum_{h=1}^{n} \frac{K_i K_j' P_{i,h} \cdot A_{j,h}}{f(R_{ij})} \quad (3-36)$$

式中：T_{ij}——i区到j区的出行分布量;
n——类别的划分数量,即土地利用性质的类型数;
h——子类。

事实上,地块与地块之间的关联强度并不是完全由用地性质确定,因为相同的用地性质也可能存在不一样的出行者、不同的出行者又有不同的出行目的、产生不同的出行分布。因此该改进模型仅仅停留在用地性质上,未能深刻反映出行分布的内在机理。

3.3.1.3 系统平衡模型

系统平衡模型是根据出行分布的内在规律,按照供求平衡的原则构造出来的,可以说也是基于重力模型。只不过对模型进行了如下假设和改进：

①区间出行分布量与小区的出行、吸引量成正比；
②区间的出行分布量与区间的阻抗成反比；
③当区间阻抗趋于 0 时，区间出行分布量趋于小区的吸引量；
④当区间阻抗趋于无穷大时，区间出行分布量趋于 0。
一般函数形式为：

$$T_{ij} = \frac{O_i D_j}{f(C_{ij}) + O_i} \quad (3-37)$$

系统平衡模型适用于城市发展变化较大的新城或城市新区。但是，模型理念较重力模型难于理解，工作量大且难以操作，目前使用较少，理论研究较多。

3.3.2 改进的熵模型

传统 OD 矩阵推算熵模型，假设路段交通量、路径选择等都没有误差，但事实并非如此，实际中由于误差的存在，应该允许模型求出的解分配至路网上与调查交通量不完全吻合。

针对这一不足，王炜、孙俊在对大型交通网络的 OD 矩阵进行推算问题研究中，提出了以下熵修正模型[80]：

根据对先验 OD 信息及交通量的不同置信度，将交通量加进目标函数，即熵模型可被修正为：

$$\min \sum_i \sum_j T_{ij}\left(\ln\frac{T_{ij}}{t_{ij}} - 1\right) + T\sum_a V_a^*\left(\ln\frac{V_a^*}{V_a} - 1\right) \quad (3-38\text{a})$$

$$s.t. \begin{cases} \sum_i \sum_j T_{ij} p_{ij}^a = V_a^* \\ T_{ij} \geq 0 \end{cases} \quad (3-38\text{b})$$

式中，V_a^*，V_a 分别为路段 a 上真实的、观测的路段交通量；T 为置信权重。

模型中 p_{ij}^a 的取值，采用容量限制—增量加载分配方法，可以考虑路权与交通负荷的关系和"拥挤"的影响；另一方面，它通过 5 次最短路分配，间接地进行了"多路径"分配，比最短路分配方法要合理，而且，由于每次分配时，p_{ij}^a =0 或 1，使模型求解比较简单，可以用于推算大型网络。

用拉格朗日乘子求解：

$$L = \sum_i \sum_j T_{ij}\left(\ln\frac{T_{ij}}{t_{ij}} - 1\right) + T\sum_a V_a^*\left(\ln\frac{V_a^*}{V_a} - 1\right) + \sum_a \lambda_a\left(V_a^* - \sum_i \sum_j T_{ij} p_{ij}^a\right) \quad (3-39)$$

式中：λ_a——拉格朗日乘子。

对上式求 T_{ij}，V_a^* 的导数：

$$\frac{\partial_L}{\partial_{T_{ij}}} = \ln\frac{T_{ij}}{t_{ij}} - \sum_a \lambda_a p_{ij}^a = 0 \qquad (3-40)$$

$$\frac{\partial_L}{\partial_{V_a^*}} = T\ln\frac{V_a^*}{V_a} + \lambda_a = 0 \qquad (3-41)$$

令 $X_a = e^{\lambda a}$，则由式（3-40）、式（3-41）可得

$$T_{ij} = t_{ij} \prod_a X_a^{p_{ij}^a} \qquad (3-42)$$

$$V_a^* = V_a X_T^{-\frac{1}{T}} \qquad (3-43)$$

可以看出：当 T= ∞，即对交通量完全置信时，式（3-38）即为标准极大熵模型；当 T=0 时，即对交通量完全不置信，此时 $T_{ij}=t_{ij}$。可见，标准极大熵模型只是模型（3-38）的一个特例。

为了求解模型，王炜、孙俊把推算模型求解的立足点从路段转移到路径，提提出了以下适用于大型网络 OD 矩阵推算的路径迭代算法：

①初始化，令 n=1，给定权重 T 值，确定容量限制分配系数 θ_k = 0.30/0.25/0.20/0.15/0.10；

②容量限制分配法分配 T_{ij}^n，得路段流量 v_a；

③计算路径 a 的调整系数 $f_a = (V_a / v_a)^{\frac{T}{T+1}}$；

④容量限制分配法分配 OD 点对，利用最短路法调整路径其上各个路段，$T_{ij}^{n+1} = \sum_k \theta_k \times T_{ij}^n \times f_{ij}^k$（其中 f_{ij}^k 为第 k 次分配的调整系数）；

⑤若达到收敛条件结束，否则，令 n=n+1，转②。

路径迭代法收敛速度较快，经研究发现，经过 6 次迭代，便可得到收敛的 OD 矩阵推算值。

3.3.3 经典交通分布预测模型的组合

为了充分发挥传统预测方法与重力模型的优势，王炜、黄蓉、华雪东等设计了以下将重力模型与 Fratar 模型相结合，见图 3-2。

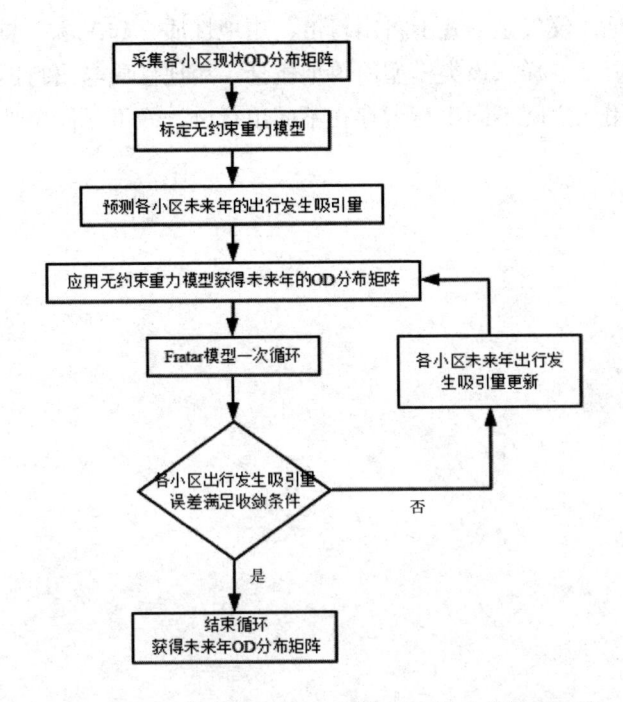

图 3-2 结合重力模型与 Fratar 模型的交通分布预测流程

预测步骤：首先采集各小区的发生吸引交通量以及现状 OD 分布；其次标定无约束重力模型参数和预测各小区未来年的发生吸引交通量；然后应用既标定的无约束重力模型计算未来年 OD 分布；最后应用 Fratar 模型运行一次得到新的未来年预测 OD 分布；对运行结果与上次循环结果进行收敛性判断，得到满足收敛判别条件的 OD 分布即为未来年各小区间 OD 分布预测最终结果。

该预测方法既充分利用了现状出行分布信息，又兼顾路网变化及土地利用等的影响，仿真预测结果证明能够提升预测结果的准确性和预测模型的适用性。

3.3.4　基于手机信令的交通分布模型

基于手机信令的交通分布模型利用手机信令数据提取出行者出行链信息，然后追踪出行者的出行分布规律，得出经验，研究交通分布模型。

基于手机信令数据的出行链出行分布模型，由于手机信令数据是针对现状的出行者信息，并不能得到未来出行者的手机信令数据，因此只能用于验证现状出行分布。如果想要研究未来用地性质与出行链的关系以实现出行分布预测，需要与用地性质相结合，并根据不同用地性质划分不同出行链类型。

本质来看，将用地性质关联到基于手机信令数据的出行链所建立的出行分布模型依然存在不足，仅仅是形式上将出行链与用地性质一起考虑，与多数基于用地性质的改进重力模型一样，该类模型简单地概括了用地性质与出行链的关系。同样用地性质关系的用地之间不同出行者存在不同出行链，而不是简单地基于用地性质一概而论。

4 交通方式划分预测

交通方式划分预测是"四阶段"预测方法中一个重要环节，是通过建立模型拟合现状交通方式选择规律，预测未来交通方式结构，在这一过程中，根据未来交通政策的引导、交通基础设施或交通服务水平条件变化来提出形成合理交通结构所采取的措施。

本章首先对国内外各类交通方式划分预测典型模型及改进模型的研究及发展进行分析，并对宏观与微观相结合方法进行综述，然后重点对基于优势出行距离的交通方式划分模型相关问题进行研究，并对分方式的出行行为研究方法、分方式划分模型进行了总结及分析，最后对国内外区域多模式综合交通出行行为及方式划分进行了分析。

4.1 国内外研究综述

4.1.1 交通方式划分预测模型

由第1章的理论体系可知，交通方式划分方法根据预测原理的不同可以分为集计和非集计方法两大类。

交通方式划分预测集计模型主要有转移曲线模型、交叉分类模型、回归模型等。转移曲线法就是根据调查及统计资料，绘制各种交通方式分担率及其影响因素之间的关系曲线[81]。交叉分类模型则以家庭为分析单位，根据对方式划分起决定作用的因素将整个研究区域的家庭划分成若干类型。回归模型则是通过建立回归方程对交通方式分担率与影响因素之间的关系进行预测。Scheiner[82]回顾了1976–2002年间德国全国范围内的出行数据，构建了私人出行方式变化规律与出行距离之间的关系，阐述了不同出行距离下不同出行方式的分担率水平。国内的交通工程学开展较晚，相关研究的发展相对滞后，在集计模型方面，陈学武[83]提出了分层次进行出行方式随出行距离变化规律的分析，何婷等[84]基于大城市交通结构的公交设施、服务水平等指标构建回归分析模型，探讨了公交出行结构的预测方法与优化方案，赵磊等[85]聚焦于慢行交通，分析了用地布局、时间分布、出行距离分布等特征，构建了慢行交通的分担率曲线模型。王健[86]从微观层次分析了各种出行方式的通达性，构建了出行方式转移曲线。

随着概率论的发展及出行单元的进一步细化，交通方式划分从研究整体结构及出行方式变化规律，逐步向研究个体出行特征转变。20世纪70年代起，以McFadden[87]为代表的一批外国学者以概率论为理论基础，引入效用理论，提出了非集计的方式划分模型。用于交通方式划分预测的典型非集计模型有Logit模型、Probit模型等[88][89]。

Logit模型是以随机效用和效用最大化理论为基础，通过构建充分考虑出行行为特征、出行者属性特征、出行环境特征等相关变量的效用函数实现方式划分预测和分析的目的[90][91][92][93][94][95]，形式简单，较为实用，Logit模型经过不断的发展和演变，形成了包括MNL、ML、NL等模型在内的整套研究体系，但Logit模型效用随机项是单独假设的，因此又逐渐演变出克服了Logit模型IIA（Independence from Irrelevant Alternatives，不相关选项间的独立性）特征缺陷的Probit模型[96][97]、考虑固定选择属性的Dogit模型[98]和基于时间价值的MD模型等，虽然克服了IIA缺陷，但是模型求解均比较复杂，因此在大多数的实际应用中，研究人员仍旧倾向于选择Logit模型，因此出现了一系列的改进Logit模型。比如Yao等[99]考虑了年龄、职业、收入、出行目标、是否有车、支付方式、出行时间和成本等因素同时构建了MNL模型和NL模型进行效果比对，分析结果说明NL模型存在更好的适用性；Proctor[100]为了简化随机独立项服从同分布这个前提带来的影响，引入函数讨论多个MNL模型之间的关系，构造了CNL模型，并通过案例对比证实了CNL模型的有效性和准确性。

国内学者对于离散模型的研究开始的较晚，伴随国内城市交通系统出行方式多元化的发展，城市交通系统逐步形成了多种出行方式相互补充、相互竞争、共同发展的局面。为了满足城市高质量发展的要求，城市内部交通单元越来越小，交通小区划分更加细致，不同属性的交通小区对交通生成的发生、吸引强度存在明显差距，在交通小区间出行需求不均匀的前提下，国内各城市的方式划分实践证明仅应用常规的集计模型进行方式划分会产生较大偏差，而非集计模型能够有效减少误差。2003年，王强[101]将拥挤收费引入Logit模型，讨论了拥挤收费对方式划分的影响。2006年，王树盛等[102]针对Logit模型的弊端，给出了Mixed Logit模型，并对模型的优越性进行了验证。2006年，李海峰[103]根据土地利用和功能划分，重点研究了商业用地和交通方式、居住用地和交通方式以及工业用地和交通方式之间的联系，同时利用神经网络模型预测了出行方式分担率。2007年，贾洪飞等[104]应用北京居民出行调查的数据构建了 MNL 模型，并用 Matlab 计算出行时间和实际金钱费用。2010 年，殷焕焕等[105]基于 ML 的基本理论方法分析影响方式选择的因素，证实能够通过调整关键因素调整出行方式结构。2010 年，王雯静，干宏程[106]在研究世博期间驾驶人的通勤出行方式选择行为时，建立了考虑驾驶人通勤的实际行为变量、出行时间和费用变量的二项 Logit 模型，研究了各变量对方式选择的影响。2008 年，张浩然、任刚、王炜[107]应用多项 Logit 模型建立了出行者个人属性、家庭属性、出行属性与方式选择的关系模型。2012 年，冯燕春、杨涛等[108]以大城市中低收入人群的通行特征为研究对象，对广义出行成本进行了研究。2013 年，周微[109]分析了都市圈的交通客运结构，从总量规模、时空分布和需求的不同层面改进了 MD（Modal Demand）模型，构建了客运结构预测模型。2015 年，马晖玮[110]构建了二项 Logit 模型，基于常规公交、快速公交、出租车和地铁的调查数据，讨论了常见影响因素对方式选择的行为的作用。2015 年，杜影、陈学武在前文交通生成的出行者个体及家庭属性分析的基础上研究低收入人群通勤出行交通方式选择，建立 MNL 模型并通过 SPSS 对模型进行参数标定，得出低收入人群通勤出行交通方式选择效用函数。2015 年，袁骏一、陆建[111]针对居民的差异化交通出行选择行为进行数学建模，得到了出行方式关于各个影响因素的多项 Logit 模型。2016 年，栾鑫[112]以南京为例，分别构建了无序 MNL 模型和 ML 模型，分析了个人及家庭、出行、起讫点位置等影响要素对方式选择的作用机理。

近年来，结构方程模型也被用于方式划分预测，20 世纪 80 年代，国外学者已经开始将 SEM 引入到交通领域中。在基于活动的出行需求模型研究领域，结构方程模型展现出很大的潜在应用价值。利用结构方程模型的方法可以探求得到活动参与和由活动需求引起的出行两者的因果关系，不同活动选择的相关关系，以及在出行时间有约束的条件下出行时间对活动时间的反馈等等，活动参与和由其引起的出行可以被放在一个更加合理的框架中进行研究。1996 年，Golob 等[113]建立了同时考虑出行时间、出行乘车距离以及小汽车拥有情况的 SEM 模型，研究家庭的出行决策过程。2001 年，Simma[114]利用奥地利的出行日志和环境数据，研究了立体空间结构对居民的小汽车拥有情况，交通方式和出行距离的影响。

国内研究中，2009 年，周竹萍、任刚、王炜[115]等通过拟合调查数据建立各级间数学关系，在此基础上建立结构模型预测了分担率。2015 年，周竹萍、王炜[116]在此基础上，详细阐明了各影响因素之间的逻辑关系，利用多个城市现有的出行调查数据表述了结构模型中各因素的数学关系，提出了基于结构模型的方式选择预测方法。2020 年，郭季[117]等利用太原、运城和吕梁 3 个规模不同城市的居民出行 OD 调查数据，构建居民出行方式选择 SEM 模型，研究了不同等级城市居民的出行行为。

除了以上非集计预测基础模型外，东南大学王炜老师课题组提出宏观与微观相结合的预测方法，首先在宏观规划区域层面上进行总体交通方式结构控制，然后在微观交通小区层面上进行交通方式分担比例预测，即宏观指导微观的方式划分预测方法。接着在此基础上提出了基于优势出行距离的交通方式结构分析理论：不同出行方式的距离分布由于其固有的特征，在某个出行距离区间内可能存在某一种或几种出行方式的概率密度优于其他出行方式的情况；不同出行距离下，各出行方式的概率密度比例不同。对于OD点对，由于OD点对之间的最短出行距离不同，各出行方式的概率密度也不同，结合最短路矩阵和OD矩阵可以得到所有交通小区之间的分方式OD矩阵。相关研究成果针对不同特征的出行者和出行行为，以及宏观层面不同城市地形、经济、交通网络结构等方面存在的差异，从修正出行方式的效用函数及结构参数的角度出发，进一步完善了基本的交通方式划分模型，揭示了城市多模式交通网络背景下各种出行方式的竞争机理。

4.1.2 出行成本

应用非集计模型进行方式划分和出行方式选择研究时，不可避免的需要构建出行方式的效用函数，各方式效用函数与出行方式的消耗联系密切，而出行成本作为出行消耗的另一种表达，在长期的研究中同样得到了国内外学者的关注。然而，交通方式外部环境成本表现形式比较主观，缺少量化参数，研究人员引入了广义出行费用及出行时间价值的概念，时间价值难以直接估算或者观察，必须在一定的信息基础上进行评估与标定，这大大影响了在出行成本的研究中增加出行时间价值的相关理论。

Meyer[118]等1965年初步研究了城市中通勤交通中不同出行方式的出行成本，考虑因素较简单，未能综合考虑城市交通的复杂性以及其他因素的影响。其后，Mohring[119]、Keeler等[120][121]继续对Meyer的出行成本预测进行研究，将不同性质的出行成本的计算方法进行了分析。Borger等[122]利用计算机编程计算了出行方式的外部成本，James、Mark等[123][124]对比了不同出行方式出行成本和外部环境成本对机动化出行方式选择的影响。Currie、Sarvi等[125]提出在交通方式划分中考虑不同出行方式出行成本，并且给出如何通过调整出行成本优化城市公交系统配比的方案。国内对出行成本研究基于运输经济学展开，荣朝和[126]研究了拥堵情况下居民出行成本，胡永举[127]量化了不同交通方式使用成本、出行时间成本、设施成本和外部成本。顾涛等[128]构建了符合国内城市交通环境的私人小汽车出行成本计算方法体系。杨忠伟、刘小明[129]针对分方式的出行成本构成及测算问题进行了研究。孙峰、杨涛[130]在广义出行费用基本理论的基础上构建了电动自行车的出行成本计算模型。

以上成果为后续研究奠定了基础。

4.1.3 基于优势出行距离的交通方式划分模型

现阶段，非集计模型对影响出行方式选择的因素（包括个人特征、家庭属性以及出行特征）已经进行了深刻的讨论，出行行为特征中常见的因素有出行距离、出行目的等，而出行距离作为影响出行行为选择的重要因素，从相关研究开始的早期就受到了研究人员的关注。

Tlle[131] 考虑到出行的通达性，认为1公里以下的出行行为中，步行为主要出行方式，1-6公里之间的出行则主要以自行车出行为主，超过6公里的出行以机动出行方式为主，Holz-Rau[132] 的研究结果显示，当出行距离在325米及以下时，步行为主要出行方式；当出行距离超过325米时，无车人群的出行方式逐步由步行转向自行车；而出行距离超过670米的家庭出行几乎不会选择除汽车以外的出行方式。Badland 等[133] 的研究指出各出行方式的距离区间在不同国家和地区存在明显差异，这是由文化、经济、地形和气候等因素决定的，在机动化程度较高的国家，出行者在短距离出行中仍偏向于私家车出行，而在一些发展中国家，即使长距离出行，仍存在较高的步行分担率。这一现象在不同的发达国家也存在，在德国[134]，1公里以下的出行中60%的出行者选择步行出行，挪威[135]1km以下的出行中则仅有53%的出行者选择步行。自行车分担率也存在相似的特征，荷兰和丹麦的自行车分担率较高，在德国较少，在英国、法国和美国则更少[136]。

国内学者关于出行距离的特征也进行了相当多的研究和探讨：陈尚云等[137] 根据城市用地分布特征建立二阶爱尔兰分布模型，构建计算城市出行距离分布的函数，并且验证了部分城市的距离分布特征。周文竹、王炜等[138][139] 总结了出行方式在各等级道路上的出行距离分布规律，建立了对应的出行距离分布模型。万霞、陈峻等[140] 对城市差异在出行距离分布中的表现进行了初步探索。

在对出行距离影响方式选择作用机理充分理解的前提下，学者们开始进一步的利用出行距离进行交通需求预测的相关研究。郑长龙[141] 筛选了与出行方式选择相关的二十种相关因素，构建了步行、自行车、私家车、常规公交和地铁物种出行方式为主的出行距离曲线，并进行二项 Logit 回归分析，验证了出行距离的重要性。蒋贤才等[142] 基于哈尔滨市的居民出行调查，以公交出行为研究对象，建立了实用优势出行距离分布模型，认为其符合双参数韦布尔分布，其主要影响因素为公交出行时间及票价。

东南大学王炜老师课题组多年来致力于利用出行距离进行交通方式结构分析，考虑到我国城市和区域综合交通系统的复杂性和多样性，更多的关注于多种出行方式并存的条件下出行方式伴随出行距离变化的规律。其中陈征[143][144]明确提出了居民出行主要以出行距离作为方式选择的依据，且出行距离和出行时间成正比，并且根据多个城市的数据建立了多方式出行距离曲线并进行拟合，接着分析了城市内在因素对出行方式选择行为的影响，并且将出行距离曲线用于方式划分。李晓伟等[145]提出利用离散选择模型和出行效用绘制转移曲线，并结合最小二乘法对绘制的距离转移曲线进行拟合。

在此基础上，团队进一步提出了基于优势出行距离的交通方式结构分析理论，并在理论及实践中取得了突破性进展。项昀等[146][147]比较了公路、铁路、水路、航空出行方式的优势出行距离，提出在分担率确定的情况下确定优势出行距离的理论，构建了综合运输分方式的优势出行距离函数。丁剑[148]基于南京市的居民出行距离调查数据，引入优势出行距离因子，建立了各出行方式的优势出行距离数据集，定性分析了全方式和分方式的居民出行距离分布特征，并应用条件概率和最小二乘法实现了模型参数的标定。范琪等[149]构建出同一城市路网下分方式优势出行距离的概率密度曲线，建立了基于广义出行费用的城市综合交通方式优势出行距离概率密度模型。

4.2 交通方式划分预测集计模型

4.2.1 转移曲线模型

转移曲线由日本学者在20世纪60年代提出，并在60、70年代得到了广泛应用，基本思路阐述如下：针对需要比较的交通方式，挑选主要因素作为决定参数，统计参数取值与对应的方式选择比例进行拟合，得到多条曲线，绘制转移曲线诺模图，作为选择各方式的比例的参照。早期的交通方式划分模型均以转移曲线法为核心。

转移曲线模型方法简单，易于理解，选取主要因素进行分析，但是建立在历史数据基础上，理论基础仍旧为概率统计（大数定律），需要大量的调查和统计分析，实施比较困难。

4.2.2 交叉分类模型

交叉分类模型以家庭为单位进行研究，根据影响方式划分的主要因素将家庭分成多种类型，同一类型的家庭中，主要出行因素相同，出行方式也基本相同。家庭分类参考属性涉及家庭组成、收入水平、机动车拥有情况、上学人数等主要因素。

模型对每种交通方式的选择比例都是基于调查估算,因此同样需要进行大量的调查和统计,实际应用较少。

4.2.3 回归分析模型

回归模型是选择与出行行为显著相关、且相互之间近似独立的因素作为自变量,并用回归的方法来标定系数。

国内早期进行方式划分预测最常用的固定份额法也是基于回归分析的基本原理,该方法根据历史数据,确定某种交通方式分担率随时间的变化趋势,据此预测目标年的方式分担率。由于没有考虑到政策等的影响,对目标年把握不十分准确。

4.3 交通方式划分预测非集计模型

交通方式划分研究中的非集计方法是以单个出行者为对象,充分利用每组调查样本数据的内在联系,通过建模求解个体选择行为的概率,最后转化为出行方式选择概率值。

目前的实际应用中,同时兼顾可操作性和简便性时,最常见的非集计模型还是以 MNL、NL 和 ML 等为主的模型体系[150]。

4.3.1 Logit 模型

Logit 模型将可供选择的交通方式叫作选择枝(alternative),每个选择枝都有一个用来衡量其优越性的效用函数,用以体现可供选择的交通方式对其出行者能体现的满意程度,选择前,出行者被假定做了最有利的选择,即选择了效用最大的选择枝;效用函数由自身特性以及选择枝特性决定。

由于效用函数的影响因素无法一一量测,将其看作一个随机变量,表达式为[151]:

$$U_{i,q} = V_{i,q} + \varepsilon_{i,q} \quad (4-1)$$

式中:$U_{i,q}$——选择项 i 对出行者 q 所构成的效用值;

$V_{i,q}$——i 对 q 所构成的可确定效用;

$\varepsilon_{i,q}$——i 对 q 所构成的不可确定的效用,因人而异。

假设各个选择枝的效用随机项相互独立且服从二重指数分布,则概率:

$$p_j = \frac{\exp(bV_j)}{\sum_{i=1} \exp(bV_j)} \quad (4-2)$$

其中 b 为参数，要计算概率就要求 V_j，令

$$V_j = \theta_1 X_{j1} + \theta_2 X_{j2} + \ldots + \theta_k X_{jk} \quad (4-3)$$

式中：θ——待标定的参数向量，$\theta = (\theta_1, \theta_2, \ldots, \theta_k)$；

X_j——个人和选择枝的特性向量，$X_j = (x_{j1}, x_{j2}, \ldots, x_{jk})$。

将式（4-3）代入式（4-2），最终得到 Logit 模型：

$$p_j = \frac{\exp(\sum_{k=1}^{K} \theta_k X_{jk})}{\sum_{i=1}^{J} \exp(\sum_{k=1}^{K} \theta_k X_{jk})} \quad (4-4)$$

4.3.1.1 二项 Logit 模型

二项 Logit 模型（Binary-nominal Logit，BNL）是在两个选择项之间选择的 Logit 基本模型，其他类型的 Logit 模型大多是从此模型发展而来。

为了书写简便，省去个人属性下标，效用方程变为 $U_i = V_i + \varepsilon_i$。由基本假定，出行者在 1、2 中选择 1 的概率为：

$$p_1 = \frac{1}{1 + \exp(-bV_1 + bV_2)} = \frac{1}{1 + \exp(b(V_2 - V_1))} = \frac{\exp(bV_1)}{\exp(bV_1) + \exp(bV_2)} \quad (4-5)$$

4.3.1.2 多项 Logit 模型

当把选择项的个数为多个时，就变成了多项选择的 Logit 模型，记为 MNL 模型（Multi-nominal Logit）。

同理假定：$\varepsilon_1, \varepsilon_2 \cdots \varepsilon_J$ 相互独立且服从相同的极值分布，i 表示所有选择项的集合。有 MNL 模型：

$$p_i = \frac{\exp(bV_i)}{\sum_{j=1}^{J} \exp(bV_j)} = \frac{1}{[1 + \sum_{j \neq i} \exp(b(V_j - V_i))]}, i = 1 \cdots J \quad (4-6)$$

MNL 模型是非集计方式划分模型中应用最为广泛的模型，在北京、济南多个城市的交通方式划分预测中进行了应用。

4.3.1.3 Logit 模型的改进

Logit 模型的效用随机项是单独假设的，同时认为方式选择的概率只由方式之间

的效用差值所决定。对于方式选择而言，一旦效用差与效用比值很小，那其对方式选择的影响作用就不显著，模型就不敏感，因此需要进行改进。

改进的 Logit 模型分为两类：（1）分层的 Logit 改进模型：把一个多项的选择问题划分成若干个二项选择问题，改用 BNL 模型求解；（2）直接的 Logit 改进模型，直接针对模型进行改进。下面将介绍 2 种典型的直接的 Logit 改进模型。

4.3.1.3.1 巢式 Logit 模型

为了回避 MNL 模型中的独立性假设条件，选择项效用随机项服从广义极值联合分布的广义极值模型被提出。广义 Logit 模型从非集计模型自由度角度建模，模型自由度越高，所能描述的范围越广泛，越接近客观现实，但是更复杂。

最常见的广义极值模型为 Ben-Akiva 提出的巢式 Logit 模型（Nested Logit, NL），其与 MNL 模型的主要区别在于，NL 模型考虑了各选择肢之间的关联。

NL 模型为多个 MNL 模型组成的多层结构，，呈树状，处于上层的通过条件概率约束下层，而下层是通过自身的 Logsum 作为上层模型的一个变量，加入与上层模型的其他变量一起进行参数标定。模型标定从底层开始，从下到上。预测时相反，从上层大类开始预测，然后依次向下进行，模型数学表达：

将选择枝分为 k 个组，$B_1, B_2, \cdots\cdots, B_k$，每个组所包含的选择枝不重复，令效用随机项向量 $\varepsilon_n = (\varepsilon_{n1}, \varepsilon_{n2}, \cdots\cdots, \varepsilon_{nJ})$ 分布函数：

$$\exp(-\sum_{k=1}^{K}(\sum_{j\in B_k}e^{-\varepsilon_{nj}/\lambda_k})^{\lambda_k}) \qquad (4-7)$$

在此广义极值分布，选择枝 i 的选择概率：

$$p_{ni} = \frac{e^{V_{ni}/\lambda_k}(\sum_{j\in B_k}e^{V_{ni}/\lambda_k})^{\lambda_k-1}}{\sum_{l=1}^{K}(\sum_{j\in B_k}e^{V_{ni}/\lambda_k})^{\lambda_k-1}} \qquad (4-8)$$

式中：λ_k——用以分组内选择集独立程度的指标。

NL 模型明确了各种交通方式之间的逻辑关系，模型子巢内交通方式选择概率由结构系数控制，缓解了 IIA 问题，应用较为广泛。

徐任婷、王炜[152] 借助两层 NL 模型，建立考虑目的地、方式选择过程的层状联合的目的地 – 方式选择 NL 模型。模型底层方式选择模型变量包括：出行者特性、家庭属性、出行特性。上层目的地选择模型变量包括：与阻抗交互的个人属性、目的地属性、出行特性、Logsum。上层模型作为下层方式选择模型的输入，通过目的地选择模型预测出各交通小区出行总数，再把各小区出行按方式划分，进而预测各小区各方式分担率。

4.3.1.3.2 混合 Logit 模型

ML（Mixed Logit，ML）模型是一种高度适应性的模型。MacFadden[153]证明其可以模拟任何一种随机效用模型，比如 Logit，Probit，NL 模型。

ML 模型的随机参数形式为[154]：

$$p_{ni} = \int \left(\frac{e^{V_{ni}}}{\sum_j e^{V_{ni}}}\right) f(\beta|\theta) d\beta \tag{4-9}$$

上式是 Logit 模型选择概率的加权平均值，权重值由分布密度函数 $f(\beta|\theta)$ 决定。$f(\beta|\theta)$ 可以是正态分布、对数正态分布、均匀分布、三角分布等；θ 为密度函数的未知参数，如正态分布的均值、方差。ML 模型的概率选择表达式不是显性的，只能求得数值解。β 维数 >2 时积分运算变得十分复杂，采用仿真求解。

4.3.2 Probit 模型

1927，Thurstone 首次推导出 Probit 模型，Probit 模型假设随机项服从联合正态分布，即 $\varepsilon_n' = \{\varepsilon_{n1}, \varepsilon_{n2}, \cdots, \varepsilon_{nJ}\} \sim N(0, \Omega)$，其中 Ω 为协方差矩阵，此联合正态分布为：

$$\phi(\varepsilon_n) = \frac{1}{(2\pi)^{J/2}|\Omega|^{1/2}} \exp\left(-\frac{1}{2}\varepsilon_n'\Omega^{-1}\varepsilon_n\right) \tag{4-10}$$

令 $B_{ni} = \{\varepsilon_n s.t (V_{ni} + \varepsilon_{ni} > V_{nj} + \varepsilon_{nj}) \forall j \neq i\}$，则选择枝 i 被选中的概率：

$$P_{ni} = \int_{\varepsilon_n \in B_{ni}} \phi(\varepsilon_n) d\varepsilon_n \tag{4-11}$$

Porbit 模型取消效用随机项独立同分布的假定，消除了 IIA 带来的偏差，避免了选择概率仅取决于效用差的问题，能够表达选择枝之间的相关性。

但 Porbit 模型的概率表达式为隐性，只能通过数值计算求解，最初其模型的求解仅限于 2~3 个选择枝，随着数值求解技术的进步，Probit 模型的应用逐渐发展起来。但目前而言，高维积分运算限制仍然使得 Probit 模型不能被广泛应用。

4.3.3 MD 模型

MD（Modal Demand）模型源于日本，基本原理是基于出行牺牲量最小的原则，同时综合出行者收入与消费水平，建立时间价值和经济收入水平的概率分布模型，通过模型求得不同交通方式的出行时间价值，基于时间价值的预测最终获得各种交通方式的方式分担率。

MD 模型其出行牺牲量的计算只考虑了出行费用与时间，而对交通方式的安全性、方便性、准时性等属性未能充分考虑，应用受限。

4.4 宏观与微观相结合的方法

影响居民选择交通方式的宏观因素有机动车拥有量、社会经济、交通政策等，宏观因素决定出行方式结构；微观因素有出行目的、出行时间等，决定区间出行方式的选择[155]。基于此，东南大学王炜老师课题组提出宏观与微观相结合的预测理论，先在宏观规划区域层面上进行总体交通方式结构控制，然后在微观交通小区层面上进行交通方式划分预测，即用宏观指导微观，这种分析方法能更加全面的考虑影响居民出行方式选择的因素。

4.4.1 宏观与微观相结合的交通方式划分预测

（1）考虑交通政策的调控水平

1998 年，陈学武、王炜等[156]基于交通方式选择的内在规进行出行方式分类，然后考虑交通政策的影响，确定了各种机动化出行的分担率。

（2）宏观与微观相结合

牛学勤、王炜等[157]在宏观指导微观、定性分析和定量分析相结合的指导思想下，从宏观上给出了方式分担率的确定思路，然后从微观层面根据交通方式转移曲线进行参数标定，并通过对经验系数和拟合系数的调整和计算，使得宏观预测结果与微观预测结果相一致。该预测方法曾在河南濮阳城市交通管理规划和常州城市交通管理规划中两次使用，效果令人满意。

4.4.2 宏观、中观、微观相结合的交通方式划分预测

项昀、王炜[158]针对城市对外客运交通方式划分问题，首先从宏观层面全面剖析社会经济因素对方式划分的影响，提出了基于随机森林法的城市对外客运交通量重要影响因素指标体系的构建方法，在此基础上构建了基于主成分的线性回归、支持向量机、神经网络模型，并通过模型对比优选出神经网络预测模型。

其次，从中观视角分析了出行距离对方式划分的影响，分别建立了考虑不同出行时间、考虑不同类别城市的一系列基于出行距离的城市对外客运方式模型，深入分析了出行时间差异性与城市异质性对城市对外客运方式分担率的影响。接着采用

深度学习法对出发城市至目的地城市的各方式分担率进行细化预测研究，考虑出行距离与出行时空异质性、交通方式供给水平和交通方式特性等因素对方式划分的影响，提出了基于出行方式特征的对外客运方式划分模型，通过与同步构建的支持向量机模型进行对比，验证了模型预测精度。

再次，从微观角度分析了个体出行行为对城市对外客运方式划分的影响，采用MNL、NL模型分析个体出行特征。研究发现出行方式选择显著影响因素包括：个人特征中的收入和汽车保有情况、心理需求中的出行经济性、出行特征中出行人数和目的、出行方式特征中的出行时间和费用、起讫城市特征中的城市人均GDP。

最后，建立基于人工神经网络的城市对外客运交通方式选择模型，经过对比分析发现利用人工神经网络构建的基于个体出行行为的对外客运方式选择模型能够获取预测精度非常高的方式划分结果。

4.4.3 基于可持续发展的交通方式划分预测

葛亮、王炜等[159]采用宏观与微观相结合的方法进行交通方式划分预测时，以可持续发展作为宏观的控制目标，首先对城市客运方式分担率进行宏观预测，综合考虑交通方式效应，基于可持续发展理念，使经济可持续、社会可持续及生态可持续达到量化平衡最优，从而得到各种交通方式的分担总比率。然后基于距离－曲线确定各种交通方式的分担率。

4.4.4 城市交通方式结构的宏观平衡模型

东南大学马俊来、王炜[160]对城市交通方式结构的稳定过程和平衡作用机理的系统分析发现，在拥挤状态时服务水平与流量的关系决定交通方式结构是否平衡稳定；在非拥挤状态，交通方式结构是否稳定则取决于系统服务水平是否恒定。基于此，马俊来对机动车、非机动车、步行子系统时空资源进行供需分析，宏观层面对交通系统平衡机理进行数学描述，建立不同拥挤状态下的交通方式结构宏观平衡模型，设计了基于可变步长的逐步迭代求解算法。

4.5 基于优势出行距离的交通方式划分模型

4.5.1 各方式优势出行距离与优势度概述

在城市综合交通网络中，交通方式之间存在竞争合作又相辅相成的关系，每一

4 交通方式划分预测

种交通方式都具有不同的出行经济特点和优势,在一定环境和条件下有其独特的合理使用范围。在一定的距离范围内,某种出行方式相较于其他出行方式呈现出显著的优势,则这个距离范围称为该出行方式的优势出行距离。但由于每种交通方式的运行成本、行驶时间和社会效益都各不相同,无法直观的进行比较,本研究中判定出行方式是否具有优势的标准为该方式在该距离下的城市综合交通系统中的分担率是否高于其他出行方式。出行成本作为影响城市综合交通网络中某种出行方式分担率的最直接因素,可以从另一方面直观反映出出行方式的优势出行距离,即若某种出行方式在某一出行距离下的出行成本最低,则该方式被选择的几率相对较高。

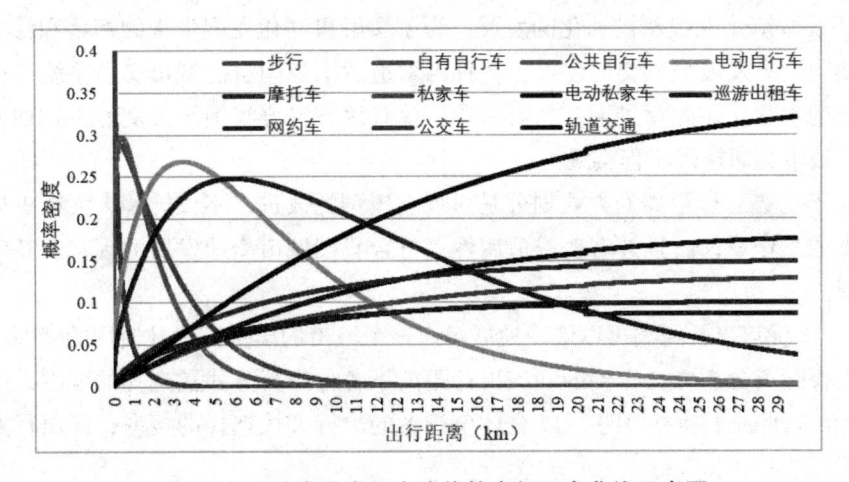

图 4-1　几种常见出行方式优势出行距离曲线示意图

图 4-1 是我国城市常见交通方式的优势出行距离曲线,出行距离很短时,步行拥有绝对优势;由于公共自行车和共享单车的快速发展和低准入门槛,自行车出行在中短距离出行中扮演了重要的角色;摩托车的优势出行距离跨度较大,但随着禁摩的实施,电动自行车逐步取代了摩托车在城市中的地位;长距离出行中,随着距离的增加,轨道交通的被选择概率远远大于其他交通方式,其次是常规公交和小汽车,而出租车由于费用较高,选择概率偏低。

通过优势出行距离曲线,可以大致观察出某种出行方式在一定的距离下具有优势,但其优势多大,是否是绝对优势,难以通过图形直观表达。考虑到分担率是一个集计的概念,且无法说明优势出行距离曲线中对应距离产生变化时的浮动,范琪、王炜[161]提出优势度概念,进一步对优势出行距离曲线进行描述。优势度是指在同一出行距离下,每种方式的优势出行距离曲线概率密度值。从该定义中可以知道优势度具有以下几个特征:1)优势度可以认为是优势出行距离曲线上的一个点;2)优势度与出行距离关系密切,随着出行距离的变化而变化,对同一种出行方式而言,优势度的值具有连续性；3）优势度结合出行距离和概率密度的概念提出，能够同时反映出行距离和概率密度的双层含义。

优势度对优势出行距离曲线的定量化描述提供了一种有效的补充，能够帮助更好地理解优势出行距离的概念，当计算得到的优势出行距离曲线与实际的出行方式优势出行距离存在误差时，还可以通过修正优势度间接对优势出行距离曲线进行修正，从而达到提升优势出行距离曲线准确度的目的。

4.5.2 优势出行距离的研究意义

随着城镇化进程及机动化的发展，为了缓解机动化发展带来的拥堵和污染等问题，我国大力发展公共交通建设，多种因素造就了我国目前城市交通系统多模式混合发展的现状。在此背景下，急需一种简单有效且符合我国城市交通方式划分模型来指导城市交通规划工程实践。

基于优势出行距离的方式划分是对现有模型的改进，不仅能够大大减少居民出行调查的工作量，而且具有普遍适用性，符合我国城市交通发展的现状。其研究意义包括：

（1）优势出行距离可以宏观地展示出一个城市的出行方式被使用的状态。根据优势出行距离分析方法得到的同一出行距离下各种出行方式被选择的概率，结合出行量和出行距离特征可用于反映全体出行者的出行方式选择的概率，即出行方式的分担率。

（2）优势出行距离与基于最短路矩阵的交通分配方法之间存在着更合理和紧密的关系，结合分析能够得到更加准确的交通方式划分预测分析结果。

（3）优化资源配置，提高运输效率。准确的优势出行距离曲线可以反映城市交通运输系统的发展水平和各出行方式的发展趋势，可以用于辅助决策者制定未来城市交通发展策略，指导交通资源的优化配置，提升城市整体运输效率，促进绿色可持续交通的发展，为城市多方式交通网络和城市道路等级级配建设提供理论支撑。

4.5.3 优势出行距离曲线模型

范琪通过计算不同交通方式在出行距离下的优势度得到对应的优势出行距离，构建了如下巢式 Logit 模型。

该结构中，第一层根据服务半径将交通方式分为非机动、机动；第二层将出行方式进一步细分，非机动方式部分单独划分出步行方式，步行方式存在于短距离出行，不需要借助工具，而其他出行方式都需要借助交通工具实现，机动方式根据交通工具拥有情况分为私人、公共交通方式；第三层是交通工具主要方式层，本层包括除了步行以外的所有交通方式，按照非机动、私人交通和公共交通分类；第四层是公共交通接驳层，考虑到常规公交和 BRT 都属于地面公交，因此认为二者的接驳方式相同，都包括步行、自有自行车及公共自行车，这是由于作为地面交通方式，常规公交和 BRT 会与其他方式竞争路权，因而其接驳方式主要集中于短距离出行的交通方式，与之不同的是轨道交通，由于轨道交通享受自有路权，具备长距离出行不可比拟的优势，因此其接驳方式较多。该结构充分考虑了城市交通快速发展过程中机动化猛增的现实条件下，多种交通方式的竞争与合作的关系，能够有效反映不同类型不同规模城市的交通特点，具有普适性。

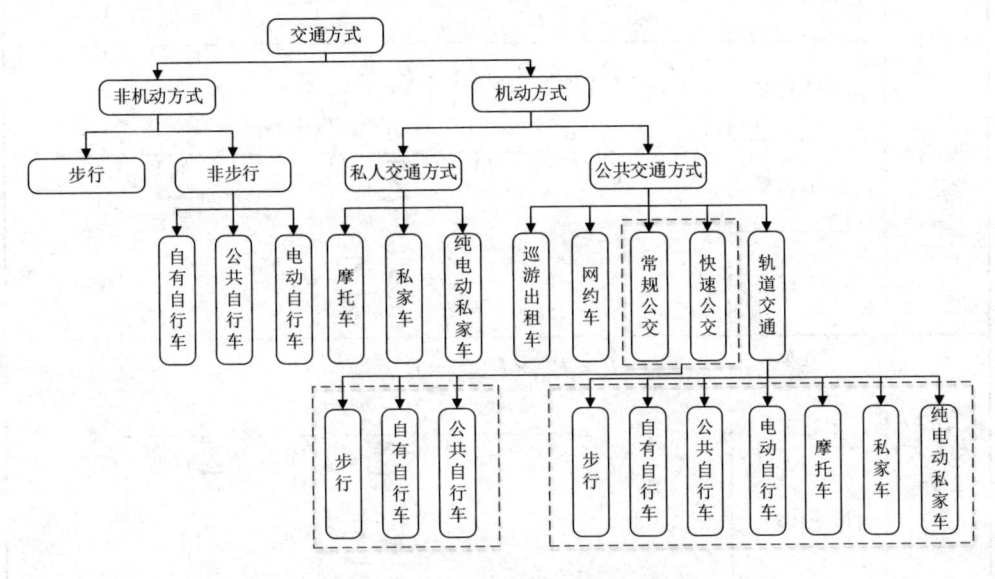

图 4-2 方式选择 NL 模型分层结构

根据效用理论，效用与消耗互为相反数，假设随机项为 0，各交通方式对应的效用 V_i 为：

$$V_i = -C_{i,all} \tag{4-12}$$

其中，$C_{i,all}$ 为交通方式的广义出行费用函数，计算公式为：

$$C_{i,all} = f((C_{i,M} + C_{i,T}), C_{i,C}) \tag{4-13}$$

其中，$C_{i,all}$——参数修正后的出行方式 i 产生的总费用；

　　　　i——出行方式的集合；

　　　　$C_{i,M}$——出行方式 i 产生的金钱成本；

　　　　$C_{i,T}$——出行方式 i 产生的时间成本；

$C_{i,C}$——出行方式 i 的修正参数。

结合模型基本公式，得到优势度与出行距离的关系：

表 4-1 出行方式优势度公式

类别	出行方式	优势度公式
步行	步行	$P_{walk} = P_{(NA)} \times P_{(walk\|NA)} = \dfrac{e^{\theta_{NA}\Gamma_{NA}}}{e^{\theta_{NA}\Gamma_{NA}} + e^{\theta_A\Gamma_A}} \times \dfrac{e^{V_{walk}/\theta_{NA}}}{\sum\limits_{j \in N_{NA}} e^{V_j/\theta_{NA}}}$ $\Gamma_{NA} = \ln \sum\limits_{j \in N_{NA}} e^{V_j/\theta_{NA}} \quad \Gamma_A = \ln \sum\limits_{k \in N_A} e^{V_k/\theta_A}$
非步行交通方式	自有自行车 公共自行车 电动自行车	$P_i = P_{(NA)} \times P_{(NW\|NA)} \times P_{(i\|NW)}$ $= \dfrac{e^{\theta_{NA}\Gamma_{NA}}}{e^{\theta_{NA}\Gamma_{NA}} + e^{\theta_A\Gamma_A}} \times \dfrac{e^{(\theta_{NW}/\theta_{NA})\Gamma_{NW}}}{\sum\limits_{j \in N_{NA}} e^{(\theta_j/\theta_{NA})\Gamma_{NW}}} \times \dfrac{e^{V_i/\theta_{NW}}}{\sum\limits_{k \in N_{NW}} e^{V_k/\theta_{NW}}}$ $\Gamma_{NW} = \ln \sum\limits_{k \in N_{NW}} e^{V_k/\theta_{NW}}$
私人交通方式	摩托车 私家车 纯电动私家车	$P_i = P_{(A)} \times P_{(PE\|A)} \times P_{(i\|PE)}$ $= \dfrac{e^{\theta_A\Gamma_A}}{e^{\theta_{NA}\Gamma_{NA}} + e^{\theta_A\Gamma_A}} \times \dfrac{e^{(\theta_{PE}/\theta_A)\Gamma_{PE}}}{\sum\limits_{j \in N_A} e^{(\theta_j/\theta_A)\Gamma_{PE}}} \times \dfrac{e^{V_i/\theta_{PE}}}{\sum\limits_{k \in N_{PE}} e^{V_k/\theta_{PE}}}$ $\Gamma_{PE} = \ln \sum\limits_{k \in N_{PE}} e^{V_k/\theta_{PE}}$
公共交通方式	巡游出租车 网约车 常规公交 快速公交 轨道交通	$P_i = P_{(A)} \times P_{(PU\|A)} \times P_{(i\|PU)}$ $= \dfrac{e^{\theta_A\Gamma_A}}{e^{\theta_{NA}\Gamma_{NA}} + e^{\theta_A\Gamma_A}} \times \dfrac{e^{(\theta_{PU}/\theta_A)\Gamma_{PU}}}{\sum\limits_{j \in N_A} e^{(\theta_j/\theta_A)\Gamma_{PU}}} \times \dfrac{e^{V_i/\theta_{PU}}}{\sum\limits_{k \in N_{PU}} e^{V_k/\theta_{PU}}}$ $\Gamma_{PU} = \ln \sum\limits_{k \in N_{PU}} e^{V_k/\theta_{PU}}$

结合出行方式的广义出行费用公式，可知出行方式优势度公式是一个与出行距离有密切关系的函数。值得注意的是，该公式是从出行者单次出行的角度，且默认出行者对所有可选出行方式都有使用权，但是事实上，交通方式所有权对出行者方式选择有非常重要的决策作用，如没有私家车的出行者不能选择私家车出行；不在

轨道线网覆盖范围内的居民一般不会选择轨道交通出行，因此还需要进一步对曲线进行针对性的调整。

进行出行方式优势出行距离的计算时，需要根据抽样调查得到数据进行模型标定，但是事实上只要能够计算出刻度参数及选择枝的效用确定项，就可以得到具体的选择概率，选择概率的常用的计算方法为极大似然估计法。一般情况下，定义个人 n 选择第 i 个选择枝时，选择结果常数项变量 λ_{in} 存在两种可能值：

$$\lambda_{in} = \begin{cases} 1 & 个人 n 选择交通方式 i \\ 0 & 其他 \end{cases} \quad (4-14)$$

将（4-14）带入 NL 模型多层条件概率计算公式，得到其似然函数 L^*：

$$L^* = \prod_{i=1}^{I}\prod_{j=1}^{J_i}\prod_{k=1}^{K_{ij}} P_i(jk)^{\delta(jk)_i} = \prod_{i=1}^{I}\prod_{j=1}^{J_i}\prod_{k=1}^{K_{ij}} [P_i(k|j) \cdot P_i(j)]^{\delta(jk)_i} \quad (4-15)$$

同时对该函数两边取对数，得到对数似然函数：

$$L = \ln L^* = \sum_{i=1}^{I}\sum_{j=1}^{J_i}\sum_{k=1}^{K_{ij}} \delta(kj)_i [\ln P_i(k|j) + \ln P_i(j)] \quad (4-16)$$

令该式最大，就可以得到参数 θ 的估计值。

4.5.4 基于优势出行距离的交通方式划分模型

在交通需求预测中，常常提到最短路矩阵这一概念，如交通分配中的最短路分配法，一般来说，这个最短路是指两个小区形心之间各路径中路阻之和最小的一条路径。本研究中对出行方式分担率的预测和分析是以出行距离为主要变量进行的，因此，以实际路段上的道路长度为主要指标构建交通小区形心点间的最短路矩阵，可以为进一步进行 OD 矩阵分析提供有效的支持。此时，交通小区间的出行距离最短路矩阵可以定义为：在城市交通网络中，从出发地小区形心点到目的地小区形心点在实际路网中的最短出行距离组成的矩阵。假定研究区域有 N 个小区，出行距离最短路矩阵为：

$$MatrixDis = \begin{bmatrix} D_{11} & D_{12} & \cdots & D_{1n} \\ D_{21} & D_{22} & \cdots & D_{2n} \\ \vdots & \vdots & \ddots & \vdots \\ D_{n1} & D_{n2} & \cdots & D_{nn} \end{bmatrix}$$

将矩阵中的出行距离代入表 4-1，得到某城市中各种出行方式在不同出行距离下的不同优势度组合，其中任意的出行距离 D，都对应不同出行方式的优势度一维

矩阵 $R_D = [r_{walk}, r_{bic}, \cdots, r_{sub}]^T$，$r_i$ 为每种出行方式在出行距离为 D 时出行方式 i 的优势度：

$$r_i = P_i(d = D_{jk}) \tag{4-17}$$

式中，P_i——根据表 4-1 计算出最短路矩阵下出行方式 i 的优势度；

D_{jk}——j 到 k 之间的最短路，$D_{jk} \in MatrixDis$（$j,k \in [1,n]$）；

则各出行方式优势度组成的三维矩阵 $ModeRatio$ 可以表示为：

$$ModeRatio = \begin{bmatrix} R_{D_{11}} & R_{D_{12}} & \cdots & R_{D_{1n}} \\ R_{D_{21}} & R_{D_{22}} & \cdots & R_{D_{2n}} \\ \vdots & \vdots & \ddots & \vdots \\ R_{D_{n1}} & R_{D_{n2}} & \cdots & R_{D_{nn}} \end{bmatrix}, \quad R_{D_{jk}} = [r_{i,D_{jk}}] = \begin{bmatrix} r_{walk,D_{jk}} \\ r_{bic,D_{jk}} \\ \vdots \\ r_{sub,D_{jk}} \end{bmatrix} \tag{4-18}$$

式中，$R_{D_{jk}}$（$j,k \in [1,n]$）——所有出行方式在交通小区 j 和交通小区 k 间的优势度组成的一维矩阵。

同时，$ModeRatio$ 也可以拆分为针对不同出行方式的二维矩阵：

$$ModeRatio = \begin{bmatrix} WalkRatio \\ BicRatio \\ \vdots \\ SubRatio \end{bmatrix}, \quad I \cdot Ratio = \begin{bmatrix} I_{D_{11}} & I_{D_{12}} & \cdots & I_{D_{1n}} \\ I_{D_{21}} & I_{D_{22}} & \cdots & I_{D_{2n}} \\ \vdots & \vdots & \ddots & \vdots \\ I_{D_{n1}} & I_{D_{n2}} & \cdots & I_{D_{nn}} \end{bmatrix} \tag{4-19}$$

式中：$I \cdot Ratio$——出行方式 I 的优势度矩阵，$I \in \{Walk, Bic, \cdots, Sub\}$；

$WalkRatio$、$BicRatio$——步行、自行车等出行方式的优势度矩阵；

$I_{D_{jk}}$——出行距离为 D_{jk} 时，出行方式 I 在优势度矩阵 $R_{D_{jk}}$ 中的 $r_{i,D_{jk}}$。

OD 矩阵 Q 由调查或预测求得，则出行方式 I 的分布可以通过两个矩阵之间对应元素相乘求得，即两个矩阵的哈达玛积：

$$Q \circ I \cdot Ratio = \begin{bmatrix} q_{11} & q_{12} & \cdots & q_{1n} \\ q_{21} & q_{22} & \cdots & q_{2n} \\ \vdots & \vdots & \ddots & \vdots \\ q_{n1} & q_{n2} & \cdots & q_{nn} \end{bmatrix} \circ \begin{bmatrix} I_{D_{11}} & I_{D_{12}} & \cdots & I_{D_{1n}} \\ I_{D_{21}} & I_{D_{22}} & \cdots & I_{D_{2n}} \\ \vdots & \vdots & \ddots & \vdots \\ I_{D_{n1}} & I_{D_{n2}} & \cdots & I_{D_{nn}} \end{bmatrix} = \begin{bmatrix} q_{11} \times I_{D_{11}} & q_{12} \times I_{D_{12}} & \cdots & q_{1n} \times I_{D_{1n}} \\ q_{21} \times I_{D_{21}} & q_{22} \times I_{D_{22}} & \cdots & q_{2n} \times I_{D_{2n}} \\ \vdots & \vdots & \ddots & \vdots \\ q_{n1} \times I_{D_{n1}} & q_{n2} \times I_{D_{n2}} & \cdots & q_{nn} \times I_{D_{nn}} \end{bmatrix}$$

4.5.5　基于优势出行距离的交通方式划分模型应用

范琪以广东省珠海市为例,对提出的出行方式结构预测方法进行了案例分析。

珠海市位于广东省南端,珠江入海口西南部,紧邻澳门特别行政区,珠三角重要地级市,粤港澳大湾区中心城市。珠海市全市面积1732.33平方公里,下辖3个行政区,共计常住人口189.11万。截至2018年,城市建设用地面积269.68平方公里,城市建成区面积141.31平方公里,交通服务人口340.3万人[146]。2018年全市日均出行总量为745.1万人次,其中常住人口出行总量为537.9万人次。

珠海市内城市综合交通系统相对完整,公共交通网络完善,道路交通网络层次分明,出行方式包括步行、自有自行车、公共自行车、电(助)动自行车、摩托车、私家车(电动私家车)、出租车、网约车、公交车共9种,即 $i \in \{walk, bic, pbic, ebic, mot, car, taxi, shc, bus\}$。

珠海市政府提供公共自行车,单次使用90分钟内免费,超出部分1.5元/次,以摩拜、哈罗单车为主的共享单车收费标准为起步价1.5元/30分钟,时长费0.5元/15分钟。根据相关政策,珠海市禁止纯电动自行车上路行驶。巡游出租车执行运价标准为首2.5公里10元,每公里运价2.6元,超过12公里加收30%。珠海市现行的网约车基础费9元,出行费用不足基础费时按基础费收取;收费标准为双计费,即1.8元/公里,0.35元/分钟;超出20公里后加收远途费0.7元/公里。常规公交1元/人次,90分钟内换乘免费。

假定城市路网为标准方格网,公交系统站距均匀且相等,为 s;居民出行选择公共交通的接驳出行距离服从正态分布,则其平均接驳间距可以表示为:

$$h = \frac{\sqrt{2}}{4}s + \frac{\sqrt{2}}{4}s = \frac{\sqrt{2}}{2}s$$

本案例假设居民公交换乘行为仅与出行距离有关,公交平均线路长度为单次无须换乘的极限长度,同时,换乘次数与距离有关。依据该假设,珠海市常规公交平均站间距为675m,平均线路长度20km,平均发车间隔6min。

在以常规公交为主要出行方式的居民中,83%的居民通过步行接驳,3%的居民选择自有自行车接驳,9%的居民选择公共自行车接驳,选择摩托车、私家车和出租车/网约车接驳公交车的居民分别占2%、2.7%和0.3%。根据珠海市2018年统计年鉴,2017年的人均国民生产总值为155502元/人/年,按照我国法定工作日250日/年,8小时/日,则珠海市人均出行时间价值为77.75元/小时。将珠海市常见出行方式的各种特征参数进行整合,结果如表4-2所示。

表 4-2　珠海市常见出行方式重要参数整合

出行方式	运行速度（km/h）	接入接出时间（h）	等待时间（h）	停车时间（h）	单位距离能源消耗费用（¥/veh*m）
步行	5	–	–	–	–
自有自行车	12	0.05	–	0.01	–
公共自行车（共享单车）	12	0.10	–	0.01	–
电（助）动车	15	0.10	–	0.025	2.21×10^{-5}
摩托车	20	0.10	–	0.025	2.15×10^{-4}
私家车	22	0.10	–	0.10	1.22×10^{-3}
出租车	22	0.10	–	–	–
网约车	22	0.10	0.05	–	–
常规公交	15.3	0.12	0.10	–	–

根据上述关键参数调用程序对常见交通方式的广义出行费用和优势度进行计算，考虑到城市内的单次出行一般不会超过城市的最大出行距离，受城市规模限制，珠海城市居民出行距离集中在 30km 内。根据优势度输出结果可以绘制优势出行距离曲线图，

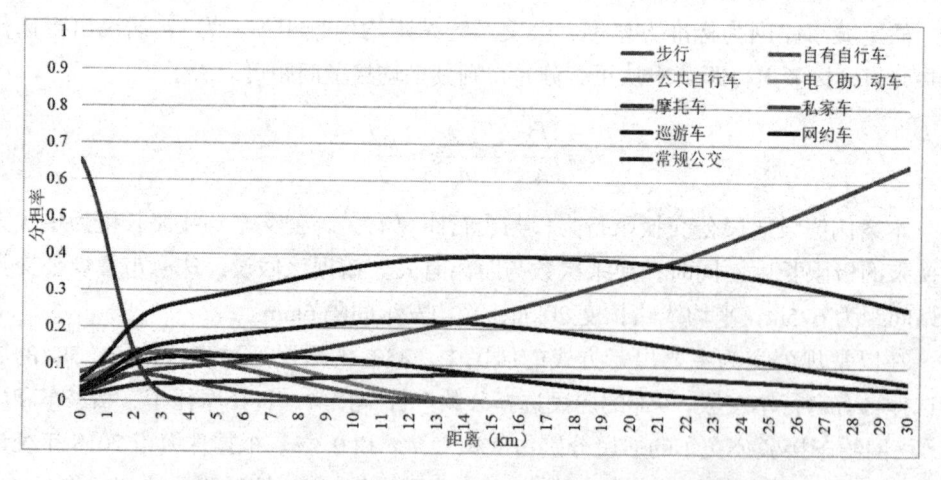

图 4-3　珠海市城市居民出行方式优势出行距离曲线

图中 X 轴为出行距离（单位：千米），Y 轴为对应的概率密度。该曲线能够大纲反映珠海市常见交通方式的优势度与出行距离的关系。但该曲线未经过微观个体或宏观城市层面的修正，对比依据调查数据绘制的珠海市居民出行方式概率密度曲

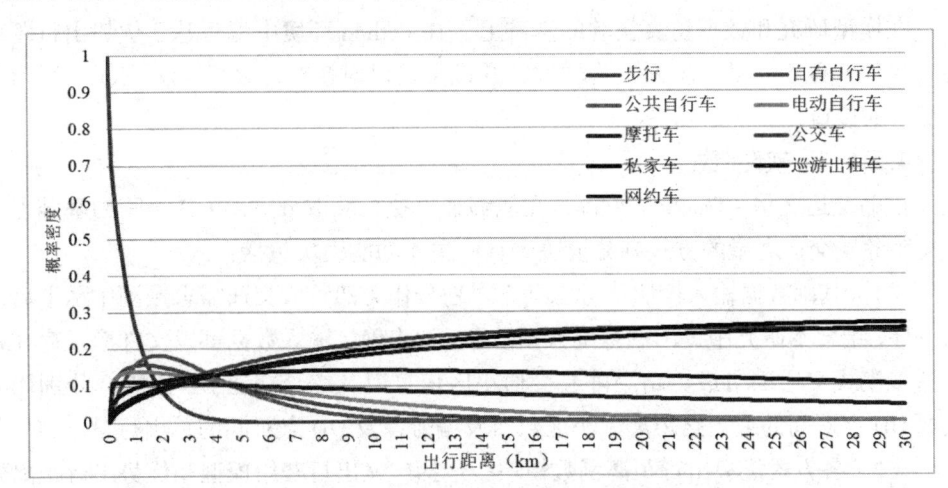

线见下图，可以发现二者仍存在一定的误差。

图 4-4 依据调查数据绘制的出行方式概率密度曲线

根据已知的交通小区之间最短路矩阵，可以知道各交通小区间每种出行方式的优势度，结合综合 OD 矩阵可以得到交通小区之间每种出行方式的交通量，进一步可以推算出所有交通小区之间每种出行方式的 OD 矩阵。根据珠海市的实际交通小区最短路矩阵以及上述研究，得到基于出行距离的方式划分结果与实际调查的出行方式划分结果。

表 4-3 方式划分结果对比（%）

出行方式	步行	自有自行车	公共自行车	电动自行车	摩托车	私家车	出租车	网约车	常规公交
基于出行距离的方式划分结果	35.9	5.2	3.7	3.9	7.2	21.9	0.7	1.3	20.2
调查的方式划分结果（2018 年）	33.4	6.1	2.6	5.4	8.7	18.1	1.6	5.1	19.4
误差值	2.5	-0.9	1.1	-1.5	-1.5	3.8	-0.9	-3.8	0.8

对比基于模型和基于调查的方式划分预测结果可以发现，珠海市居民出行方式划分分析的结果非常接近实际方式划分的结果，误差均不超过 4%；而以 OD 点对为单位比较模型分析的结果和实际调查的结果时，其误差不超过 15%。

4.5.6 软件开发

在模型研究和数据仿真实验的基础上，在 Python 环境中编写基于优势出行距离的方式划分程序，进一步开发为软件，并设置可以对接交运之星 –TranStar（城市交通版）的接口。

4.5.6.1 软件概述

借助交运之星 –TranStar 平台，在能够独立执行获取分方式 OD 矩阵的基础上，补充服务于交运之星的方式划分模块，软件主要功能模块包括：

（1）基础数据输入模块：考虑到方式划分作为四阶段交通需求预测中承上启下的一环，结合本研究中提出的基础数据需求，初步确定输入数据都以文件形式存在，包括多模式交通网络最短路矩阵、交通小区信息以及综合交通 OD 矩阵，分别用以读取 OD 点对间的最短路距离、小区数目及编号以及 OD 点对间的总出行量。

（2）各方式优势出行距离函数模块：包括广义出行费用模型和优势出行距离模型模块；其中广义出行费用模型需要首先确定出行方式的种类，以及各方式的出行金钱成本和时间成本的重要参数，不具备时可以用推荐参数进行预测；优势出行距离模型需要根据已选的出行方式进行合理的 NL 模型分层，初步可以依据建议的模型参数计算。

（3）微观层面修正优势出行距离函数（可选）模块：从出行个体层面展开的修正主要通过修正优势度得到，即直接修正模型的效用函数，在原效用模型中增加能够反映个体特征的关键参数，包括出行时间价值特征、出行者特征以及出行方式特征等。

（4）输出文件模块：根据计算得到的不同出行距离下各种出行方式的优势度值及各 OD 点对之间值得出行距离和出行量，可以直接获取每种出行方式的 OD 矩阵，因此输出结果直接表示为各方式的 OD 矩阵文件。

软件支持手动输入文件，需按照确定的文件格式进行修改，防止出现文件读取错误，且对输出的文件制定了统一格式。为了扩展软件的使用平台，开放了对接交运之星 –TranStar（城市交通版）的接口，即可以直接从 TranStar 的最短路矩阵模块中获取各方式的最短路矩阵，从交通分布模块的结果中获取综合交通 OD 矩阵，从基础数据库中获取交通小区信息。同时，软件的输出结果也符合 TranStar 进行交通分配的输入文件格式，可直接用于 TranStar 的交通分配模块。

4.5.6.2 基于 TranStar 平台的软件设计

本软件服务于交通需求分析四阶段预测的方式划分预测，向前承接交通分布预测的结果，向后提供交通分配所需数据。

4.5.6.2.1 数据库建立

保障本软件正常运行的数据库包括：

（1）交通小区信息表

文件名：Chnn.txt （文件名不可修改）

格式：（框内为交通小区信息表 Chnn.txt 的内容）

说明：

第一行表示交通小区总量

从第二行开始，第一列为交通小区编号，第二列为小区内实际出行者数量。

23	
1	92488
2	9336
3	9256
…	…

（2）多模式交通网络最短路矩阵

文件名：社会车辆交通网交通区间最短距离矩阵分析　MatrixDistCar.tsd

地面公交网络交通区间最短距离矩阵分析　　　MatrixDistBus.tsd

轨道交通网络交通区间最短距离矩阵分析　　　MatrixDistSub.tsd

步行交通网络交通区间最短距离矩阵分析　　　MatrixDistWalk.tsd

自行车交通网络交通区间最短距离矩阵分析　MatrixDistBic.tsd

格式：（框内为各交通网络最短路矩阵的内容，各方式矩阵形式相同）

0.00	724.00	892.00	1192.00	…
724.00	0.00	1379.00	1978.00	…
892.00	1379.00	0.00	3300.00	…
1192.00	1978.00	3300.00	0.00	…
…	…	…	…	0.00

说明：

该文件中数据为行列数都等于交通小区数的矩阵，矩阵中的值为对应的交通小区重心点对之间的最短路距离。

（3）综合交通 OD 分布矩阵

文件名：Distribution.tsd （文件名不可修改）

格式：（框内为综合交通 OD 分布矩阵 Distribution.tsd 的内容）

154.2202	98.7749	132.8399	75.7411	…
98.7749	94.3966	114.6380	169.6314	…
132.8399	114.6380	25.9206	101.6995	…
75.7411	169.6314	101.6995	227.2157	…
…	…	…	…	…

说明：

该文件中数据为行列数都等于交通小区数的矩阵，矩阵中的值为对应的交通小区点对间的综合交通量。

4.5.6.2.2 程序运行流程

在确定输入文件准确可用的条件下，可以进行广义出行费用函数的标定与计算，根据广义出行费用函数所需的所有参数，设计软件界面如下图。页面可以分为左右两个部分，左边为各出行方式的时间消耗计算的相关参数，右侧为出行方式金钱消耗计算的关键参数，所有参数均给出了推荐值，即无可用值时可参考推荐值进行修改。

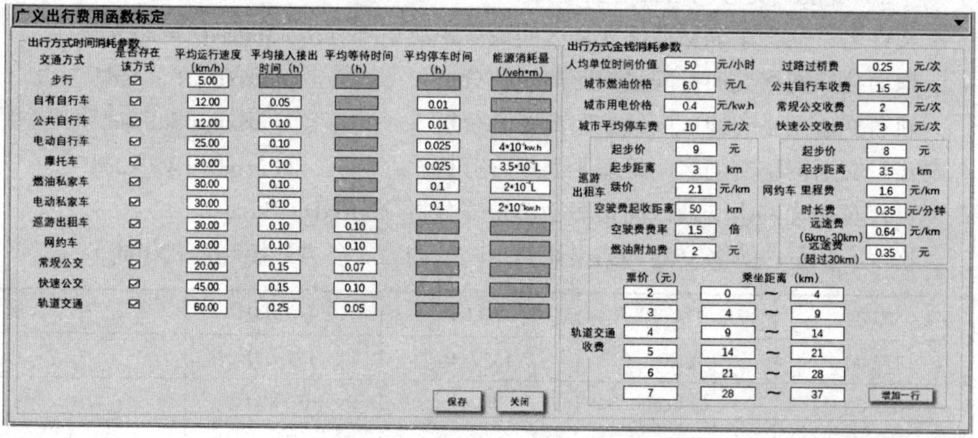

图 4-5 广义出行费用函数界面

出行方式时间消耗参数针对不同的出行方式展开，备选集中给出了我国常见的12 种出行方式，包括步行、自有自行车、公共自行车、电动自行车、摩托车、燃油私家车、电动私家车、巡游出租车、网约车、常规公交、快速公交、轨道交通。第二列为是否存在该方式选项，即根据目标城市的实际情况勾选实际存在的出行方式，若未勾选某种出行方式，则该出行方式的所有时间消耗参数不可选，金钱消耗参数及后续其他参数都将不参与计算。第三列为平均运行速度，可以根据城市的实际情况进行修正。第四列为平均接入接出时间，考虑到步行出行不涉及接入、接出行为，默认步行的该参数不可修改。第五列为平均等待时间，考虑到只有公共出行方式存在候车行为，因此除公共出行方式外的其他出行方式该选项不可修改。第六列为平均停车时间，考虑到步行和公共出行方式都不涉及到出行方的停放问题，仅对出行者需要停放的个人出行方式考虑其平均停车时间，其他方式该选项不可修改。第七列为能源消耗量，涉及的出行方式包括电动自行车、摩托车以及燃油和电动私家车，其他方式该选项不可修改。该部分参数中所有默认不可修改的选项在实际的程序中都默认为 0。

出行方式的金钱消耗参数主要指各类出行中直接产生的费用，其中的出行者单位出行时间价值在初步的计算中以人均单位时间价值进行计算，后续计算中修正改进。常规的金钱成本包括燃料费、停车费，以及出行方式准入费，如打车费、公交费等，本研究中对我国常见出行方式的金钱费用进行了详细的分析（见第三章），程序中根据模型进行了准确的描述。其中，考虑到各城市的轨道交通收费方式不同，为轨道交通费用项增加了更多的灵活性，初始状态仅有一行票价和对应乘坐距离，单击"增加一行"则增加一行空白的票价和对应的乘坐距离信息。

完成上述设定后，单击"保存"则运行该程序，计算出各出行方式的广义出行费用表达式及单位出行距离下的广义出行费用数列；若单机"关闭"则不保存且不运行后台程序，直接关闭程序。程序的输出文件为包含了所有出行方式广义出行费用函数系数的文本文件。

随后运行优势出行距离函数标定程序，该程序承接前述广义出行费用函数进行运算，运算界面如图 4-6 所示。

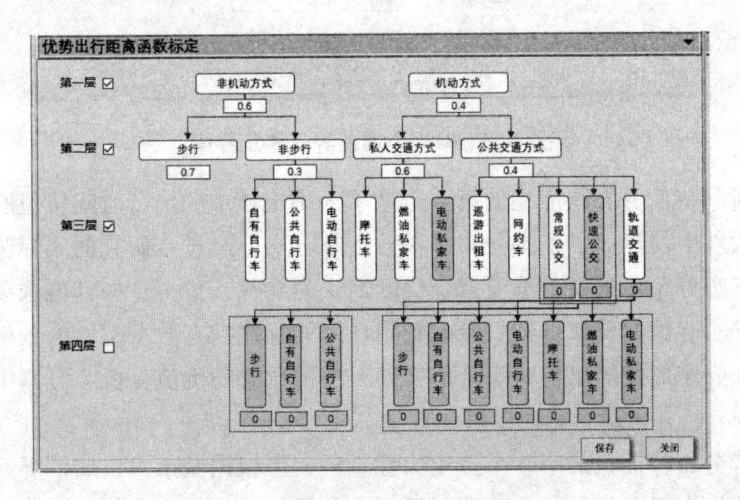

图 4-6 优势出行距离函数运算界面

在进行该程序时，首先需要确定目标城市的交通系统分层结构，左侧给出了基础的层数，一般规模城市均为三层结构，超大规模城市可能出现第四层接驳层。在界面中勾选相应的层次可以修改，如没有勾选该层次，则该层所有出行方式不可修改。右侧层次结构图中，每一类方式下的数字表示其在模型中的结构参数，默认数字为本研究推荐的建议值，可根据城市的实际情况进行调整。每种方式的模块呈白色时是激活状态，激活状态下该方式存在于城市的交通系统中，其对应的结构参数可变；激活状态下单击出行方式模块，模块颜色变为灰色，说明该方式不存在于交通系统中，此时对应的结构参数默认变为0且不可变。当模块配置完成且调整了合适的结构参数后，单击"保存"则保存各数据且进行后台程序运算，单击"关闭"不执行保存和运算。值得注意的，优势出行距离函数中所含的出行方式必须于广义出行费用计算时的出行方式对应，如有差异会产生报错。

随后根据实际应用时的需要，可以选择是否进行微观层面个体差异化的修正和宏观层面城市差异化的修正，当选择"是"，则后续对应的程序激活可操作；若选择"否"，则后续对应程序无法打开进行操作。确认执行微观个体化差异，微观个体差异修正界面呈激活状态，如图4- 所示，界面共分为三个部分。左边为出行时间价值分布特征参数，中间为出行者特征分布参数，右侧为出行特征分布参数。

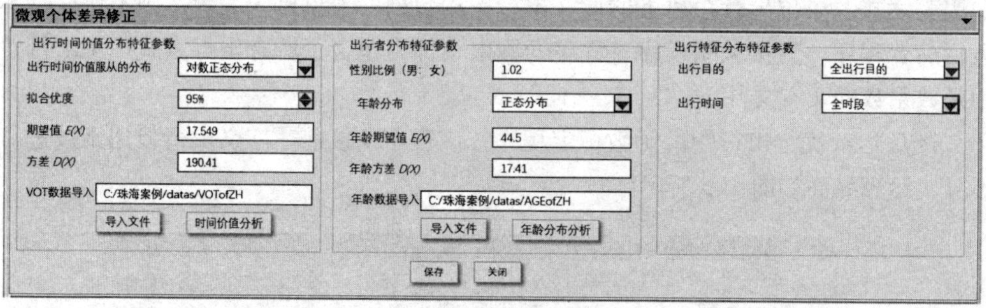

图4-7 微观个体差异化修正界面

出行时间价值分布特征栏的第一个选项为确定城市的出行时间价值服从何种分布，目前软件中仅预设了正态分布和对数正态分布，经过本研究的实际验证，推荐使用对数正态分布。第二个选项拟合优度默认为95%，也可选择其他选项。期望值和方差根据实际数据计算得到。考虑到用户可能存在拥有数据文件的条件，软件支持直接导入固定形式的出行时间价值文件，单击"时间价值分析"可调用后台程序对数据进行分析并自动填充期望值和方差。

出行者分布特征栏的第一个选项为性别项，可根据城市人口的情况修改。第二个选项开始为出行者年龄分布的特征描述，包括所服从的分布、期望值和方差，目前支持的分布包括正态分布和均匀分布两种。当选定所符合的分布情况后，同样支持导入年龄文件后由程序自动执行分布分析并填充期望和方差的功能。

出行特征分布目前仅支持对出行目的和出行时间的分组分析，其中出行目的包括：全目的、上班公务出行、上学接送出行和其他出行共四个选项；出行时间包括全时段、高峰出行和平峰出行三个选项。

选择完成后单击"保存"则保存参数执行后台程序，考虑个体差异对优势度进行修正从而调整优势出行距离曲线，修正后覆盖原曲线的系数；单击"关闭"则不保存参数且不执行程序。

4.5.6.2.3 输出结果提取

经过前述步骤可以得到城市出行方式优势出行距离曲线函数，程序输出了该曲线的系数文件。结合最短路矩阵文件和交通小区综合 OD 矩阵文件即可得到各出行方式的 OD 矩阵文件，文件形式与综合 OD 矩阵文件相同，输出的出行方式为在广义出行费用函数标定的界面中勾选的出行方式。

4.5.7 基于优势运距的中小城市居民出行方式分担率计算及应用

在上述研究成果基础之上，笔者以平顶山市 2018 年调查的居民出行数据为基础，以步行、自行车、电动自行车、摩托车、小汽车以及公共交通为研究对象，在各交通方式出行距离分布特征的基础上，引入优势运距理论，构建了交通方式分担率模型，建立以交通出行时间费用最小为目标函数的非线性优化模型，计算出优化后的分担率。对各交通方式的优化分担率与现状分担率进行对比，从而能定量地分析城市交通结构和交通系统总体运行效率，为建立符合我国新形势下发展特征的中小城市交通结构优化提供决策依据。

4.5.7.1 平顶山市各方式优势运距计算结果

数据来源于平顶山市 2018 年居民出行调查，经过数据整理，共得到 21264 条有效出行记录。每条调查数据包含出发地点小区编号、出发时间、到达地点小区编号、出行方式等基本信息。

根据各交通方式的出行速度与出行时间得到各交通方式的出行距离：步行的优势运距在 0-2km 范围内；自行车的优势运距在 1-6km 范围内，区间跨度比步行长；电动自行车优势运距在 3-9km 范围内；摩托车优势运距在 4-10km 范围内；小汽车优势运距在 5-20km 范围内，区间跨度最长；公交车优势运距在 2-12km 范围内；电动自行车、摩托车、公交车优势运距重合的距离范围最多；电动自行车的整体分担率最高，摩托车的整体分担率最低；由于调查数据、统计时记录都会存在的一定的误差，由于各交通方式运距范围不同，统计间距也会有所不同。因此，暂时仅定性地分析各交通方式的出行距离分布特征。

4.5.7.2 基于优势运距的出行方式划分模型

应用平顶山市2018年居民出行调查数据，结合平顶山市交通的发展现状，综合考虑各交通方式出行距离分布特征，计算出出行距离累计频率，然后对累计曲线进行了求导计算，得出各交通方式的"分担率－转移"曲线，用某交通方式的"分担率－距离"距离转移曲线与居民全方式出行的出行距离分布概率密度相乘，然后对距离进行积分，可得到某交通方式的总体分担率。

4.5.7.2.1 基于优势运距的累计分布函数

丁剑所建立基于优势出行距离因子的出行距离累计分布函数：

$$F(d)=1-e^{-\frac{\varepsilon'}{k+1}d^{k+1}}=1-e^{\tau d^{\xi}} \qquad (4-20)$$

式中：$F(d)$ – 出行距离累计分布函数；

d – 出行距离，单位 km；

ξ、τ – 待定参数。

出行量的距离分布数据存在一定的离散性，直接拟合会出现较大的误差，所以为了较小误差，弱化离散型对结果的影响，将出行距离分布序列转换成出行距离累计分布序列，最后进行参数标定。累计分布曲线参数标定方法采用的是最小二乘法，通常情况下，非线性函数的参数是很难求的，因此，把非线性函数通过数学计算线性化，这样求解就变得容易很多。线性化的过程具体如下，令 $y=F(d)$，式2-1两边同时取对数，则有：$\ln(1-y)=\tau d^{\xi}$，等式两边再次取对数，则有 $\ln[\ln(1-y)]=\ln\tau+\xi\ln d$，为了方便说明，进行简单的变量代换，令 $U=\ln[\ln(1-y)]$，$M=\ln d$，则可由下式计算模型参数：

$$\hat{\xi}=\frac{\sum_{i=1}^{N}(M_i-\overline{M})(U_i-\overline{U})}{\sum_{i=1}^{N}(M_i-\overline{M})^2} \qquad (4-21)$$

$$\hat{\tau}=e^{\overline{U}-\hat{\xi}\overline{M}}$$

式中：$\overline{U},\overline{M}$ – 样本平均值。

4.5.7.2.2 城市交通出行方式转移曲线模型

将出行距离累计分布函数对出行距离求导得到的出行距离分布的概率密度函数乘以调查所得的该方式的总出行量，可得到对应的交通方式"出行量－距离"转移曲线，如下：

$$T_i(d) = T_i^{all} f_i(d) = T_i^{all} F_i'(d) = T_i^{all} \tau_i \xi_i d^{\xi_i - 1} e^{\tau_i d^{\xi_i}} = A_i d^{B_i} e^{\tau_i d^{\xi_i}} \quad (4-22)$$

式中：$T_i(d), T_i^{all}$——第 i 种出行方式的"出行量 – 距离"函数、出行总量；

$f_i(d)$——第 i 种出行方式的距离分布概率密度函数；

A_i、B_i——参数。

各交通方式的分担率 $g_i'(d)$，由式 2-6 求得：$g_i'(d) = T_i(d) / \sum_i T_i(d)$，为了方便模型参数调整优化。简化为 $g_i'(d) = a_i d^{b_i} e^{c_i d}$，$a_i$、$b_i$、$c_i$ 是待优化参数。

在标定参数时，发现整个区间跨度，取尽可能小的距离梯度。令 $g_i'(d) = h^i$，$\ln d = dd$，$\ln a_i = aa_i$，变形后得到下式进行求解参数：

$$\hat{b}_i = \frac{\sum_j h_j^i dd_j \sum_j d_j^2 - \sum_j dd_j d_j \sum_j h_j^i d_j^2}{\sum_j d_j^2 \sum_j dd_j^2 - (\sum_j dd_j d_j)^2}$$

$$\hat{c}_i = \frac{\sum_j h_j^i d_j \sum_j dd_j^2 - \sum_j dd_j d_j \sum_j h_j^i dd_j^2}{\sum_j d_j^2 \sum_j dd_j^2 - (\sum_j dd_j d_j)^2} \quad (4-23)$$

$$\hat{aa}_i = \overline{h_i} - \hat{b}_i \overline{dd} - \hat{c}_i \overline{d}$$

对其进行归一化处理，得到"分担率 – 距离"函数：$g_i(d) = g_i'(d) / \sum_i g_i'(d)$。

4.5.7.3 基于出行时间的出行方式结构优化模型

在优势出行距离的转移曲线基础上，分析出行全过程中出行时间费用的组成，考虑个体差异对居民单位时间价值计算的影响，得到各交通方式出行的时间消耗函数。随后，建立了以出行时间费用最小为目标考虑优势运距的交通结构优化模型。

4.5.7.3.1 出行时间分析

对交通出行时间进行分析，无论是从出行者角度，还是决策者角度，最主要的就是明确"一次出行"的含义，"一次出行"是受到出行目的的驱动，从起点出发通过某种交通方式到达目的地的过程。因此，"一次出行"可概括为有接入、等待、乘坐、接出等多个出行时间。

步行的出行时间由出行距离与步速决定；自行车、电动自行车、摩托车、小汽车的出行时间由接入接出时间、骑行时间、平均停车时间组成；而公交车出行的时间构成较为复杂，由接入接出时间、等候车辆到达时间、车辆正常运行、平均停车时间组成。

从交通决策者角度看，当过多的时间被用于出行，人们的工作效率就会降低，对社会造成的效益也会降低，所以出行时间费用也是交通决策者在交通规划时需考虑的重要因素。

4.5.7.3.2 出行时间计算

出行时间是出行前考虑的首要因素，所以对出行时间费用的计算对优化交通结构有很重要的作用。因此，出行者视角下的时间价值 $\beta^{ind} = \text{INCOME}/h_{work}^{ind}$，$h_{work}^{ind}$ — 交通出行者年均工作时间，单位 h。

对于交通决策者来说，要考虑整个社会的生产效率不对出行时间费用的影响，出行时间价值 $\beta^{sys} = \text{GDP}/h_{work}^{sys}$，$h_{work}^{sys}$ — 交通决策者视角下年均工作时间，该工作时间扣除相应节假日，单位 h。

国内外虽有对交通方式的出行费用进行初步估算的研究，但其居民人均单位时间价值计算方法未能充分考虑个体差异。为考虑个体差异对居民单位时间价值计算的影响，基于公交使用者对公交满意度、使用意愿等几类因素，笔者将小汽车、公共交通类分担率大的交通方式的使用分为机会乘客、忠诚乘客两类群体进行考虑，然后根据两种类别特点确定出不同人均时间价值，最后加权平均计算不同类型的时间价值。

不同的交通方式的时间价值系数也是不相同的。为此，杨庭总结出了不同交通方式的时间价值系数，如表 4-4 所示。

表 4-4 各交通方式时间价值系数

交通方式	步行	自行车	电动自行车	摩托车	小汽车	公交车
价值系数	0.3	0.5	0.8	0.8	1.5	1

根据范琪研究中的时间费用计算方法，求各交通出行方式的时间价值费用：

1、步行出行时间价值费用

$$TI_{walk}^{ind} = \beta_{walk}^{ind} t_{walk} = \beta_{walk}^{ind} \times \frac{d}{v_{walk}} \qquad (4-24)$$

2、自行车出行时间价值费用

$$TI_{bic}^{ind} = \beta_{bic}^{ind} t_{bic} = \beta_{bic}^{ind} \times (t_{bic}^a + \frac{d - t_{bic}^a \cdot V_{walk}}{v_{bic}} + t_{bic}^p) \qquad (4-25)$$

3、电动自行车出行时间价值费用

$$TI_{ebic}^{ind} = \beta_{ebic}^{ind} t_{ebic} = \beta_{ebic}^{ind} \times (t_{ebic}^a + \frac{d - t_{ebic}^a \cdot V_{walk}}{v_{ebic}} + t_{ebic}^p) \qquad (4-26)$$

4、摩托车出行时间价值费用

$$TI_{moto}^{ind} = \beta_{moto}^{ind} t_{moto} = \beta_{moto}^{ind} \times (t_{moto}^a + \frac{d - t_{moto}^a \cdot V_{walk}}{v_{moto}} + t_{moto}^p) \quad (4-27)$$

5、小汽车出行时间价值费用

$$TI_{car}^{ind} = \beta_{car}^{ind} t_{car} = \beta_{car}^{ind} \times (t_{car}^a + \frac{d - t_{car}^a \cdot V_{walk}}{v_{car}} + t_{car}^p) \quad (4-28)$$

6、公交车出行时间价值费用

$$TI_{bus}^{ind} = \beta_{bus}^{ind} t_{bus} = \beta_{bus}^{ind} \times (t_{bus}^a + \frac{d - \frac{\sqrt{2}}{2}s}{v_{bus}} + t_{bus}^{wait}) = \beta \cdot (\frac{\sqrt{2}s}{2V_{walk}} + \frac{d - \frac{\sqrt{2}}{2}s}{v_{bus}} + \frac{n+1}{2}H)$$

$$(4-29)$$

4.5.7.3.3 出行结构优化模型

结合优势出行距离转移曲线与分担率模型，在交通出行者和交通决策者两个视角下，建立以交通出行时间费用最小为目标函数的非线性优化模型。

（1）目标函数

各交通方式的单次出行时间费用均与出行距离直接相关，计算交通系统的总出行费用：

$$\min Z = T_{all} \int_{d=d_1}^{d_2} P(d) \sum_i g_i(d, \vec{a}) C_i^j(d) \quad (4-30)$$

式中：Z——高峰小时交通系统出行总费用，单位元；

T_{all}——高峰小时交通系统总出行需求量，单位人次；

d_1, d_2——出行发生所需要的最短出行距离、城市最长出行距离，单位km；

$g_i(d, \vec{a})$——i 种交通方式 i "分担率－距离"模型函数，$\vec{a}$ 待优化参数向量；

$C_i^j(d)$——第 j 种视角下，第 i 种交通方式的出行时间费用；

$P(d)$——居民出行的出行距离分布概率密度

（2）优化参数

在优化交通方式结构时，主要是优化各模型参数，每种交通方式的优势出行距离分布函数用 a，b，c 三个参数来表征。把对交通结构影响大的参数作为优化模型的自变量。

（3）约束条件

有两个约束条件，一是交通出行所占用的道路空间资源不能超过道路所能承受范围，二是要求各优化参数非负。

$$T_{all} \int_{d=d_1}^{d_2} P(d) \sum_i g_i(d,\vec{a},\vec{b}) R_i(d) \leq R_{road} \quad (4-31)$$
$$\vec{a} > 0$$

4.5.7.4 模型应用

（1）平顶山市出行距离分布特征

对平顶山市 2018 年居民出行调查数据进行整理，共得到有效出行记录 21264 条。在 Excel 数据库中，单条数据单元对应一次出行，包含出发地点小区编号、出发时间、到达地点小区编号、出行方式等基本信息。部分数据单元内容如表 4-5 所示。

表 4-5 部分数据单元内容

家庭编号	发地点小区编号	出发时间	到达地点小区编号	到达时间	出行方式
43	135	1730	138	1740	2
43	139	1530	135	1550	2
2980	118	0650	57	0710	2
66	66	1720	66	1730	0
64	66	1740	64	1755	0
1	44	0700	66	0715	2

根据出行速度与出行时间，得到居民的出行距离。如表 4-6 所示。

表 4-6 居民各交通方式出行距离数据

编号	出行方式	出发时间	到达时间	出行时间（min）	平均出行速度（km/h）	出行距离（km）
1	0	0650	0700	10	4	0.67
2	1	1205	1220	15	10.5	2.63
3	2	1200	1215	15	13	3.25
4	3	1140	1150	10	15	2.5
5	4	1800	1820	20	18	6
6	5	1800	1840	40	12	8

（2）基于优势运距的出行方式划分模型

利用居民各交通方式出行距离数据整理成居民各交通方式出行距离的累计分

布，各交通方式出行距离累计分布函数标定结果如表 4-7 所示。

表 4-7　各交通方式出行距离累计分布函数标定结果

交通方式	τ	ξ	R^2
步行	−0.288989092	1.771507994	0.9878
自行车	−0.068567699	1.626785977	0.9876
电动自行车	−0.06174531	1.444038627	0.9848
公交	−0.019689883	1.903349778	0.9772
摩托车	−0.01023158	2.119569196	0.9811
小汽车	−0.00422472	2.117576786	0.9822

从表 4-7 中可以看出，累计分布函数的回归系数 R^2 值均较高，说明了该参数能够较好反映不同出行方式的优势运距分布。结合各方式的出行距离特征，发现优势出行距离越短，参数 τ 的绝对值越大，反而优势出行距离越长，参数 τ 的绝对值越小。还可以发现，电动自行车的 ξ 值最小，公交、摩托车、小汽车的 ξ 值最大。这说明在平顶山市电动车出行受距离影响最小。

各交通方式的"出行量–距离"转移曲线参数如表 4-8 所示。

表 4-8　各交通方式的"出行量–距离"转移曲线参数

交通方式	A	B
步行	3440.28039	0.771507994
自行车	118.6838495	0.626785977
电动自行车	512.0608828	0.444038627
公交	154.2917125	0.903349778
摩托车	7.893900826	1.119569196
小汽车	29.15556304	1.117576786

求出 A，B 值后，可通过绘图工具绘制出"分担率–距离"转移曲线，如图 4-8 所示。

计算得到的模型参数如表 4-9 所示，从表中可以看出，b、c 组内参数值为一个数量级，而 a 组参数的变化范围较大。

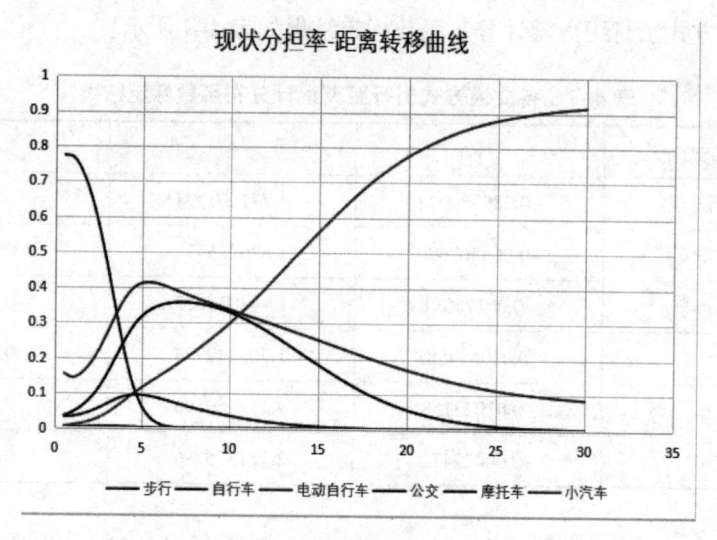

图 4-8 现状交通方式"分担率－距离"转移曲线

表 4-9 简化方式"分担率－距离"模型参数

交通方式	a	b	c
步行	5.0013	−0.0587	−0.0909
自行车	11.2202	−0.3567	−0.0996
电动自行车	1.1996E+19	−15.4114	−0.3892
公交	1.0814E+8	−5.8422	−0.2645
摩托车	3.4465	−0.087	−0.0809
小汽车	3.9167E+95	−8.7836	−1.0961

基于出行时间的出行方式结构优化模型

国内外虽有对交通方式的出行费用进行初步估算的研究，但其居民人均单位时间价值计算方法未能充分考虑个体差异。为考虑个体差异对居民单位时间价值计算的影响，基于公交使用者对公交满意度、使用意愿等几类因素，笔者将小汽车、公共交通分担率大的交通方式的使用分为机会乘客、忠诚乘客两类群体进行考虑，然后根据两种类别特点确定出不同人均时间价值，最后加权平均计算不同类型的时间价值。

①基于出行者的时间费用计算：

经调查发现，小汽车与公共汽车分为两种类别的特点：

小汽车机会乘客的特点：当家庭人均月收入低于4000时，居民认为小汽车对自己的生活和工作是比较重要和无所谓态度的。

小汽车忠诚乘客的特点：当家庭人均月收入达到4000时，居民认为小汽车对自己的生活和工作是非常有必要的。

公共汽车机会乘客的特点：月收入水平大于3000时，机会乘客的概率就较为明显了。

公共汽车忠诚乘客的特点：月收入水平为3000以内时，忠诚乘客的概率为81.6%。

然后根据两种类别特点确定出不同人均时间价值，最后加权平均。各交通方式类别单位时间价值标准值如下：

表4-10 各交通方式类别单位时间价值标准值

交通方式	划分类别	权重	区域居民可支配年均收入	年均工作时间	单位时间价值标准值^{ind}
步行	/	/	18337	2920	6.28
自行车	/	/	21374		7.32
电动自行车	/	/	19710		6.75
摩托车	/	/	17695		6.06
小汽车	忠诚乘客	0.8	32200		10.7
	机会乘客	0.2	27500		
公交车	忠诚乘客	0.7	19500		7.09
	机会乘客	0.3	23500		

各交通方式的时间价值系数等于单位时间价值乘以各交通方式时间价值系数，各交通方式的时间价值系数如表4-11所示。

表4-11 各交通方式的时间价值系数

交通方式	步行	自行车	电动自行车	摩托车	小汽车	公交车
价值系数	1.88	3.66	5.40	4.85	16.05	7.09

各交通方式出行的各类时间如表所示：

表 4-12　各交通方式出行的各类时间

交通方式	平均接入接出时间 /h	平均车内时间 /h	出行平均停车时间 /h	平均运行速度 V/（km/h）
步行	/	d/V_{walk}	/	4
自行车	0.100	$(d-0.1V_{walk})/V_{bic}$	0.025	10.5
电动自行车	0.100	$(d-0.1V_{walk})/V_{ebic}$	0.050	13
摩托车	0.100	$(d-0.1V_{walk})/V_{moto}$	0.100	15
小汽车	0.150	$(d-0.15V_{walk})/V_{car}$	0.100	18
公交车	0.180	$(d-0.18V_{walk})/V_{bus}$	/	12

注：平顶山市公交站间距平均为550m；平均线路长为15km；平均发车间隔为10min。

得到各交通方式出行的时间消耗函数，如表 4-13：

表 4-13　各交通方式出行的时间消耗函数

交通方式	时间消耗函数
步行	$TI_{walk}^{ind} = 0.5368d$
自行车	$TI_{bic}^{ind} = 0.3408d + 0.3110$
电动自行车	$TI_{ebic}^{ind} = 0.4404d + 0.6828$
摩托车	$TI_{moto}^{ind} = 0.3817d + 0.9926$
小汽车	$TI_{car}^{ind} = 0.5964d + 2.44534$
公交车	$TI_{bus}^{ind} = 0.5964d + 1.0604$, $d \leq 15km$; $TI_{bus}^{ind} = 0.5964d + 1.6568$, $d > 15km$;

②基于决策者的时间费用计算：

决策者视角下与出行者视角下的时间消耗计算方法相同，在此简写，得到各交通方式出行的时间消耗函数如表 4-14：

表 4-14　各交通方式的时间消耗函数

交通方式	时间消耗函数
步行	$TI_{walk}^{ind} = 0.7625d$
自行车	$TI_{bic}^{ind} = 0.4842d + 0.0.2966$

续表

交通方式	时间消耗函数
电动自行车	TI_{ebic}^{ind}=0.6257d+0.9698
摩托车	TI_{moto}^{ind}=0.5423d+1.4099
小汽车	TI_{car}^{ind}=0.8473d+3.4738
公交车	TI_{bus}^{ind}=0.8473d+1.5063，d ≤ 15km； TI_{bus}^{ind}=0.8473d+2.3536，d > 15km；

（4）平顶山市居民出行方式分担率计算及应用

笔者的优化模型是一个含有出行距离分布函数，两个优化参数的非线性优化模型，采用的求解方法是人工鱼群算法，得到的两种出行费用下的方式结构优化结果如表4-15所示。

表4-15 两种出行费用期望优化结果

出行者视角下出行费用期望（元/人）		决策者视角下出行费用期望（元/人）	
优化前	优化后	优化前	优化后
16.2	12.5	25.8	23.7

从表可以看出，出行者视角下和决策者视角下的平均出行费用期望分别下降22.8%和8.1%，这说明，通过调整平顶山市各交通方式比例，可以出现比现状出行费用低的交通结构，有待优化的空间。

表4-16 两种出行费用下交通分担率与距离转移曲线优化参数

交通方式	步行	自行车	电动自行车	摩托车	小汽车	公交车
现状分担率（%）	31.6	5.0	19.4	1.7	27.0	15.3
出行者分担率（%）	30.1	11.5	18.2	7.4	11.6	22.2
决策者分担率（%）	29.4	13.3	18.3	6.8	7.2	25.0

从上表中可以看出，在平顶山步行的现状分担率已经相对较高，由于会受到体力的限制，所以优化后与现状差别不大，说明现状步行出行比例已经较为合理。在平顶山自行车的分担率很低，无论哪个视角下优化后自行车的出行比例都有所上升。平顶山市的电动自行车的分担率基本保持稳定，摩托车的分担率有所上升。无论是在出行者还是决策者视角下，小汽车出行的总分担率显著降低，公共汽车分担率有

一定程度的提升，这说明了提高公交的分担率，限制私人小汽车发展，能有效地提升城市交通系统的总体运行效率。出行者和决策者视角下的距离转移曲线如图4-9和4-10所示。

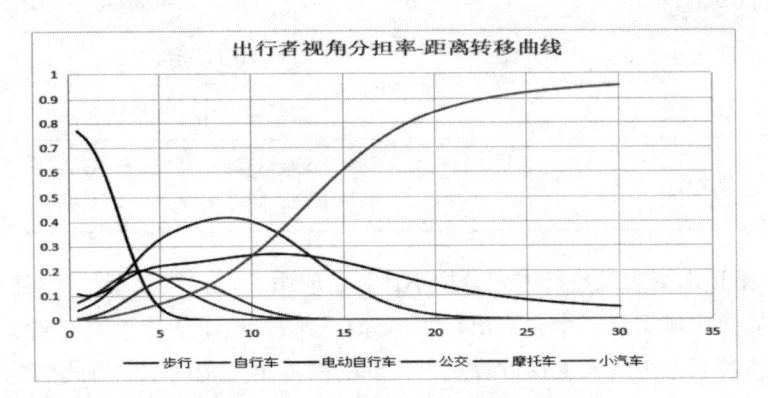

图4-9 出行者视角下的距离转移曲线

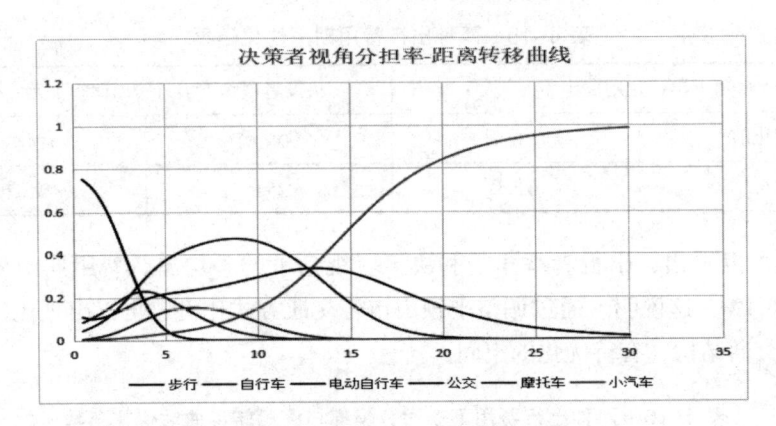

图4-10 决策者视角下的距离转移曲线

研究得到以下结论：

（1）交通方式出行距离频率分布能定性地分析各交通方式的出行距离分布特征。小汽车优势运距区间跨度最长，步行优势运距区间跨度最短，电动自行车的整体分担率最高，摩托车的整体分担率最低。

（2）各交通方式的"分担率－转移"曲线为模型的优化做准备。某交通方式的"分担率－距离"距离转移曲线与居民全方式出行的出行距离分布概率密度相乘，然后对距离进行积分可得到某交通方式的总体分担率。

（3）从交通出行者和交通决策者两个角度，分析了出行全过程中出行时间费用的组成，考虑个体差异对出行时间费用的影响，得到了各交通方式出行的时间消耗函数，建立了以出行时间费用最小为目标考虑优势运距的交通结构优化模型。

（4）应用人工鱼群算法求解优化模型，得出了交通出行者和交通决策者两个角度下的出行费用期望都有所下降，说明平顶山市现状的交通结构还存在着一定的不合理性，有待优化的空间，从而为城市交通政策的制定提供依据。

4.6 城市分方式出行行为特征分析及方式划分研究

随着收入水平的提高，居民出行方式选择范围更加广泛，为了节省出行时间出行者越来越倾向于选择个体出行效率高但交通资源占用大的交通方式，使得城市交通系统运行效率降低，交通拥堵严重。居民出行是基本的生活需求，城市居民出行总量在一定时期内相对稳定，探究不同交通方式使用者出行选择行为，对交通方式结构进行优化，促使居民出行由个体交通向公共交通转移，是解决城市交通供需矛盾的有效途径之一。交通方式结构的优化需要对影响城市居民出行方式选择行为的因素进行全面剖析，确定不同出行方式的优势运距并在此基础上统筹优化各出行方式分担率，最终实现交通子系统间的良性竞争与合作，提升城市交通系统运行效率。

目前国内外在居民出行选择行为的研究集中在的服务质量、满意度、出行频率等方面，研究认为以上因素等受到交通方式服务特征的影响，但影响程度各异，相关研究关于出行者类别划分方法及标准不尽相同，指标选取及分类标准在一定程度上也会受到主观因素的影响。

因此，有必要挖掘影响不同出行方式出行者分类的因素、研究不同类别的出行者出行特征受影响程度的异同，为出行方式分担率模型中不同出行方式的选择提供理论基础。

4.6.1 机动车出行行为特征分析及方式划分预测

在小汽车出行行为特征分析方面，敬艳君、王炜[162]在分析小汽车出行特征及各项影响因素时，从宏观（城市层面）、微观（个体层面）和城市政策三方面深入研究。在宏观上，探讨了城市小汽车出行平均强度、出行目的和出行时间分布随城市经济状况，城市规模和城市形态三变量之间的关系。用定性与定量分析相结合的方法，将出行强度量化建立函数方程，对其他特性变量定量做图表分析，得出小汽车出行特性随城市变化的规律。在研究个体小汽车出行行为的过程中，加入了出行者的活动参与特性，建立了结构方程模型，研究个人的社会人口属性、活动参与特性与出行行为三者之间的关系，通过直接影响、间接影响和总影响的分析解释了个人属性对小汽车出行行为的影响。万霞、陈峻、王炜利用东南大学交通学院采用自17个城市居民出行调查数据，对我国组团式城市小汽车方式出行特性进行分析，通过与非组团式城市对比分析得出结论是：组团城市的小汽车出行时耗趋于一个稳定值，出行次数高于同等级非组团城市，小汽车出行时间分布表现为四峰形式，早高峰突出，其他三个高峰偏弱，小汽车出行比例没有特殊规律，主要受经济因素影响，以上研究为城市综合交通规划提供了基础数据。

在小汽车出行需求方式划分模型方面，万霞、陈峻等[163]从小汽车使用者活动模式的统计分析入手，对小汽车使用模式进行划分，在MNL模型基础上建立协同进化Logit模型，确定了个体出行选择顺序。

鲜于建川等[164]从摩托车出行行为入手，分析了人们选择摩托车出行的原因、摩托车方式对出行行为的影响、摩托车出行方式与其替代方式的联系和区别。并在此基础上建立了出行方式选择的MNL模型，深入分析了影响出行方式选择的主要因素。结合摩托车车主对公共交通的评价意见和限摩政策可能带来的出行方式的调整，评价了大力发展公共交通和限制摩托车的策略对改善现有交通状况的效果，对类似城市解决摩托车交通问题有借鉴作用。

4.6.2 公交出行行为特征分析及方式划分预测
4.6.2.1 公共交通出行行为分析

在公交出行行为分析方面，靳佳[165]利用统计学与空间分析方法，基于北京市公交站点空间分布数据、北京市行政区划数据，对从公交刷卡数据中挖掘的信息进行处理，分析了北京市居民公交出行时空特征。

侯现耀、陈学武等[166]研究公交出行距离信息、公交车辆位置信息、道路拥堵情况信息和公交换乘信息等四种公共交通信息对方式选择的影响，通过均匀设计方法，设计四种公共交通信息组合条件下的居民出行交通方式选择意向调查，建立MNL模型定量分析了显著影响因素。研究结果表明，公交信息对出行前方式选择行为的影响显著，不同公交信息影响程度不同；对于已购车的出行者，公交信息的影响十分有限。

丁平峰[167]构建了特殊的公交——定制公交的出行影响因素层次结构，从出行者特性、出行特性、交通特性及其他影响因素等方面分析定制公交出行特征及影响因素，基于出行方式选择理论和调查数据分别构建不同方式出行者向定制公交出行选择的二元Logit模型。

在公交出行方式选择预测模型研究中，非集计的Logit模型应用比较广泛[168]，且相关模型和算法已经在国内多个城市公交方式选择研究中得到了应用。

4.6.2.2 公共交通服务质量分析

近年来对公交服务的研究大体包服务质量、公交满意度影响因素、公交出行忠诚度影响因素、公交出行频率影响因素等方面。出行者公交出行行为研究中，主要使用的方法包括离散选择模型和结构方程模型[169]。

传统出行行为研究对象为出行时间和出行费用。近年来，研究者发现出行者具有显著的异质性[170]，但目前研究大多分根据出行者的单一变量或者某些分类变量，如出行目的、出行者社会经济学特征，将数据样本进行分类，进而分别分析不同子样本。以上方法存在以下缺陷：①当分类依据较多时，样本子集过多；②数据样本的划分缺乏理论基础，特别是划分依据是连续变量而非分类变量时，如何确定分类的阈值缺乏理论依据。

公交服务的研究中，研究者重点关注的几类变量为：使用频率、满意度、忠诚度、是否会优先选择公交出行、是否会推荐他人使用公交出行。

刘建荣[171]等通过广州居民公交出行行为问卷调查，根据出行者对以上变量的评价，利用潜在类别回归模型（Latent Class Regression Model）对出行者进行划分，并基于出行者类别划分，比较分析不同群组出行者使用公交出行的影响因素。

4.6.3 非机动车出行行为特征分析及方式划分预测

杨晨在其博士论文《城市自行车出行需求特性及其影响因素研究》中，建立离散选择模型研究出行者选择自行车的个体影响因素。同时提出基于主观态度的自行车出行市场细分方法，以此方法为基础，研究出行者的自行车使用意向，并对其中的关键技术进行研究：以结构方程模型测量出行者的自行车使用意向和情感偏好，并建立两者之间的因果联系，通过模型估计寻找对自行车使用意向具有显著影响的情感偏好。研究表明相同的情感偏好可导致不同的自行车使用意向，而相同的自行车使用意向可由不同的情感偏好组合引起。杨晨还对比了自行车出行者和非自行车出行者的情感偏好及自行车使用意向的差异并剖析了潜在方式转移者的特征。

单晓峰[172]在其博士论文《城市自行车交通合理方式分担率及其路段资源配置研究》中，对自行车出行方式选择机理分析、城市自行车合理方式分担率问题进行了研究。

李志斌、刘攀、王炜等[173]设计了一种基于活动链模式的选择自行车方式出行预测方法，该预测方法流程如图4-11所示：

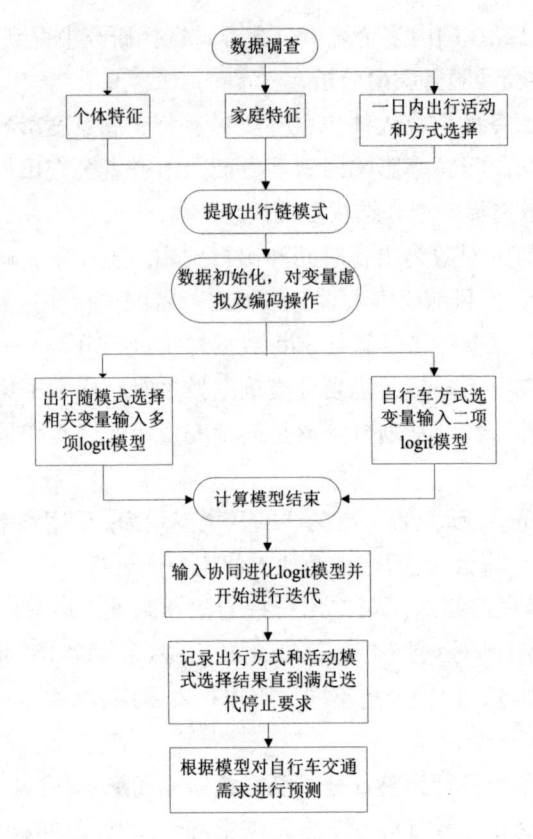

```
                    ┌─────────┐
                    │ 数据调查 │
                    └────┬────┘
            ┌────────────┼────────────┐
       ┌────┴───┐   ┌────┴───┐   ┌────┴──────┐
       │个体特征│   │家庭特征│   │一日内出行活动│
       │        │   │        │   │和方式选择   │
       └────────┘   └───┬────┘   └───────────┘
                        │
                 ┌──────┴──────┐
                 │ 提取出行链模式 │
                 └──────┬──────┘
                        │
                 ┌──────┴──────┐
                 │数据初始化,对变量虚│
                 │ 拟及编码操作    │
                 └──────┬──────┘
              ┌─────────┴─────────┐
       ┌──────┴──────┐     ┌──────┴──────┐
       │出行随模式选择 │     │自行车方式选 │
       │相关变量输入多│     │变量输入二项 │
       │项logit模型   │     │logit模型    │
       └──────┬──────┘     └──────┬──────┘
              └─────────┬─────────┘
                 ┌──────┴──────┐
                 │ 计算模型结束 │
                 └──────┬──────┘
                 ┌──────┴──────┐
                 │输入协同进化logit模型并│
                 │ 开始进行迭代  │
                 └──────┬──────┘
                 ┌──────┴──────┐
                 │记录出行方式和活动模│
                 │式选择结果直到满足迭│
                 │ 代停止要求   │
                 └──────┬──────┘
                 ┌──────┴──────┐
                 │根据模型对自行车交通│
                 │ 需求进行预测  │
                 └─────────────┘
```

图 4-11 基于活动链模式的选择自行车方式出行预测流程图

由上图，首先对居民出行情况进行数据调查并整理、统计出调查结果；然后提取数据调查结果中居民一日出行的选择模式，并对出行模式进行变量虚拟和编码操作；接着将活动链模式中的相关变量输入至多项 Logit 模型中，计算得到协同进化 Logit 模型；对计算出的协同进化 Logit 模型结果进行迭代运算，并记录两种出行模式的选择结果；最后对两种出行模式的选择结果进行统计和分析，并对预测精度进行对比分析。通过对城市居民出行交通工具选择的统计、分析，精准的预测出选择自行车方式出行的比例，进而为城市交通规划和政策的制定提供科学、合理的指导。

李志斌、王炜等[174]对中国城市共享自行车模式的变化进行量化分析，基于51个城市的数据，比较了不同城市规模下的人口特征、建筑环境等城市特征和自行车模式共享之间的相关性。通过对广义线性模型的估计，将不同出行方式的份额变化与城市层面的各种因素联系起来。结果表明：城市面积大小、人口密度、车辆数量、支路里程占比、出行目的等因素对城市自行车模式占有率均有不同程度的影响。徐铖铖[175]、魏雪妍等[176]利用智能卡数据探索了纽约市、芝加哥的公共自行车出行行为。

杨晨、王炜等[177][178]研究了基于个体出行方式选择的自行车交通影响因素,将其分为出行者的个体特征、出行特征和自行车交通方式主观感知特征。通过对南京市的调查数据分析出行者对于自行车交通方式服务水平主观感知的高低、出行距离、是否拥有自行车以及个体及家庭的经济状况对自行车出行选择影响程度,研究成果有助于合理引导自行车在中国的发展。

4.6.4 步行出行行为特征分析及方式划分预测

边扬在博士毕业论文《城市步行交通系统规划方法研究》[179]中从出行距离、出行时间分布特征、步行方式分担率、出行目的特征、年龄结构特征、出行时耗特征六个方面对步行交通出行特征进行了研究,运用向后筛选法建立了步行交通出行方式分担率预测模型。

LuLili等[180]对应急疏散中的行人群体行为进行了研究,提出了一个考虑群体性现象的扩展元胞自动机(CA)模型。研究表明随着人群中行人群体的存在,人群疏散时间显著增加。当人群密度较大时,群体行为在人群疏散中的负面效应会增强。通过敏感性分析,进一步探讨了疏散场景中行人流动态的模型参数对行人群体行为的影响。该模型能够真实地模拟行人疏散情况,可以作为群体行为显著条件下预测人群疏散时间、设计紧急情况下行人疏散指导原则的工具。

4.6.5 不同交通方式居民出行时间价值

4.6.5.1 国内外研究现状

国外对出行时间价值的研究多是基于经济学原理,从消费者的选择行为角度出发。

McFadden[181]于20世纪70年代后期最早将Logit模型应用到交通领域,主要用来分析居民对交通方式选择的划分;Phill[182]对旅行时间节省价值评估的不确定性进行量化与分解,解决了非工作旅行时间节省的评价价值区间估计问题,也阐述了时间节省价值与基数上升过程相关的不确定性;Vinayak[183]基于个人对于时间感知与现实不同,提出了一个感知旅行时间分布的模型,引出感知旅行时间分布遵从规定的旅行时间范围,导出两个关于规定旅行时间的定理。

国内主要是对时间价值的定量测算方法进行研究,有的测算结果可用作居民出行方式合理性的判别,有些可用作交通方式定价作为依据。王涛[184]等在2006年分析时间价值时便在工资法基础上提出了时间计算模型,基于机会成本对出行时间成本进行了测算。杨利强等[185]在进行相关研究时以RP调查数据为依托,在考虑了出行目的、时间费用以及家庭年收入等因素下,分别使用时间价值参数服从均匀分布、正态分布、对数正态分布的混合 logit 模型估算了城市轨道交通出行时间价值；宗芳[7]等人分析并对比了集中传统测算方法的优劣性，综合应用了生产法、收入法及非集计 Probit 模型，将家庭收入、出行目的、出行时间融入模型中，在其研究过程中，考虑到时间利用的充分性引入利用系数，建立了出行时间价值计算综合模型，改善了传统模型的弊端，并且研究出各因素与时间价值的正反比关系。罗剑[8]在对比模型研究时采用 Logit 模型、Mixed Logit 模型对出行方式的时间感知差异进行建模分析。符韦苇等[186]在研究传统模型时基于随即效用最大理论，将 MNL 模型简化，将北京市出行者的时间、费用以及收入作为考虑因素，以收入群体进行划分，测算出各收入群体的时间价值。这些学者的研究均基于 logit 模型进行改进，形成了更加符合当地实际情况的优化模型。杨杰娇[187]分析时间价值利用与公交定价时，针对居民选择公交概率的模糊性，从而将出行意愿选项进行量化，并且在最大公交选择意愿的情景下反推出合理的公交票价。毕晓莹[188]于 2019 年为了建立模型研究出南京市前期、中期、后期三个阶段的轨道交通定价标准，从货币、时间、舒适性三方面考虑出行者单位出行距离的成本。张文科[189]通过进行了 SP 调查与 RP 调查方法对比，选出合理调查方法获取数据，交叉设计所需的调查问卷，估算出不同属性下石家庄市的公共交通出行时间价值。以上研究者对于时间价值应用在公共交通定价领域进行了研究，通过不同因素对于公交出行的影响，定量测算出选择公交的时间价值。

范琪、王炜等针对家庭收入对出行时间价值的影响进行了研究。赵伟涛[190]在进行通勤出行时间研究时引入时间链的概念，详细地列出时间价值的计算方法以及数据采集与清洗原则，使用极大似然估计法对影响因素量化的参数进行迭代。赵淑芝[191]在传统时间价值模型基础上改进，取其优点，形成了更符合实际情况的模型。李晓伟、王炜等[192]针对区域多模式交通展开研究，基于活动分析得到旅客出行 RP 数据，根据边际效用递减规律设计了旅客城际出行的时间节省价值计算方法。周洋[193]在进行居民出行时间价值的应用时将出行时间和费用作为居民出行的阻抗，分析了时间价值与交通分布预测的关系，最后将标定结果通过 TransCAD 运用到交通分布预测中，体现出时间价值的应用。顾典[194]在研究旅客出行时间价值非常全面地介绍了时间节省价值的概念、影响因素以及其测定方法和测定模型。赵胜川[195]在对私家车出行的通勤者时间价值研究中通过最大似然法，将 Mixed Logitm 模型标定与 Logit 模型进行对比，得出了前者的私家车出行者时间价值优于的结论。王方[196]在分析行为价值调查方法时采用 SP 调查技术搜集北京市居民出行意愿信息，并且对比了 RP 调查与 SP 调查，得出 SP 调查优越性较高的结论。李田野[197]等建立车内拥挤度与时间价值的模型，估算了不同车内拥挤程度下乘客出行时间价值。邵长桥[198]等人利用 Logit 模型进行实践价值测算。以上成果对时间价值进行了测算，虽考虑因素不同，但计算方法相似，同时内容比较基础与全面。

4.6.5.2 时间价值和居民出行时间节省价值测算基础

时间价值与时间节省价值概念相似，但是研究目标以及应用不尽相同，从根本区分两者的区别至关重要。

4.6.5.2.1 时间价值与居民出行时间节省价值

时间价值的概念最早起源于经济学领域，在此领域内，人们的一切活动可以定义为生产和消费，无论是人们在进行生产还是消费，都会消耗相应的时间，如果将用于消费的时间用于生产，则会产生出新的价值，那么可以认为时间是生产活动的要素，单位时间的货币化表现即为时间价值（元/h），是由于时间的推移而产生效益增值量和由于时间的非生产性消耗造成的效益损失量的货币表现。

而时间节省价值是在时间价值的基础上研究更深一层次，节省价值是一种出行方式相对另一种出行方式而言的。在运输领域，出行时间节省价值就是把节省的时间成本用价值衡量，即出行者在出行过程中节省或者延误的单位时间产生的经济效应。每个人的收入水平与各自时间节省价值直接挂钩，随着收入水平变化时间节省价值也有很大不同，时间节省价值越高的人更愿意选择费用高但时间短的出行方式；而时间节省价值较低的人愿意多耗费时间节省货币，无论怎样，出行者均是以自身效益最大化为目标而选择出行方式。

4.6.5.2.2 出行时间节省价值的影响因素

出行时间价值的影响因素多为出行时间与出行费用。

除此之外，收入水平的不同会对时间节省价值有影响。

另外交通方式的服务水平也有影响。这其中包括出行的舒适性，安全性和准时性，可达性等，这些不可抗因素也伴随着不确定性，对于一些乘客更愿意丧失部分时间价值而寻求服务水平高的出行方式。

出行距离也会影响时间节省价值，很多出行者不只是因为个人习惯选择方式，还受出行距离的远近影响。距离适中的出行可能产生正效用，长途出行容易造成疲劳，产生副效用。

此外还受出行者自身年龄、性别、职业影响。

4.6.5.2.3 时间节省价值的估算方法

时间节省价值的估算方法是在时间价值计算方法的基础上更深入一步计算得来。

（1）生产法

生产法的原理很简单，即认为出行者选择出行方式 A 比选择出行方式 B 更加节省时间，而将这节省的时间全部用于生产活动，时间就是一种生产要素，节省下来的时间就会创造一部分价值，这一新创造的价值即为时间节省价值，计算公式为 $VOT=GDP/(P*T)$，式中 GDP 为各人年生产总值，P 为年平均工作天数，T 为每天工作小时。

生产法适用于出行目的为工作出行，并且不用进行大规模居民出行调查和数据统计。

（2）收入法

收入法的原理即认为时间被出行过程消耗而导致出行者未能工作所引起的收入减少，其计算方法为：$VOT=C/T$，其中 C 表示个人年均收入，T 表示个人年平均工作时间。

收入法比较适用于不是以工作为目的的出行，反映的是将个人收入支付到出行费用的出行者的时间价值且不受居民主观因素的影响，可得到较客观的结果。

（3）非集计模型

非集计模型常应用于出行预测分析，在出行时间价值计算中可以根据随机效用最大理论建立效用函数，之后计算得出各种交通方式的选择概率，在此基础上利用选择概率的比值得出相对效用的函数表示方法，再利用回归分析和参数估计得到时间价值。

4.6.5.2.4 居民出行时间节省价值估算中的关键问题

（1）模型的构建问题

由于要分析出行者的个体属性，交通方式的服务水平等多重因素带来的影响，并且是在全市随机调查出行人员，每个人的出行习惯和出行目的不同，而前面提到的收入法与工资法都适用于特定条件，选择能够满足各项要求的多项 Logit 模型。

根据模型基本假定，如果某出行者选择选择项 1 而不选择选择项 2，则有：$U_1>U_2$，$P_1=P(U_1>U_2)=P[(V_1+\varepsilon_1)>(V_2+\varepsilon_2)]=p(\varepsilon_2<V_1-V_2+\varepsilon_1)$。

服从二重指数分布，经公式推导得出

$$P_1=\frac{exp(V_1)}{exp(V_1)+exp(V_2)} \qquad (4-32)$$

上式为二项 Logit 模型，如果应用到多项 Logit 模型中，则上式可写为：$P_i=exp(V_i)\Big/\sum_{i=1}^{j}exp(V_i)$，在 Logit 模型中根据用户效用最大化原理可以得出出行者的相对效用目标函数为：

$$IN\frac{P_j}{P_i}=V=\beta_{time}T+\beta_{cost}C+\alpha_{other} \qquad (4-33)$$

式中：β_{time}——时间系数，表示增加单位出行时间效用函数的变化量；

T——总耗时；

β_{cost}——费用系数，表示增加单位出行费用效用函数的变化量；

C——出行费用；

α_{other}——除出行时间、费用外其他影响因素对出行方式效用函数的贡献值。为效用函数中不可观测的部分。

出行时间节省价值等于相对效用函数中的时间系数除以价值系数：

$$Vot = \beta_{time}/\beta_{cost} \tag{4-34}$$

（2）参数的选取标定问题

在完成模型构建并且获取调查数据以后，要用到软件进行参数标定计算结果。此时运输方式作为因变量，自变量是会对结果造成影响的因素，以常规公交为参考对象，自变量根据显著性水平选取。

前面列举过影响居民出行效用 U 除了时间项和费用项之外还包括其他影响因素 α_{other}，除了各选择枝的特性之外还受到出行者个人特性影响，这些因素可以通过出行者对各种交通方式出行选择的判断体现。其他因素效用函数为：

$$\alpha_{other} = \theta_1 X_1 + \theta_2 X_2 + \cdots + \theta_k X_k \tag{4-35}$$

式中：X_1、X_2……X_k——个人和交通方式的特性向量；

θ_1、θ_2…θ_k——待标定的参数向量。

当个人和交通方式的特性向量不同，则 α_{other} 也会不同，但是每个出行者到达同样地点的效用值 U 是一定的，从而会造成 β_{time}、β_{cost} 的不同，再由上方的计算公式（2-15）可以知道：时间价值是 β_{time}、β_{cost} 的比值，因而当个人和交通方式的特性向量发生变化时，所测算的 Vot 也会受到影响发生变化，在考虑多种因素作用下所测算的结果比较符合实际情况，也更加准确。

（3）测算结果的准确性问题

非工作出行的时间价值的测算结果与预期的有所偏离，因为非工作出行虽然会缩短出行时间但是节省的时间没有去用作生产，因此非工作生产出行约为工作出行时间价值的 0.15~0.5，由于各种活动及其时间消费是同时发生的，不同的取值根据其进行的活动价值相关。同时，效用不仅仅是货币表现，当出行者由于节省出行时间而带来愉悦感后其出行产生了正效用，反之，出行带来的满意感较低时就会带来负效用。

模型的求解过程为首先定义效用函数，然后确定选择方式的集合，并且定义特性变量，第三步开始准备调查的数据之后编写似然函数去估计参数，参数的准确

度可以根据 $t_k = \overline{\theta}/\sqrt{v_k}$ 确定。如果 $t_k \leqslant 1.96$ 则返回至定义效用函数重新开始；如果 $t_k \geqslant 1.96$ 则可以带入函数测算结果。参数的准确度直接关系到最后测算结果的准确性，在进行标定时必须要满足上式的约束。

4.6.5.3 基于供求属性的居民出行方式选择分析

供需属性影响到一个城市的居民出行习惯，出行习惯直接影响到居民的时间节省价值，根据供需属性对时间价值的影响可以为决策者制定道路管理方案、调控公共交通票价提供科学依据。

4.6.5.3.1 供给属性对出行方式选择的影响

供给属性指的是居民出行时外部环境所带来的特征，是出行者无法直接控制的因素。一般供给属性指交通方式的服务水平，包括出行方式的费用、运行时间、方便性、舒适性、准时性、安全性等。出行者常选择出行效用最大的出行方式，会对各运输方式的供给属性做对比从而做出决定。

（1）出行费用

我国居民收入水平参差不齐，是否能够承担起出行费用是居民出行考虑的一个重要因素，费用的高低常常与服务水平的高低成正比关系。

讨论一种出行方式费用的变化对出行量的影响程度常用费用弹性的概念。一般情况下某种交通方式的成本费用降低，其乘客人数就会增多，但是在不同的地区由于发展水平不同，出行费用的改变会导致各种交通方式乘客数量变化的程度不同。在描述这种变化程度时秦萍[199]提出使用弹性理论的观点。费用弹性是指运量变化的百分比除以费用变化的百分比。假设其他因素不变，则费用弹性 $\beta = (\Delta Q/Q)/(\Delta P/P)$，$\beta$ 表示费用弹性；Q 表示运输量；ΔQ 表示运输量的变化量；P 表示出行费用，ΔP 表示出行费用的变化量。

费用弹性的大小表示运量对于费用变化的敏感程度，一般在高收入水平地区出行者对于出行费用的承受能力越高，其值相对较小。如果费用弹性的绝对值小于1，即当成本费用发生一定的变动时，相应的出行方式乘客量变动百分比小于费用变动百分比。

（2）出行时间

在一些地区费用高，但是能节省出行时间的话还是会有很多乘客愿意牺牲时间价值而选择。在控制其他条件不变的情况下缩短出行时间，乘客会获得更大的效益，选择的概率就越大；否则选择的概率就越小。在不同地区居民的时间价值不同，出行时间的变化导致客流量变化的程度也不同。与出行费用相似可以利用时间弹性来讨论出行时间变化对于影响客流量变化的幅度。出行时间弹性等于

$\delta=(\Delta Q/Q)/(\Delta T/T)$，$\delta$ 表示时间弹性；ΔQ 表示乘客量变化值；Q 表示总乘客量；ΔT 表示时间变化量；T 表示总出行时间。

与费用弹性一样，如果时间弹性的绝对值大于 1 则表示出行者对出行时间这一因素更加看重，当时间变动一定百分比时，乘客量的相应变动百分比要大于时间的变动百分比。如果时间弹性小于 1 则表示出行者对时间不怎么看重。

（3）出行方式准时性

在当今快节奏的生活时代下，人们的时间观念日益增强，乘客在出行时选择时对准时性属性的重视程度也随之加强。乘客选择准时性高的出行方式，这样对于高收入者来说能够创造高多的价值，远多于为了节省时间而付出的费用，同时也可以避免其出行发生特殊状况的概率。准时性越高会是出行者无须浪费的时间更少，节约的时间成本就越高。

（4）出行方式的舒适性

舒适性受到在途时间座位的舒适程度、运输工具人均占用空间、运输工具行驶的平稳性、相关生活服务设施使用的便利性等因素的影响。

4.6.5.3.2 需求属性对出行方式选择的影响

需求属性是从出行者自身因素出发来考虑出行方式的选择问题，影响出行者效益的自身因素很多，本书只讨论居民收入、出行目的这两个主要影响因素。

（1）居民收入状况

出行者的收入水平是影响出行者选择交通方式的直接原因之一，高收入者更加注重时间价值及舒适性等方面而偏向于私家车和出租车；相反，低收入者节省下来的时间也不足与为节省下来的时间而付出的价值做出补偿，这样的情况可从 2018 年平顶山市出行 OD 调查数据中得到体现。如下表是 2018 年平顶山市居民收入水平对应的出行方式比例：

表 4-17 平顶山市居民 2018 年出行方式比例

交通方式	收入水平				
	<2000	2000-3000	3000-4000	4000-5000	>60000
步行	32.7	29.6	21.0	22.4	11.4
自行车	27.6	20.9	20.3	22.1	11.9
电动车	12.7	15.9	18.1	12.5	4.1
私家车	0.4	0.8	5.2	14.3	27.5
出租车	0.7	2.3	4.3	13.7	28.8
公交车	15.1	19.1	9.8	9.2	8.0

续表

交通方式	收入水平				
	<2000	2000–3000	3000–4000	4000–5000	>60000
地铁	6.4	7.3	9.2	7.7	5.3
其他	1.6	1.1	1.2	0.7	1.5

不难看出收入水平越高，私家车和出租车这样的舒适性高、准时性高、可达性高的出行方式比例在增加，而公交出行和非机动车出行选择概率在不断降低。这是因为单位时间收入越高其时间价值越高，对于出行时间过长带来的负面影响比较关心；而处于收入低层的旅客，往往不怎么在乎出行时间，即使节省下来的时间也无法弥补票价的差距。

（2）城市居民出行目的

出行者的日常出行目的可以划分为多种，如购物、娱乐、上班、看病、上学、访友等，这些出行都带有一定的目的性，根据这些目的的强烈性而选择不同的出行方式，也就是说出行者为了实现各种目的而选择了各种出行方式的出行。

不同的出行目的表现为不同的出行需求，不同的出行需求对出行的经济型、安全性、舒适性等方面的要求也不同。在《基于SP调查的行为时间价值研究》引用了我国一些主要城市的出行目的如下表：

表4-18 我国主要城市出行目的比例

	北京	佛山	广州	杭州
上班	20.1	23.1	19.2	20.1
上学	7.6	6.9	8.0	8.3
回家	48.5	34.9	43.6	34.2
生活	13.1	11.0	21.4	8.3
娱乐	4.2	6.9	3.8	2.8
业务	3.5	7.0	2.9	2.9
其他	3.7	2.0	1.9	8.6

赵伟涛研究得出结论不同的出行目的其时间价值也有高低，在以出行目的为因变量时通过SPSS拟合出来的参数计算出各目的时间价值。

4.6.5.4 出行时间节省价值测算模型设计

4.6.5.4.1 理论依据

不同的出行者在出行过程中时间价值不同，在本研究中讨论的时间节省价值是指出行者节省的时间折算在工作、娱乐等活动中所能带来的效益，当今社会很多人愿意为了节省更多的出行时间而额外支付费用，根据消费者行为理论，决定其消费规模的大小取决于本人的偏好，偏好不同其消费的意愿和程度也不同，这种偏好可以用"效用"来描述，效用反应的个人在主观意识上获得的满足感，同一种活动其效用的大小因人而异。对于消费者来说时间节省价值是一种机会效益，无法准确对其定量计算，假定人民进行的各种活动如生产工作、娱乐消费等均可以构成一个效用函数，生产和消费的组合不同也会造成效用值的变化，可以依据这一理论来确定各出行方式的时间节省价值。

将效用最大化理论应用于城市居民出行决策的研究可以对居民出行时间节省价值测算提供理论依据。

4.6.5.4.2 模型构建

为了能够综合考虑到各因素的影响，引入随机效用函数，为了方便研究在进行模型构造之前要完成以下几项假设：

出行者已经熟知各种出行方式的供给条件，并且在一定的约束条件下他们经过对比选择的出行方式对自己的效用一定是最大的。

对于出行者来说每选择一种出行方式 A_j 对应一个特定的效用 U_{iq}，其含义为满足出行者出行需求的程度，假定 U_{iq} 由两部分组成，一部分是出行方式属性中可测定的部分 V_{iq}，此部分为可测定属性的函数，第二部分是无法测定出来的 ε_{iq}，反映个人偏好和误差。

根据以上假定可构造出行者选择各交通方式的效用函数 $U_{iq}=V_{iq}+\varepsilon_{iq}$。

出行者根据效用函数的大小进行交通方式选择，效用函数值越大，则被选概率越大。根据基本假定，如果某出行者选择选择1而不选择选择2，则有：$U_1>U_2$，即 $V_1+\varepsilon_1 \geqslant V_2+\varepsilon_2 \Rightarrow \varepsilon_2 \quad V_1-V_2 \quad \varepsilon_1$。用概率表示为

$$P_1=P(U_1>U_2)=P(V_1+\varepsilon_1>V_2+\varepsilon_2) \\ =P(\varepsilon_2<V_1-V_2<\varepsilon_1) \tag{4-36}$$

对于随机变量 ε 取不同的值将会产生不同的概率选择模型，出行者 q 选择 i 类出行方式的概率为：

$$P_{iq}=\frac{\exp(\mu V_{iq})}{\sum_{j=1}^{n}\exp(V_{jq})} \tag{4-37}$$

其中 n 表示出行者可以选择出行方式的种类，μ 是任意的，通常赋值为 1。

假设某中小城市共有 5 种交通出行方式，分别为私家车出行（i=1）、网约车出行（i=2）、出租车出行（i=3）、轨道交通出行（i=4）、常规公交出行（i=5），将城市居民常选择的公共交通出行作为参考方式，由公式（4-6）得知各交通方式的选择概率计算方法，因此可以得出各交通方式的相对效用值的推导过程为：

$$\Delta V = \ln\frac{P_x}{P_y} = \ln(P_x) - \ln(P_y) = \ln(e^{V_x}) - \ln(\sum_{j=1}^{n}e^{V_j}) - \ln(e^{V_y}) \\ + \ln(\sum_{j=1}^{n}e^{V_j}) = \ln(e^{V_x}) - \ln(e^{V_y}) = V_x - V_y \tag{4-38}$$

由之前内容可以得知效用函数为：

$$V_i = \beta_i + \beta_{time}T_i + \beta_{cost}C_i + \sum_{k=1}^{n}\beta_k * X_k \tag{4-39}$$

则各方式相对于公共交通的相对效用为：

$$ln\frac{P_1}{P_5} = V_1 = \beta_{10} + \beta_{time1}T_1 + \beta_{cost1}C_1 + \sum_{k=1}^{m}\beta_{1k} * x_{1k}$$

$$ln\frac{P_2}{P_5} = V_2 = \beta_{20} + \beta_{time2}T_2 + \beta_{cost2}C_2 + \sum_{k=1}^{m}\beta_{2k} * x_{2k}$$

$$ln\frac{P_3}{P_5} = V_3 = \beta_{30} + \beta_{time3}T_3 + \beta_{cost3}C_3 + \sum_{k=1}^{m}\beta_{3k} * x_{3k}$$

$$ln\frac{P_4}{P_5} = V_4 = \beta_{40} + \beta_{time4}T_4 + \beta_{cost4}C_4 + \sum_{k=1}^{m}\beta_{4k} * x_{4k}$$

式中：β_{10}、β_{20}、β_{30}、β_{40}——效用函数中的常量；

β_{time}、β_{cost}——效用函数中的时间和费用待估参数；

T、C——出行时间和费用；

$\sum_{k=1}^{m}\beta_{nk} * x_{nk}$——供给属性对出行效用的影响。

对于以上模型中的算法都是线性关系式，线性关系式中有多项因子，在此模型中影响因素这些因子都是自变量，包括出行时间和费用等等，而出行方式的选择是因变量，其选择概率的不同会随着各项因子不同而变化，但是可以利用调查的来的数据将模型的线行线性关系式中各自变量和出行方式选择这一因变量进行拟合，从而拟合出各因子与方式选择的关系参数，这些参数表示了对应的变量对因变量落在不同位置的效应,在同一个效用函数中同时考虑了时间和费用,明确说明了时间和费用之间可相互转化的关系,时间价值就是时间效应参数与费用效应参数的比值得来,故出行者选择私家车、网约车、出租车、轨道交通相对于常规公交的时间节省价值为:

$$Vot(1) = \frac{\partial V_1/\partial T_1}{\partial V_1/\partial C_1} = \frac{\beta_{time1}}{\beta_{cost1}} \qquad Vot(2) = \frac{\partial V_2/\partial T_2}{\partial V_2/\partial C_2} = \frac{\beta_{time2}}{\beta_{cost2}}$$

$$Vot(3) = \frac{\partial V_3/\partial T_3}{\partial V_3/\partial C_3} = \frac{\beta_{time3}}{\beta_{cost3}} \qquad Vot(4) = \frac{\partial V_4/\partial T_4}{\partial V_4/\partial C_4} = \frac{\beta_{time4}}{\beta_{cost4}}$$

4.6.5.4.3 特性变量

城市居民出行时间节省价值受多因素影响,这些因素即为因变量,由于模型的各交通方式选择概率只与出行方式的效用差有关,所以各变量的选取要能够使效用差发生变化才有意义。

对于私家车出行者与公交车出行者,影响两者选择的主要因素最重要的是有无小汽车,年龄因素会限制很大一部分人放弃小汽车出行,此外还受收入水平、通达性、出行距离的影响,则可以据此得出除出行时间和出行费用以外的效用影响结果 $=\beta_{car\_own}x_{car\_own}+\beta_{old}x_{old}+\beta_{income}x_{income}+\beta_{distance}x_{distance}+\beta_{通达}x_{通达}$。

网约车对比公交车,更多的年轻人青睐于网约车的出行,而年纪较大者很少使用网约车出行;此外网约车相对于公交车优越在可以得知准确的到达时间,也能够准确到达目的地,而非是公交站点一样固定,可以据此得出除出行时间和出行费用以外的效用影响结果 $=\beta_{old}x_{old}+\beta_{通达}x_{通达}+\beta_{通达}x_{通达}$。

出租车作为公交公司的运营形式的一种补充,弥补了公交车通达性较差的缺点,但是其费用也是公交车的好几倍,对于低收入者选择的概率很小,此外很多公交车无法到达的远距离出行者会选择出租车,据此得出其他因素效用影响结果 $=\beta_{income}x_{income}+\beta_{通达}x_{通达}+\beta_{通达}x_{通达}+\beta_{distance}x_{distance}$。

轨道交通与常规公交同属于公共交通系统,但是与常规公交相比有许多其他特点,轨道交通独自占据一条线路,不受社会车辆干扰,因此准时性较高,但是新建轨道交通的城市往往只有少数线路,通达性就较差,但是行驶速度快往往会得到远距离出行者的青睐,由此影响结果 $=\beta_{通达}x_{通达}+\beta_{通达}x_{通达}+\beta_{distance}x_{distance}$。

以上各式中 β 均代表的是其他变量的待估参数,x 表示的是其他变量的变量值。

表 4-19　各交通方式相对于公交所考虑因素

方式 变量	私家车出行	网约车出行	出租车出行	轨道交通出行
出行时间	√	√	√	√
出行费用	√	√	√	
年龄	√	√		
收入水平	√			
准时性		√		√
通达性	√	√	√	
舒适性			√	
出行距离	√		√	√

以上从供给和需求两个方面分析了出行者出行方式选择的影响因素。在供给属性中对于出行费用和时间用到了费用弹性和时间弹性的概念，量化出来了两者的变化对于出行方式选择的影响，且利用其量化结果为城市交通决策提出了建议，而对于无法量化的因素做出了简单的分析。在需求属性中着重分析收入水平和出行目的对交通方式选择的影响，并列举了国内城市的调查例子，简要分析两者是如何影响出行方式的占比。

4.6.5.5　城市居民出行时间节省价值测算及应用研究

4.6.5.1　问卷调查

由于涉及平顶山市未修建轨道交通，因此采用 SP 调查。调查人员根据研究内容的需要有目的地设置交通出行方式种类及交通工具的服务水平，可以预测新建交通出行方式运营初期的客流及交通变化情况。从一个受访者处可以获得多个调查方案的基础数据，在保证有效数据充足的情况下减少调查工作量。但是 SP 也有自身的缺点，如若受访者在未来的实际出行活动和所回答的情况不一致，这样就会产生偏差。

假如未来平顶山市完成轨道交通的修建，有以下两类公共交通方式，可以根据出行者会选择哪一类从而得出相应的调查数据为之后的数据标定做准备：

4 交通方式划分预测

表 4-20 出行选择 1

	◎传统公交		◎轨道交通
票价	1 元	票价	3 元
行驶时间	30-40 分钟	行驶时间	10-20 分钟
到达车站步行时间	5 分钟	到达车站步行时间	10 分钟
等车时间	至少 10 分钟	等车时间	准确 5 分钟

（注：调查者为经常坐公交车的出行者）

表 4-21 出行选择 2

	◎传统公交		◎轨道交通
票价	1 元	票价	5 元
行驶时间	60 分钟	行驶时间	30-40 分钟
到达车站步行时间	5 分钟	到达车站步行时间	10 分钟
拥挤程度	拥挤	拥挤程度	一般

表 4-22 出行选择 3

	◎传统公交		◎轨道交通
票价	1 元	票价	5 元
行驶时间	40 分钟	行驶时间	20 分钟
到达车站步行时间	5 分钟	到达车站步行时间	10 分钟
是否需要换乘	否	拥挤程度	是

除了以上问卷之外还应包括出行者目前的个体属性，出行属性，方式属性的调查。根据其现在的实际出行情况调查的数据可以用作其余出行方式的测算基础。本次设计具体调查问卷见下图。

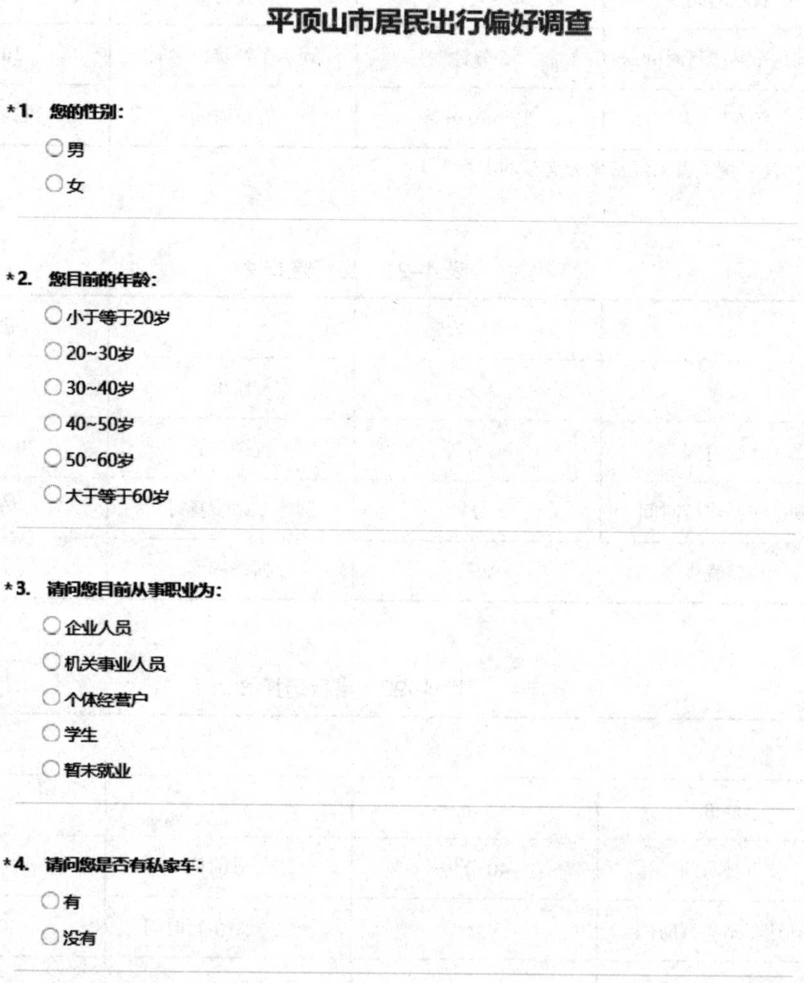

平顶山市居民出行偏好调查

*1. 您的性别：
○ 男
○ 女

*2. 您目前的年龄：
○ 小于等于20岁
○ 20~30岁
○ 30~40岁
○ 40~50岁
○ 50~60岁
○ 大于等于60岁

*3. 请问您目前从事职业为：
○ 企业人员
○ 机关事业人员
○ 个体经营户
○ 学生
○ 暂未就业

*4. 请问您是否有私家车：
○ 有
○ 没有

图 4-12　个体属性调查问卷

4 交通方式划分预测

*5. 请问您今天某一次出行的目的是什么:
○ 工作
○ 上学
○ 访友
○ 公务或业务
○ 购物
○ 娱乐或就餐

*6. 请问您本次出行的距离在哪个区间内:
○ 小于3公里
○ 3~6公里
○ 6~9公里
○ 9~12公里
○ 大于12公里

*7. 请问您本次出行的费用或者票价为多少元

*8. 请问您本次出行的时间为多少分钟

图 4-13　出行属性调查问卷

*9. 请问您本次出行的交通工具是什么
○ 私家车
○ 出租车
○ 网约车
○ 公交车

*10. 您认为乘坐的交通工具舒适感如何:
○ 不舒适
○ 一般
○ 比较舒适

*11. 请问您乘坐的交通工具到达时间准确吗:
○ 不准时
○ 一般
○ 比较准时

*12. 请问您本次乘坐的交通工具通达性好吗?是否还需要换乘其他工具或者线路。
○ 比较差；步行时间较久；需要额外换乘
○ 一般；步行距离适中；偶尔需要换乘
○ 比较好；步行距离很少；基本无需换乘

图 4-14　方式属性调查问卷

111

*13. 假如未来平顶山市修建轨道交通系统，请根据个人喜好，在以下每道题的两种选项中选出一种
　　○ 传统公交：票价1元；行驶时间30~40分钟；到达车站步行时间5分钟；等车10分钟
　　○ 轨道交通：票价3元；行驶时间10~20分钟；到达车站步行时间10分钟；等车5分钟

*14. 假如未来平顶山市修建轨道交通系统，请根据个人喜好，在以下每道题的两个选项中选出一种
　　○ 传统公交：票价1元；行驶时间50分钟；到达车站步行时间5分钟；车内较拥挤
　　○ 轨道交通：票价5元；行驶时间25分钟；到达车站步行时间10分钟；车内较松散

*15. 假如未来平顶山市修建轨道交通系统，请根据个人喜好，在以下每道题的两个选项中选出一种
　　○ 传统公交：票价1元；行驶时间40分钟；到达车站步行时间5分钟；下车后步行5分钟
　　○ 轨道交通：票价4元；行驶时间15分钟；到达车站步行时间10分钟；下车后步行10分钟

图 4-15　偏好选择调查

本次调查问卷制作完成后利用问卷星制作成网上问卷分发给平顶山市居民，一旦居民完成调查问卷后，问卷星后台将接收到具体的数据，本次调查文件开放时间为 2020 年 4 月 28 日到 5 月 2 日，共回收到调查问卷 178 份通过问卷星回收来的各项统计指标如下图：

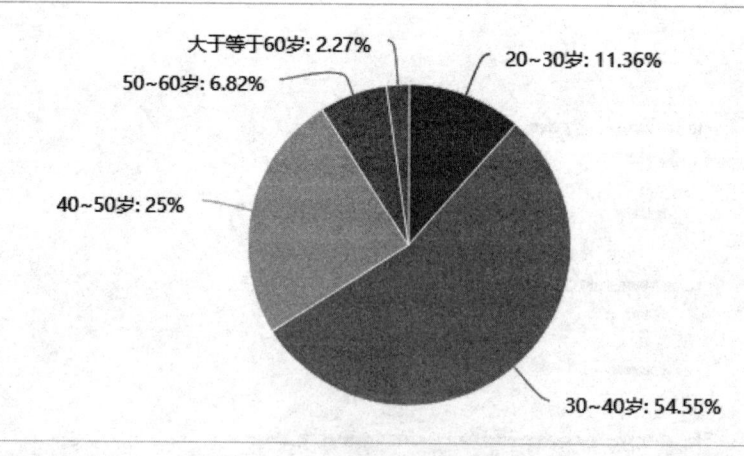

图 4-16　调查者年龄比例

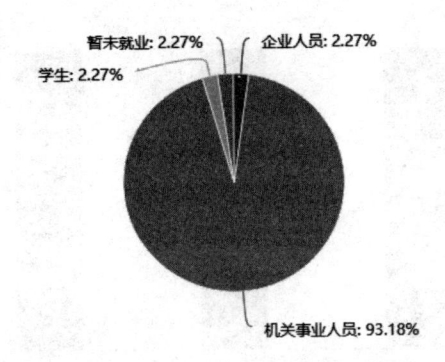

图 4-17　调查者工作组成

受访者主要为机关事业人员，由于特殊原因目前复工的单位不多且很多企业人员基本没有复工，学生也没有返校，所以机关事业单位的工作人员占据了受访者的绝大部分。

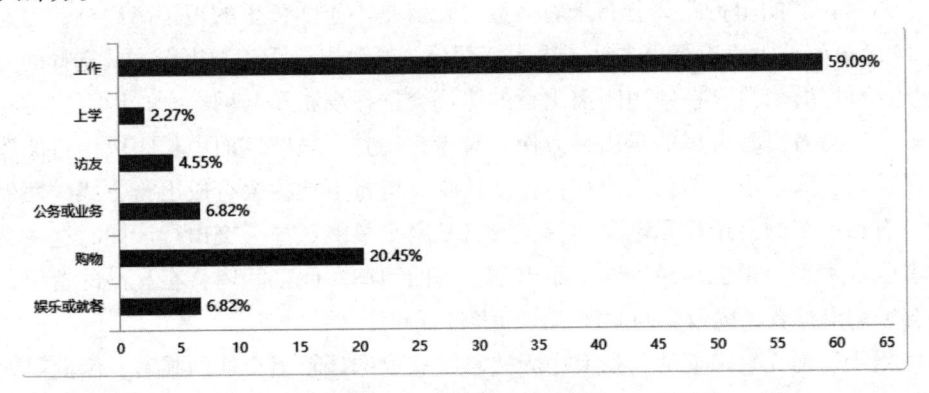

图 4-18　受访者出行目的

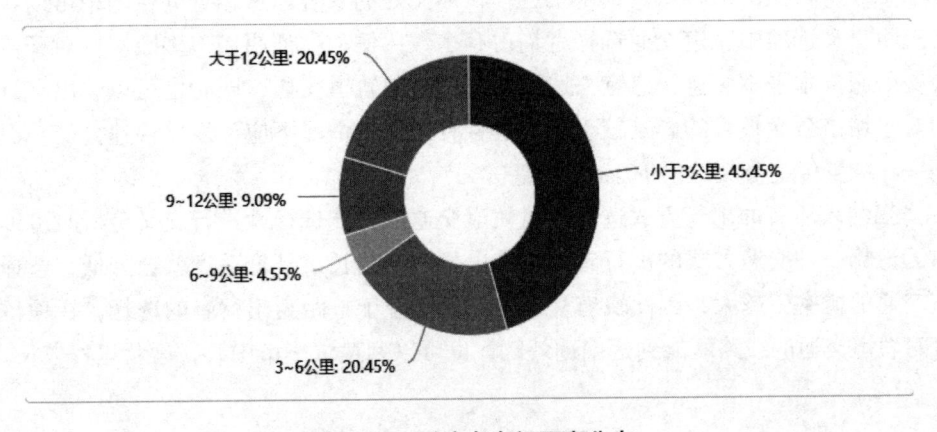

图 4-19　受访者出行距离分布

现代交通需求预测理论与模型研究综述

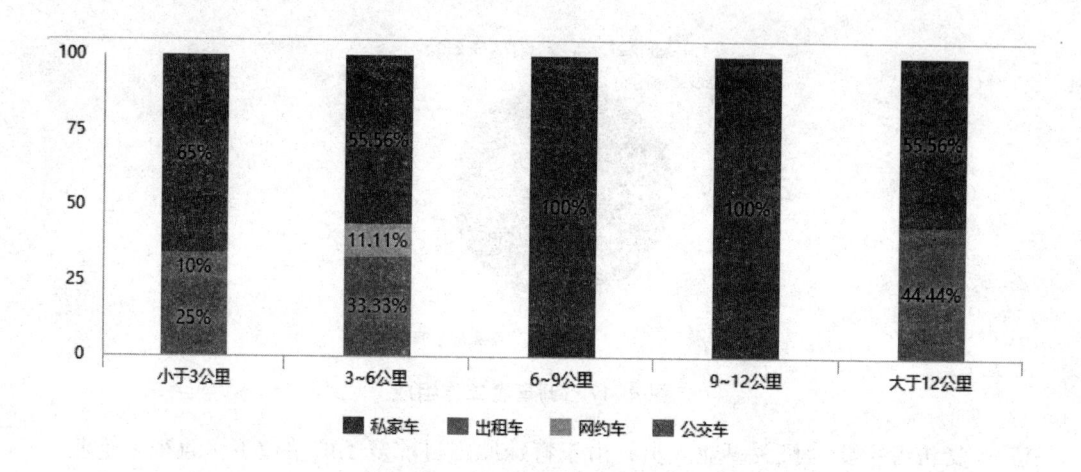

图 4-20　受访者出行距离与方式选择交叉分布

从受访者的出行距离分布来看多数出行者是小于3公里的短距离出行，但是大于12公里的长距离出行也占据了很大一部分，通过出行距离与出行方式选择的交叉分析，可以看出只有在中短距离出行的居民会选择出租车与网约车，因为出行距离较短，出行者更多考虑的是出行方便，对于费用并不敏感，而中长距离出行的居民只是选择私家车出行与公交出行，在中长距离出行下往往会行成出行方式的两极分化，有私家车的会选择私家车出行，没有私家车只能选择公交出行。同时这两类出行者收入水平差距也是最大的，而出租车与网约车在此区间内会有高昂的费用，往往会影响出行者的决策。因此没有出行者选择。

由于目前无轨道交通，研究中无法直接获取选择轨道交通的乘客，因此需要将一部分公交乘客演化成轨道交通的乘客，可以把调查数据中表现出对传统公交的服务水平评价较低的乘客认定为未来选择轨道交通的乘客。从调查分析图中可以看出在三组交叉选项中轨道交通选择者均占有多数比例，这证明城市多数居民对于传统公交的服务水平不满意，愿意去选择费用稍高的轨道交通，同时也可以看出出行费用对于城市公交乘客的影响较小，决策者有条件的情况下应该发展快速公交，而不是一味减少传统公交的票价。

当纳入所有的出行方式选择者对轨道交通的可能选择性进行交叉分析时可以看出无论哪一种交通方式的出行者，随着出行距离越长，其舒适度就会降低，选择轨道交通的概率就越大，因此轨道交通往往更适合于长距离出行者的选择，在项目决策时轨道交通的线路既能到达偏远郊区，也可以到达繁华市中心，运营里程较长。

4 交通方式划分预测

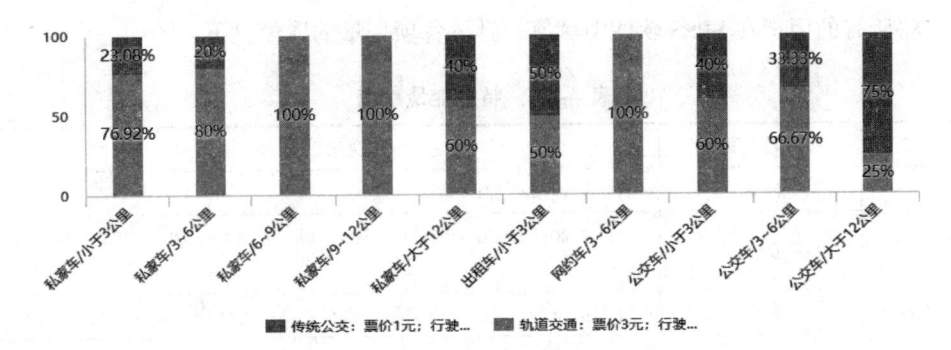

图 4-21 出行距离与选择交叉分析

而将舒适度进行交叉分析时可以看出在乎舒适性的出行者会大多数选择轨道交通代替常规公交。

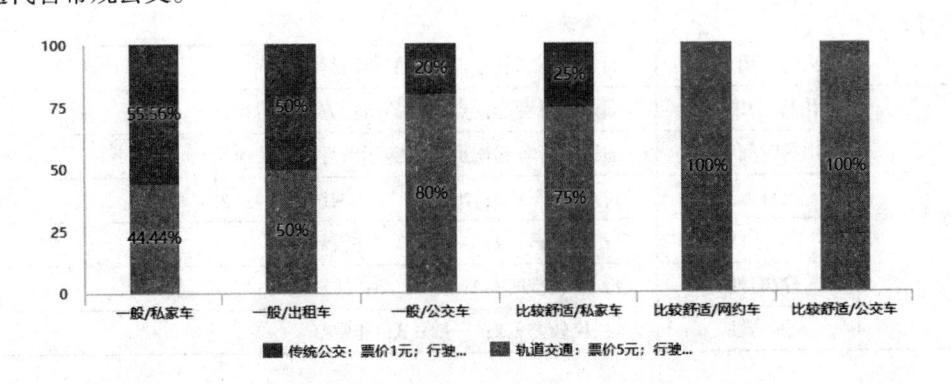

图 4-22 出行舒适性与选择交叉分析

本次调查问卷共回收 178 份，每一份都包含着受访者对各选项不同的偏好程度，不同的程度分别用数字代替，其输入结果如图：

图 4-23 变量输入

将所有的因素在SPSS软件中赋值，具体各项变量的取值见下 -1。

表 4-23　特性变量赋值

类别	变量名称	变量取值
个体属性	性别	1：男；2：女；
	年龄 / 岁	1：≤ 20；2：20 ~ 30；3：30 ~ 40；4：40 ~ 50；5：50 ~ 60；6：≥ 60
	职业	1：企业人员；2：机关事业人员；3：个体户；4：学生
	月收入 / 元	1：≤ 2000；2：2000 ~ 3000；3：3000 ~ 4000；4：4000 ~ 5000；5：5000 ~ 6000；6：大于等于 6000
	私家车持有情况	1：有；2：无；
出行属性	出行目的	1：工作；2：上学；3：访友；4：公务或业务；5：购物；6：娱乐或就餐；
	出行距离 /KM	通过出行者起讫点之间的距离得出
方式属性	出行费用 / 元	通过出行者起讫点之间的出行方式票价得出
	出行时间 /min	通过出行者起讫点之间实际出行时间的出
	出行方式	1：私家车；2：出租车；3：网约车；4：公交车；
	舒适性	1：不舒适；2：一般；3：比较舒适；
	准时性	1：不太准时；2：一般；3：比较准时；
	通达性	1：比较差；2：一般；3：非常好

将178份调查问卷的每一份调查问卷上信息与设置的变量数相对应依次输入SPSS表格中如下图所示：

1：性别　1.0

	性别	年龄	职业	月收入	私家车	出行目的	出行距离	出行费用	出行时间	出行方式	舒适性	准时性	通达性
1	1	1	1	1	2	2	1	1	3	4	1	1	2
2	2	3	2	5	1	1	1	1	2	1	3	3	2
3	2	1	3	1	2	2	2	1	4	4	1	1	2
4	1	4	4	3	1	1	1	1	3	4	1	2	3
5	1	2	3	4	1	4	1	3	2	3	2	3	3
6	2	2	1	2	2	5	1	2	1	2	2	2	3
7	2	6	1	3	2	5	2	1	3	4	1	2	1
8	1	2	2	2	2	3	1	3	3	2	2	2	3
9	1	3	3	6	1	1	3	3	4	1	3	3	3
10	2	4	4	5	1	3	2	2	3	1	3	2	3
11	2	3	4	6	2	4	2	3	2	3	3	2	3
12	1	4	3	4	1	5	3	1	1	1	2	3	3
13	1	1	2	1	2	2	2	1	2	4	1	2	2
14	2	3	1	4	2	5	1	2	3	3	3	2	3
15	2	1	2	1	2	2	1	1	3	4	1	2	1
16	1	2	3	1	2	2	3	1	4	4	1	2	1
17	1	3	4	5	1	4	2	2	3	1	2	3	3
18	2	4	3	5	1	3	2	3	4	2	2	1	2
19	2	3	2	6	1	1	2	2	3	1	2	3	1
20	1	6	1	3	1	5	1	1	2	3	2	1	3

图 4-24　调查数据输入

4.6.5.2 计算结果

本模型的求解常利用 SPSS 软件进行数据的拟合，在此软件内有多项 Logistic 回归可适用于本模型，在进行分析时将出行方式设为因变量，参考类别设为公共交通出行的赋值数，其余各影响因素作为协变量。之后进行拟合，得到各交通方式相对于公共交通出行所得出来的各项参数如下图所示：

出行方式[a]		B	标准误	Wald	df	显著水平	Exp(B)
私家车	截距	3.161	4.602	1.181	1	.000	
	月收入	.505	.725	1.164	1	.005	1.657
	出行距离	.166	.156	1.866	1	.061	1.181
	出行费用	-1.295	1.239	2.627	1	.003	.274
	出行时间	-.482	1.968	3.178	1	.005	.618
	舒适性	.652	.154	2.154	1	.003	1.919
	准时性	-.290	.772	6.287	1	.437	.748
	通达性	-.562	.436	1.657	1	.258	.570
	性别	-.375	.116	1.135	1	.150	.687
	年龄	-1.501	.057	1.275	1	.005	.223

图 4-25 居民出行方式选择分析参数（私家车 VS 公交）

出行方式[a]		B	标准误	Wald	df	显著水平	Exp(B)
出租车	截距	-7.168	6.563	13.578	1	.005	
	月收入	-.661	3.120	1.002	1	.008	.516
	出行距离	-1.404	.399	1.078	1	.738	.246
	出行费用	.336	3.536	1.537	1	.011	1.399
	出行时间	-.103	.033	.314	1	.002	.902
	舒适性	1.448	1.379	1.542	1	.007	4.255
	准时性	-.099	.397	2.555	1	.009	.906
	通达性	-.729	3.492	4.365	1	.095	.482
	性别	-.397	3.293	1.292	1	.002	.672
	年龄	.776	.332	1.168	1	.003	2.173

图 4-26 居民出行方式选择分析参数（出租车 VS 公交）

出行方式[a]		B	标准误	Wald	df	显著水平	Exp(B)
网约车	截距	-9.586	12.726	.047	1	.005	
	月收入	2.260	4.812	.924	1	.006	9.583
	出行距离	.754	5.721	2.737	1	.010	2.125
	出行费用	1.262	1.950	1.419	1	.009	3.532
	出行时间	-.386	.199	1.979	1	.004	.680
	舒适性	-1.015	1.240	2.497	1	.001	.362
	准时性	.461	.018	1.763	1	.001	1.586
	通达性	1.718	.824	1.749	1	.110	5.573
	性别	.726	3.776	.213	1	.012	2.067
	年龄	.764	6.537	.431	1	.001	2.147

图 4-27　居民出行方式选择分析参数（网约车 VS 公交）

出行方式[a]		B	标准误	Wald	df	显著水平	Exp(B)
轨道交通	截距	1.075	3.228	1.996	1	.000	.000
	月收入	.888	1.561	1.110	1	.080	2.430
	出行距离	.227	.820	2.030	1	.011	1.255
	出行费用	1.469	1.990	1.661	1	.010	4.345
	出行时间	-.191	.159	2.929	1	.014	.826
	舒适性	.567	.949	3.374	1	.020	1.763
	准时性	1.530	.627	1.782	1	.060	4.618
	通达性	-.823	.124	.357	1	.020	.439
	性别	-1.734	.226	.545	1	.110	.177
	年龄	-.409	.105	1.555	1	.140	.664

图 4-28　居民出行方式选择分析参数（网约车 VS 公交）

通过对以上表格拟合出来各参数进行分析可以看出出行时间均与效用为负相关，即出行时间越久各方式的选择概率就越低；而对于私家车而言收入水平与其呈正相关，随着收入水平的增加出行者选择私家车出行的概率在不断增加，此时出行者更注重交通方式所带来的服务水平。

根据以上的拟合表格可以得出：

$$\ln\frac{P_1}{P_5} = V_1 = 3.161 - 1.295C_1 - 0.482T_1 + 0.505x_{11} + 0.166x_{12} + 0.652x_{13} - 0.562x_{14}$$

$$\ln\frac{P_2}{P_5}=V_2=-7.168+0.336C_2-0.103T_2-0.661x_{21}-0.729x_{22}-0.099x_{23}$$

$$\ln\frac{P_3}{P_5}=V_3=-9.586+1.262C_3-0.386T_3+0.764x_{31}+0.461x_{32}+1.718x_{33}$$

$$\ln\frac{P_4}{P_5}=V_4=1.075+1.469C_4-0.191T_4+1.530x_{41}-0.823x_{42}+0.227x_{43}$$

根据之前所得出的时间节省价值计算公式计算各出行方式相对于公交出行的时间节省价值为：

$$Vot(1)=\frac{\partial V_1/\partial T_1}{\partial V_1/\partial C_1}=\frac{\beta_{time1}}{\beta_{cost1}}=\frac{0.482}{1.295}=0.372 元/\min=22.33 元/h$$

$$Vot(2)=\frac{\partial V_2/\partial T_2}{\partial V_2/\partial C_2}=\frac{\beta_{time2}}{\beta_{cost2}}=\frac{0.103}{0.336}=0.307 元/\min=18.41 元/h$$

$$Vot(3)=\frac{\partial V_3/\partial T_3}{\partial V_3/\partial C_3}=\frac{\beta_{time3}}{\beta_{cost3}}=\frac{0.386}{1.262}=0.306 元/\min=18.39 元/h$$

$$Vot(4)=\frac{\partial V_4/\partial T_4}{\partial V_4/\partial C_4}=\frac{\beta_{time4}}{\beta_{cost4}}=\frac{0.191}{1.469}=0.13 元/\min=7.6 元/h$$

对比分析结果可以看出私家车出行时间节省价值最高，由于其服务水平较高，而且出行者的收入水平也相对较高，从而使其测算结果过也最大，居民出行也更加偏向私家车出行。在未来如若需要对私家车制定限制管理决策可以从其时间节省价值角度出发，减少其经济效益以此产生影响来达到决策者的目的；出租车与网约车常常处于竞争状态，服务水平也相近，两者的时间节省价值基本一致，但是从各影响参数拟合的表格可以看出出行者对两种出行方式偏好选择侧重点不同，在两者的竞争中决策者也可以从时间节省价值角度出发，通过以上参数拟合表格分析出行者对各因素的敏感程度，从而做出改善使居民的时间节省价值得到提升，相应的出行方式选择概率也会随之提升。

4.6.5.3 模型验证

在利用 SPSS 标定出结果之后会得出各项检验指标用以检验精度，伪 R^2 检验选择行为模型的准确性，李晓伟在《多因素作用下旅客多模式交通出行时间节省价值测算与应用》提到其检验方法，即三项指标的值在 0 到 1 之间，其值越接近 1 则代表模型的精度越高，从下图中可以看出三项指标的统计量计算值分别为 0.926、0.996、0.978，可以看出本次建立的模型精度符合要求。

受访者共计 178 份调查数据，其中私家车出行占到绝大多数，共有 95 名受访者选择私家车出行；出租车与网约车在此时期内出行分担比例只占一小部分；选择轨道交通的数据基于公交车出行者的数据挑选的来，轨道交通的选择者必定是公共交通的忠实乘客，其次在调查回馈卷中对于公共交通的服务水平评价较低，并且在交叉选择时更加倾向于轨道交通出行。

在拟合过程中显示共有 4 份调查数据超出拟合范围，认为这 4 份调查数据为无效数据，其余 174 份调查数据为有效数据，有效调查占总数调查的 97.8%，有较高的可信度。

4.6.5.4 时间节省价值的应用——轻轨交通定价及分析

在我国的新建交通运输方式的定价中有一些学者基于时间节省价值的视角进行研究，为本此应用分析提供了经验，新建公共交通运输方式的票价可由既有的普通公交票价与出行时间节省价值之和确定，具体的计算公式如下：

$$P_{new} = P_{bus} + (T_{bus} - T_{new}) * VOT \quad (4-40)$$

式中：P_{new} ——新建交通方式的票价；

P_{bus} ——原始公交的票价；

T_{bus}、T_{new} ——原始公交和新建交通方式行驶一段距离的时间。

在我国修建地铁的城市往往是经济发展水平较高的地区，我国在最近几年也出台相应政策规定修建地铁的城市其政府年营收和 GDP 总量达到一定标准。在我国的呼和浩特市其已经修建完成并运营了地铁一号线，并且其 2018 年 GDP 总量为 2582亿人民币，较平顶山市 2018 年 GDP 总量的 2135.2 亿人民币更多一些，但是如若进行平顶山市轨道交通项目规划，到真正建设年份时平顶山也应该可以达到呼和浩特市目前的发展水平。所以为验证本研究方法的合理性将以呼和浩特与平顶山市的公交为参考进行说明。其中呼和浩特市地铁只有一号线，始发站为坝堰到伊利健康谷，贯穿了郊区与城市中心，一趟班次运行总长度为 23.3 公里，运行时间为 51 分钟，同样的距离在平顶山境内的公交线路有 66 路公交车，全长 22.7 公里，同样也是贯穿郊区与市中心，行驶时间为 77 分钟，将这些数据带入以上公式中：

$$P_{new} = 2 + (\frac{77}{60} - \frac{51}{60}) * 7.6 = 5.29 \text{元}$$

计算结果为一条 23 公里左右的线路全程票价为 5.29 元，而在呼和浩特市这一段距离的地铁票价为 2-6 元，进行对比误差率为 11.8%。

测算出来的结果与目前呼和浩特市轨道交通的票价相比较少，分析其原因主要是目前的平顶山市居民经济水平发展不及呼和浩特市，并且发展地位不如呼市，相应的时间节省价值也低于呼和浩特市，所以计算得出的结果比呼市的实际票价低廉也是合情合理，证明本研究测算的结果在新建运输方式定价中具有较好的应用性。通过计算得出的结果对平顶山市未来修建的轨道交通每公里定价为：

$$S=\frac{5.29}{23}=0.23 元/km$$

则未来的轨道交通票价可以利用乘客出行始末站之间的距离乘以票价得出。

此外时间节省价值可用作对平顶山市居民出行方式合理性判别，根据计算得出的单位时间节省价值换算成全年时间节省价值与出行者年收入水平进行比较，可以确定何等收入水平的居民出行决策的合理性。出行居民小时工资计算方法如下：

$$Vot(0)=\frac{Income}{T}$$

T为城镇居民年工作时间；$Vot(0)$为旅客小时工资。

假设一位居民一年工作天数为300天，每天工作时间记为9小时，则基于时间节省价值推算出来的居民年收入如下表所示：

表4-24 时间节省价值对应的出行者年收入

出行方式	每天工作天数/day	每天工作时间/h	时间节省价值/（元/h）	年收入/元
私家车	300	9	22.33	60291
网约车/公交车	300	9	18.41	49707

从上表可以看出，在城市多种交通方式下，居民年收入水平在49707元以下的居民选择公交出行较为合理；年收入水平在[49707,60291]元之间的居民在一定情况下适宜选择出租车/网约车出行，年收入水平在60291元以上的居民出行选择私家车较为合理。

4.6.6 出行行为特征分析研究案例

借鉴以上常规公交研究思路，笔者引入潜在类别回归模型，基于地铁使用者对地铁总体满意度、使用地铁意愿等因素，对其进行划分，并研究不同类型出行者使用地铁意愿等受到各类影响因素的异同是值得关注的问题。

近年来对地铁服务的研究大体包括地铁服务质量[200]、地铁满意度影响因素[201]、地铁出行忠诚度影响因素[202]、地铁出行频率影响因素[203]等方面。

分析研究现状，大部分研究认为地铁服务质量、满意度、出行忠诚度、出行频率等受到地铁服务特征的影响，但影响程度在各篇文章中却并不一致。而且大部分论文涉及的都是发达国家或地区的地铁，由于发展阶段的不同，发达国家的结论并不适用于我国[204]。

此外，出行者个体特征对地铁服务的评价有很大影响，将出行者当作一个整体进行分析会造成一定的偏误[205]，但分析现有关于地铁服务评价方面的文章，发现大部分论文在对地铁服务进行研究时没有考虑出行者统计学特征的影响（如性别、收入、工作性质、小汽车拥有情况等），部分研究虽然分析了出行者统计学特征的影响，但也仅仅选取个体因素。另一方面，出行者个体特征因素众多，如果简单选择其中一种因素对出行者进行划分显然随意性较大；但如果考虑所有特征因素，则由于分类随着特征因素的增加呈指数增长，也不切实际。因此如何科学地对地铁出行者进行划分，并在此基础上分析出行者个体特征的影响，是必须关注的问题。

综合考虑出行者对地铁的评价以及出行者使用地铁的行为，对出行者进行科学划分，分析影响出行者类别的因素；并在出行者划分的基础上，对各个类别的出行者进行比较分析，具有重要的现实意义。鉴于此，笔者利用潜在类别回归模型（latent class regression modeling）对出行者进行划分，分析影响地铁出行者类别划分的影响，并基于出行者类别划分，比较分析不同群组出行者使用地铁出行的影响因素。

4.6.6.1 潜在类别回归分析

潜在类别回归分析[206]是建立在概率分布与对数线性模型基础之上，引入因子分析与结构方程模型的思想而形成的。其基本假设是，对各外显变量各种反应的概率分布可以由少数互斥的潜在类别变量来解释，每种类别对各外显变量的反应选择都有特定的倾向。因此潜在类别回归分析使用潜在类别变量来解释外显的类别变量之间的关系，使得外变量之间的关系经过潜在类别变量估计后，能够维持其局部独立性。与传统的聚类分析等方法相比，潜在类别回归分析不需剔除变量，保证了外显变量反映的信息的完整度；根据模型拟合度选择分类数目，减少了人为因素的干扰；能够分析各种因素对分类的影响。

假定 J 为外显变量个数；N 为调查对象数量；K_j 为第 j 个外显变量的分类；Y_{ijk} 为虚拟变量，其中第 i 人（$i=1...N$）对第 j（$j=1...J$）个变量回答为 k（$k=1...K_j$）时为 1，否则为 0；R 为分类量，在模型估计前预先指定；π_{ijk} 为某一变量 j 在第 r 个类别（$r=1...R$）取值为 k 的类别-条件概率，$\sum_{k=1}^{K_j}\pi_{ijk}=1$；$p_r$ 为 r 类的概率，$\sum_r p_r =1$。

假定局部独立，则某人 i 对 J 个外显变量的每一个分别选择某一值的概率为：

$$f(Y_i;\pi_r)=\prod_{j=1}^{J}\prod_{k=1}^{K_i}\pi_{ijk}^{Y_{ijk}} \qquad (4-41)$$

所有分类的概率密度函数可表示为：

$$P(Y_i|\pi,p) = \sum_{r=1}^{R} p_r \prod_{j=1}^{J} \prod_{k=1}^{Ki} \pi_{ijk}^{Y_{ijk}} \qquad (4-42)$$

因此潜在分类模型需要估 p_r 计及 π_{ijk}。潜在分类模型使用期望 – 最大化方法，即最大化：

$$\log L = \sum_{i=1}^{N} \ln \sum_{r=1}^{R} p_r \prod_{j=1}^{J} \prod_{k=1}^{Ki} \pi_{ijk}^{Y_{ijk}} \qquad (4-43)$$

假定求得有 R 个分类，以类别 1 为基准，对于第 i 人，其属于类别 r（$r=1\ldots R$）的概率关系可表示为：

$$\ln\left(p_{ri}/p_{1i}\right) = X_i \beta_r \qquad (4-44)$$

其中 p_{ri}、 分别表示第 i 人属于类别 r 和类别 1 的概率。

因此，整体而言，第 i 人属于 r 的概率可表示为：

$$p_{ri} = \frac{e^{X_i \beta_r}}{\sum_{q=1}^{R} e^{X_i \beta_q}} \qquad (4-45)$$

4.6.6.2 问卷设计及调查

以往对于公共交通出行的研究，一般重点关注于总体满意度、使用公共交通意愿等因素。基于以上背景，为对使用地铁出行的出行者进行有效分类，并研究影响出行者类别划分的因素，笔者基于地铁使用者出行特征（即对地铁总体评价、使用地铁意愿）等显变量，利用潜在变量回归模型对出行者进行类别划分，并研究出行者个体特征对分类的影响。在划分出行者类别后，对于不同类别的出行者，利用 logit 回归研究总体满意度、使用地铁意愿的受到的影响因素影响程度的异同。

基于以上目的，调研问卷涉及的内容如下表所示：

表 4-25 地铁调查内容

类别	服务分项名称	水平	编码	符号
个体特征	性别	2	男；女	gender
	教育程度	3	高中及以下；大专；本科及以上	education
	私人小汽车	2	有；无	carownership
	月收入	3	<5000；5000–9999；≥10000	income

续表

类别	服务分项名称	水平	编码	符号
服务质量	可达性评价	5	1、2、3、4、5	accessibility_s
	价格评价	5	1、2、3、4、5	price_s
	速度评价	5	1、2、3、4、5	speed_s
	车站拥挤度评价	5	1、2、3、4、5	stationcong_s
	车内拥挤度评价	5	1、2、3、4、5	carcong_s
总体评价	总体满意度	5	1、2、3、4、5	satisf
使用意愿	推荐别人使用地铁	5	1、2、3、4、5	recommend
	优先选择地铁	5	1、2、3、4、5	preference
	每周乘坐地铁次数	4	≤1；2-5；6-10；≥11	frequency

调查于 2018 年 5 月在广州进行，共获得完整、有效数据 623 份，数据量较大，因此能够完整反应具有工作的出行者对地铁的评价、使用意愿等。

4.6.6.3 出行者类别划分

（1）地铁出行者类别划分

由于潜在变量回归模型需要设定分类数量，再从一系列分类数量中选择最优分类，因此分别设置分量数为 1、2、3、4 类。分类基于的显变量包括总体满意度、推荐别人使用地铁、优先选择地铁、每周乘坐地铁次数。通过模型分析，得到四个模型的拟合度指标 AIC、BIC、χ^2、G^2 如下表所示。

表 4-26　模型拟合优度检验结果

分类数	AIC	BIC	χ^2	G^2
1	5544.776	5611.295	4364.463	948.135
2	5062.496	5231.009	7032.595	610.616
3	4735.921	5006.428	2413.799	251.419
4	5537.997	5076.387	5377.013	879.121

AIC、BIC、χ^2、G^2 越小，表明模型拟合度越高。从表数据可以看出，将样本分为 3 个类别的拟合度最高，因此笔者根据潜在变量回归的指标结果将样本分为三类，得到具体划分依据如下表所示。

表 4-27　潜在类别划分依据

		class1	class2	class3
satisfaction	1	0.0115	0.0000	0.0000
	2	0.0604	0.0105	0.0000
	3	0.5945	0.2113	0.0347
	4	0.3212	0.7477	0.5653
	5	0.0124	0.0306	0.4000
recommend	1	0.0070	0.0000	0.0243
	2	0.0576	0.0000	0.0000
	3	0.8230	0.1433	0.0360
	4	0.0958	0.8469	0.1604
	5	0.0166	0.0098	0.7793
preference	1	0.0063	0.0000	0.0167
	2	0.0627	0.0063	0.0000
	3	0.7356	0.0493	0.0334
	4	0.1553	0.9406	0.0660
	5	0.0401	0.0038	0.8839
frequency	≤ 1	0.2060	0.1638	0.2658
	2–5	0.4431	0.4984	0.4553
	6–10	0.2295	0.1789	0.0981
	≥ 11	0.1215	0.1589	0.1808

对表数据进行对比分析，对于 class1 群体，satisfaction 中 3 比例最大、4 次之，recommend 中 3 最大，preference 中 3 最大、4 次之；对于 class2 群体，satisfaction 中 4 比例最大、3 次之，recommend 中 4 最大、3 次之，preference 中 4 最大；对于 class3 群体，satisfaction 中 4 比例最大、5 次之，recommend 中 5 最大、4 次之，preference 中 4 最大。此外，class1、class2 和 class3 的 frequency 的部分没有明显区别。

因此根据以上分析，将 class1、class2、class3 分别定义为中立乘客、满意乘客、忠诚乘客，三者所占全部样本的比重分别为 27.12%、57.74%、18.14%。

（2）地铁出行者类别划分影响因素

这一部分分析地铁出行者类别划分的影响因素，考虑的影响因素包括出行者个体特征（carownership、income、gender、education）和服务质量（accessibility_s、price_s、speed_s），由于地铁服务质量中 carcong_s 和 stationcong_s 随着时间而变化，因此未加入考虑中。以 class1（中立乘客）为基准，class2（满意乘客）、class3（忠诚乘客）与 class1 的概率的比值的 log 值的影响因素见下表。

表 4-28　出行者类别划分影响因素

	满意乘客	忠诚乘客
carownership	−0.830*	−0.469
	(−2.251)	(−0.809)
income	0.290	−0.213
	(1.190)	(−0.594)
gender	0.270	0.309
	(1.028)	(0.869)
education	0.332	0.497
	(1.610)	(1.617)
accessibility_s	1.026*	2.073*
	(4.084)	(7.146)
price_s	0.455*	1.102*
	(2.193)	(4.843)
speed_s	0.283	0.938*
	(1.415)	(3.413)
(Intercept)	−6.975*	−17.217*
	(−5.628)	(−9.111)

根据表 数据，在 95% 置信水平下，个体特征中，仅 carownership 对类别划分有影响，当出行者拥有车辆时，部分满意乘客将转变为中立乘客。服务质量中 accessibility_s、price_s、speed_s 均对类别划分有影响，其中 accessibility_s 影响最大，price_s 次之。出行者对于地铁车站可达性满意度越高，越有可能从中立乘客转变为满意乘客和忠诚乘客。根据公式（5）和表 数据，分析 carownership 和 accessibility_s 对分类的影响，可以得到对比图如图 4-29 和错误！未找到引用源。

从图 4-29 只可以看出，当出行者拥有私家车时，满意乘客的概率从 59% 减至 47%，忠诚乘客的概率从 17% 降低至 14%，而中立乘客的概率从 24% 增加至 39%。因此私家车拥有对出行者类别有巨大影响。

根据图 4-30，随着地铁可达性的提高，忠诚乘客的比重逐渐上升，中立乘客的比重逐渐下降。当可达性为1时（极差），忠诚乘客的比重不足1%，而中立乘客的比重为92%；当可达性为5时（极高），忠诚乘客的比重为54%，而中立乘客的比重仅为3%。由此可以见可达性会极大影响出行者的类别划分。

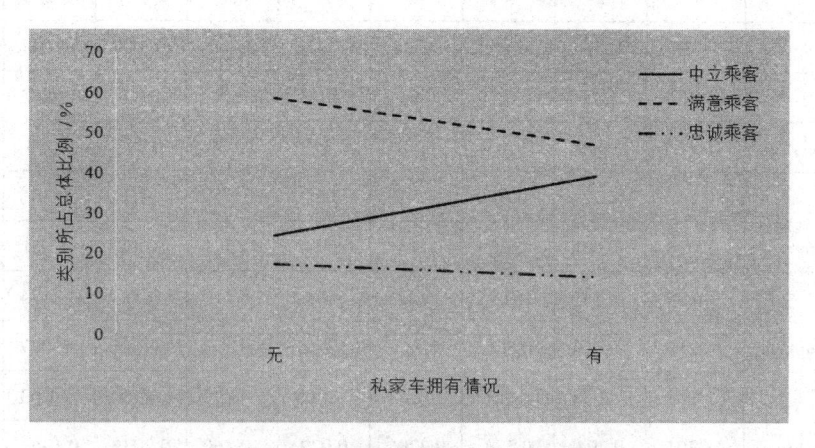

图 4-29 私家车拥有情况对分类的影响

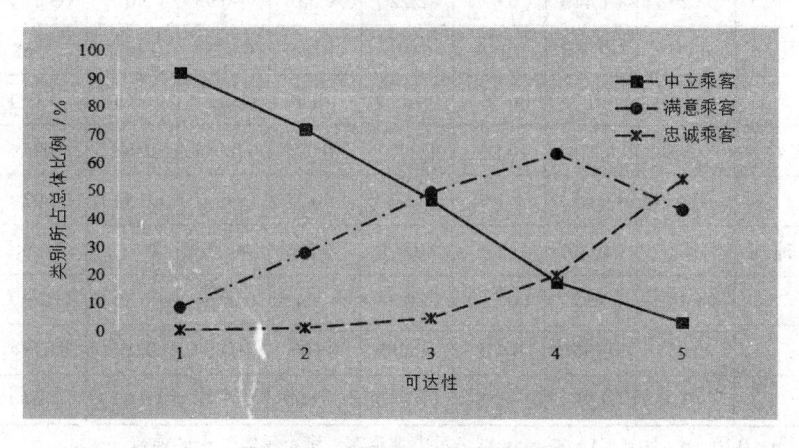

图 4-30 可达性对分类的影响

4.6.6.4 出行者出行行为影响因素分析

本节在出行者类别划分的基础上，分别分析地铁总体满意度、地铁使用意愿的影响因素。由于preference（优先选择地铁）中，满意乘客大部分为4，忠诚乘客绝大部分为5，因此不对preference进行分析。分析对class1（中立乘客）、class2（满意乘客）、class3（忠诚乘客）的recommend、frequency、satisfaction进行回归分析，得到数据见下表。

表 4-29 不同群组出行者地铁使用意图及满意度影响因素

	recommend			frequency			satisfaction		
	1	2	3	1	2	3	1	2	3
female	1.140	0.616+	−0.093	0.304	0.447*	0.460	0.088	−0.041	−0.108
	(0.90)	(1.87)	(−0.14)	(0.94)	(2.16)	(1.18)	(0.87)	(−0.82)	(−1.01)
carownership	0.063	1.049	16.404	−0.501	0.019	1.126	−0.242+	0.033	0.069
	(0.06)	(1.52)	(0.01)	(−1.13)	(0.05)	(1.51)	(−1.74)	(0.36)	(0.37)
income	−0.698	−0.045	−0.269	1.314*	0.697*	0.859*	0.068	−0.100*	−0.009
	(−0.90)	(−0.16)	(−0.45)	(3.22)	(3.64)	(2.71)	(0.71)	(−2.24)	(−0.09)
education	−0.281	−0.466	0.886	−0.713*	−1.022*	−0.399	−0.121	−0.077	−0.177
	(−0.38)	(−1.31)	(1.60)	(−2.87)	(−5.09)	(−0.92)	(−1.60)	(−1.63)	(−1.65)
accessibility_s	1.720*	0.394	0.474	0.370*	0.072	−0.260	0.203*	0.136*	0.209*
	(2.25)	(1.44)	(0.87)	(2.22)	(0.35)	(−0.95)	(3.07)	(3.37)	(2.72)
price_s	0.157	−0.058	0.106	0.026	−0.089	0.655*	0.261*	0.136*	0.028
	(0.29)	(−0.21)	(0.36)	(0.11)	(−0.50)	(3.12)	(3.46)	(3.19)	(0.53)
speed_s	0.546	0.214	−0.884	0.439+	−0.075	−0.044	0.042	0.095*	0.216*
	(0.86)	(0.65)	(−1.51)	(1.80)	(−0.37)	(−0.17)	(0.54)	(1.97)	(3.01)
stationcong_s	1.425	−0.070	0.295	−0.078	−0.233	−0.166	0.072	0.028	0.086
	(1.49)	(−0.29)	(0.71)	(−0.28)	(−1.42)	(−0.64)	(0.80)	(0.72)	(1.23)
carcong_s	−0.035	0.496*	0.432	−0.285	0.106	−0.308	0.058	0.076+	0.042
	(−0.04)	(1.98)	(1.12)	(−1.10)	(0.66)	(−1.18)	(0.69)	(1.94)	(0.63)

注:+ $p<0.10$, * $p<0.05$; 1、2、3 分别表示中立乘客、满意乘客、忠诚乘客

根据表数据, recommend (推荐别人使用地铁) 中, 对于中立乘客, 仅 accessibility_s 对 recommend 有影响 (1.720), 且数值较大, 即随着可达性的提高, 中立乘客倾向于推荐别人使用地铁出行。

frequency (每周乘坐地铁次数) 中, 中立乘客受 income、education、accessibility_s 的影响; 满意乘客受 income、female、education 影响; 忠诚乘客受 income、price_s 影响。随着月收入的增加, 中立乘客、满意乘客、忠诚乘客乘坐地铁频率均逐渐增加。随着教育的增加中立乘客和满意乘客使用地铁的频率逐渐减少。

可达性仅会中立乘客使用地铁频率有影响，随着可达性的提升，中立乘客使用地铁频率增加。

satisfaction（总体满意度）中，中立乘客受 accessibility_s、price_s 的影响；满意乘客受 income、accessibility_s、price_s、speed_s 的影响；忠诚乘客受 accessibility_s、speed_s 的影响。可达性对中立乘客、满意乘客和忠诚乘客均有显著影响，随着可达性的增加，三类出行者的满意度均提高；随着价格评价的提升，中立乘客和满意乘客的总体满意度提升。

通过潜在类别回归模型，发现地铁出行者可以划分为中立乘客、满意乘客、忠诚乘客三类群体。在个体特征中，仅小汽车拥有情况会对类别划分产生影响。在服务质量中，可达性评价、价格评价、速度评价会对类别划分产生影响，且可达性的影响最大。当出行者拥有私家车时，出行者更有可能成为从满意乘客转化为中立乘客。随着可达性评价、价格评价、速度评价的提高，中立乘客会转化为满意乘客和忠诚乘客。

对比分析三类群体中推荐别人使用地铁、每周乘坐地铁次数、总体满意度的影响因素，发现推荐别人使用地铁受可达性评价影响；每周乘坐地铁次数受月收入、教育程度、可达性的影响；总体满意度也受可达性、价格评价、速度评价等的影响。

4.7 区域多模式综合交通出行行为特征分析及方式划分研究

合理的客货运输方式划分，可以估计目前的运输资源是否被有效利用，为优化区域运输未来运输方式的结构提供科学的决策依据，也有助于从总体上较为真实、客观地把握未来区域运输内可能产生的交通运输负荷，以达到运输资源的合理配置。交通方式划分的集计模型和非集计模型同样适用于区域多模式综合交通出行行为特征分析及方式划分研究。

Aljarad 等[207]用非集计模型分析沙特拉伯－巴林运输通道内城间非工作出行的运输方式选择，提出了 BNL 模型和 MNL 模型。Bhat[208]对多伦多－蒙特利尔运输通道内工作日的工作出行进行了研究，并且将用于计算出行者对运输方式选择的 NL 模型进行了改进。Chang[209]将 Wardrop 原理应用到预测区域运输通道内各运输方式所占的市场份额计算，并针对韩国京釜通道内运输方式分别从用户最优和系统最优的角度对其所占市场份额做了预测。

马波涛、张于心等[210]运用Logit模型对高速铁路与航空客流之间分担率进行估计。王颖[211]提出人工神经网络客运量分担模型计算通道内各种运输方式的客运量分担率。四兵锋、高自友[212]提出了城市间多模式均衡配流模型，假定在多种运输方式的均衡状态下，O-D对不同运输方式的客流量满足Logit分离模型，并构造了相应的最优化模型；随后又提出了多模式交通条件下的合理制定旅客票价的双层规划模型[213]来描述城市间多模式交通条件下的用户选择行为。段国钦[214]利用多项Logit模型对客货运量分担率进行计算，并构造了与Logit模型等价的用户最优条件下的非线性数学规划模型。吴文娴[215]并用广义费用函数取代一般Logit分担率模型中的效用函数，从而导出可变权重的客流分担率模型。

东南大学王炜老师课题组依托国家自然科学基金面上项目《综合交通运输体系一体化交通分析技术》、国家自然科学基金重点项目《现代城市多模式公共交通系统基础理论与效能提升关键技术》、《基于系统耦合的城市道路交通网络规划理论研究》，对多模式综合交通系统基础理论及关键技术进行研究，取得了一系列标志性成果：李晓伟、王炜等[216]应用数理统计方法对比旅客区域多模式交通的平均出行距离、平均运行时间和平均出行费用以及旅客多模式交通出行的中转换乘与集散特征；分析比较了旅客多模式交通服务感知水平，包括安全性、舒适性、准时性等。黄蓉[217]针对中长距离城际出行旅客的出行方式选择行为展开了调查，综合考虑了城市对外出行的市内出行与市际出行两个过程，对其方式选择行为进行分析与研究。采用非集计模型描述旅客交通方式的选择机理。引入了广义费用概念，将交通工具的经济性、快速性、安全性、舒适性、准时性等因素进行量化，同时考虑旅客属性因素、出行特性因素与交通方式属性之间的交叉影响，获得旅客城际交通方式效用函数的改进模型，并使用南京市对外出行数据对模型构建过程进行描述并标定模型系数。华雪东、王炜[218][219]提出多模式交通系统下的合理出行方式结构，研究多模式交通网络的基本特性，从宏观的角度分析影响城市出行结构的因素，并从微观的角度提取出不同出行方式的交通特性与经济特性，对多模式交通系统下出行结构优化模型研究，从系统最优和用户最优两个角度构建出行消耗模型，提出了出行结构方式转移模型。项昀采用宏观、中观、微观相结合的方法对城市对外客运交通方式划分进行研究，首先从宏观上全面剖析社会经济因素对方式划分的影响，提出了基于随机森林法的城市对外客运交通量重要影响因素指标体系的构建方法，在考虑城市差异性基础上，通过聚类分析构建了基于神经网络的预测模型。其次，从中观视角分析了出行距离对方式划分的影响，分别建立了考虑不同出行时间、考虑不同类别城市的一系列基于出行距离的城市对外客运方式模型，深入分析了出行时间差异性与城市异质性对城市对外客运方式分担率的影响。接着采用深度学习法对出发城市至目的地城市的各方式分担率进行细化预测研究，考虑出行距离与出行时空异质性、交通方式供给水平和交通方式特性等因素对方式划分的影响，提出了基于交通出行和方式特征的城市对外客运方式划分预测模型，通过与同步构建的支持向量机模型进行对比，验证了模型预测精度。再次，从微观角度分析了个体出行行为对城市对外客运方式划分的影响，建立 MNL 模型、NL 模型分析个体出行特征及显著影响因素。最后，建立基于人工神经网络的城市对外客运交通方式选择模型。

5 交通分配预测

交通分配是把各种出行方式的空间 OD 量分配到具体的交通网络上，模拟出行者对出行路径的选择，已知道路交通网络、路段交通阻抗、OD 矩阵，求道路网络中各路段及交叉口的交通量及阻抗。其中：道路交通网络的有向图形式是交通网络的数学化描述；路段的阻抗包括路段行程时间、安全性、费用和舒适程度等，主要的是行程时间，也可以是包含各因素的综合阻抗；各种方式的 OD 矩阵由交通分布预测获取。

交通分配理论的发展经历了静态交通分配（Static Traffic Assignment，STA）理论研究和动态交通分配（Dynamic Traffic Assignment，DTA）理论研究两个阶段[220]。静态交通分配的 OD 矩阵为已知、且不随时间变化，把确定的 OD 矩阵分配到路网上。反映交通网络长期的平衡状态，主要在城市交通规划中发挥作用。经典的静态交通分配均衡模型遵循 Wardrop 均衡准则，即系统最优原则或用户均衡原则。Wardrop 均衡准则包含以下两个原理：Wardrop 第一原理是指在交通网络上，被出行者选择的线路比没有选择的线路的费用要小，满足该原理的交通流分配模型称用户均衡分配模型（User Equilibrium，UE）；而 Wardrop 第二原理则是使整个交通路网系统的出行时间最小，分配原则符合第二原理的模型为系统最优分配模型（System Optimization，SO）。典型的静态交通流分配模型有用户均衡模型、系统最优模型和随机用户均衡模型。在交通流控制和交通诱导中，均需要路网动态交通数据进行交通管理。动态交通分配过程考虑了随时间变化的交通需求，增加了时间变量，将基于路阻、流量的二维问题变成了三维的问题，更接近实际交通，能够反映将路网的时变性、拥挤性。动态交通流分配是在出行过程中，交通出行需求不是固定的，是时变的，在路网上进行交通需求的分配，来减少出行者的出行费用或路网系统的总费用。

本章首先对交通分配静态、动态预测模型国内外研究情况、交通阻抗函数研究情况进行综述，接着对经典的静态均衡、非均衡分配模型进行详细分析，最后对不同思想下的动态交通分配模型（数学规划模型、最优控制模型、变分不等式模型、仿真模型）进行综述基础上，对动态系统最优分配模型、动态用户最优分配模型的基础模型及国内研究代表性成果进行分析。

5.1 交通分配预测模型国内外研究综述

5.1.1 静态交通分配国内外研究综述

交通分配是将出行需求按一定的规则分配到道路交通网络中，从1952年Wardrop提出平衡原则至今，国内外对于STA理论的研究已近70年：Wardrop平衡原则包含两个部分：用户个人利益优先的用户平衡准则和整个交通网络总利益优先的系统最优准则，之后许多学者围绕原则和四阶段法进行了深入的探讨和研究，得到了许多丰硕的成果。

1956年，Bechmann等提出了求解静态均衡配流的数学规划模型，1975年，LeBlanc等将非线性规划中的Frank-Wolfe算法应用于求解Bechmann模型。1979年，Smith对走行时间函数的Jacobian矩阵正定时均衡解的存在且唯一性进行了证明。1972年，Dafermos[221]将同一交通网络中的用户进行分类，建立了多用户交通配流模型。1998年，Wong[222]将具有相同起点和终点的用户看成一类，提出了弹性需求下的连续平衡模型。2002年，Clark等[223]提出了一个基于可靠性灵敏度分析的随机用户均衡分配模型，Nagurney等[224]提出了一个多用户多准则弹性需求网络均衡模型。2003年，Enrique等[225]提出了一个预测城市间多模式交通流量供需平衡模型。2004年，Nie等[226]利用增广的Lagrangian乘子法与内罚函数法建立了具有路段约束能力的交通分配模型，并探讨了求解。Garcia[227]、Ran等[228]通过变分不等式建立新型的动态用户最优模型。

随着模型的改进和完善，对应的求解算法也不断进步。1995年，Yang[229]将最小二乘法用于双层分配模型求解。2003年，Bar-Gera和Boyce[230]提出了使用不动点问题描述一般的组合模型，并给出基于起点的算法求解该模型。2006年，Codina[231]提出求解交通网络中调整OD矩阵的思路：改进上层规划的最速下降方向；求解一系列简化的双层规划模型。

目前国内静态交通分配模型研究主要集中于模型构建、求解算法优化、模型应用等方面。

模型构建方面：1989年，王炜[232]提出了多路径交通分配选择模型，通过研究影响因素确定了参数的取值范围，初步设计了路段交通量推算OD矩阵的方法。1998年，牛惠民等[233]研究了限制路径条件下的交通分配问题；1998年，宋一凡[234]

基研究了基于双运量约束的分配模型。2000年，王炜等[235]在综合考虑出行影响因素的基础上，建立了平衡分配模型，随后，王炜等[236]以离散形式描述一路网交通流的变化，综合考虑了拥挤效应和先入先出原则，提出了一种离散交通分配模型，并设计了算法。2007年，陈建林等[237]构建了基于行程时间可靠性的多类用户交通分配模型；2000-2007年间，周溪召、陈斌等[238][239][240][241][242]基于我国交通特征提出了一系列混合分配模型。2009年，陈文强[243]考虑运输和换乘过程产生中的延误，建立了路径最小费用分配模型。2010年，刘燕等[244]综合运用时间序法、非参数回归与神经网络预测，提出了短时交通预测模型。其他模型，还包括拥挤交通网络分配模型[245]、弹性需求随机用户平衡模型[246][247]等。2017年，刘晓玲[248]将拥堵道路网用户平衡交通流分配方法引入城市路网容量双层模型。2019年，岳昊、邵春福等[249]构建路网静态拥堵用户均衡与系统最优分配模型，并给出求解算法。

算法优化方面：经典算法包括比例配流法、容限配流法、方向搜索法、F-W方法等。1991年，吴继峰等[250]将模型转化为一系列线性规划问题，设计了基于多种交通方式的交通分配求解方法。1992年，陈森发等[251]分析了F-W算法的不足。2000年，刘景星等[252]对非平衡模型求解算法的收敛速度进行分析及修正；陆峰等[253]综合多种启发式算法，提出基于贪心策略及方向策略的层次推理最优路径选择。2001年，侯立文等[254]将蚂蚁算法用于交通分配；2002年，牛学勤、王炜等[255]针对公交客流分配提出基于广义费用的改进Logit型公交客流分配模型；2003年，王增兵等[256]将四阶段与神经网络相结合，得到新的交通预测模型，并将其应用到胶济铁路。2003年，程琳、王炜等[257]提出了两种具有容量限制条件下的用户均衡分配问题求解的拟牛顿法。2004年，崔洪军、王炜等[258]研究了基于对策论的交通分配；2005年，任刚、王炜[259]对比了求解交通网络最短路权矩阵的3种迭代算法。2003-2007年间，张治觉、徐勋倩、翟长旭、王素欣等将多种智能优化算法用于均衡分配求解。2006年，程琳、王炜[260][261]研究了交通网络流量分配的可变步长的投影梯度算法，综合运用多种算法求解了此模型。2007年，任刚[262]研究了交通管理措施下的平衡分配问题。其他学者还从粒子群算法[263][264]、蚂蚁算法[265]、遗传算法[266]、最短路-最大流分配[267]、模拟退火法[268]等进行了研究。任刚等[269]改进FW算法，并应用于山东省诸城市。2018年，付旻、王炜[270]研究多模式公交网络分配过程中改进了Dijkstra算法；丁浩洋、王炜[271]研究了公交网络容量限制分配、容量限制-多路径分配和随机用户均衡分配模型和算法。

模型应用方面：2005年，王炜、黎茂盛等[272]提出了基于路网出行子图空间的Wardrop平衡原理，在此基础上建立了交通平衡分配模型；2006年，王炜、黎茂盛等[273]分析降级路网中的出行者路径选择行为对网络平衡状态的影响；2007年，王炜、黎茂盛等[274]提出了基于路网子图空间的 Wardrop 平衡原理，建立了相应的交通流平衡分析模型。2019 年，陈坦、王炜等[275]研究了错峰出行政策对交通分配的影响，提出反向交通分配方法。

5.1.2 动态交通分配国内外研究综述

随着城市拥堵问题的日益恶化，静态交通分配已经无法满足应用需求，动态交通分配（DTA）[276]能够在分配过程中综合考虑交通需求以及路网系统状态的动态变化以及两者的相互影响，分析路网在一定时间内的交通状态。

根据不同的分类准则，可以将动态交通分配模型划分成不同的种类，目前比较常用的分类准则包括：研究方法、模型形式（连续、离散[277]）、路径选择准则、路径行程时间定义、出行决策行为的假设和交通流模型等。

从研究方法上可以划分为两大类：一类是基于分析的模型，包括数学规划模型、变分不等式模型、最优控制模型；一类是基于仿真的模型，根据应用层次分为宏观、中观和微观模型。

数学规划模型以离散的时间序列为基础进行建模。1978 年，Merchant 和 Nemhauser[278][279]提出一个离散的、非凸的非线性系统最优数学规划模型。1980 年，Ho[280]推导出获取模型最优解的充分条件。1986 年，Carey[281]证明了数学规划模型线性独立约束条件。1987 年，Carey[282]将模型改进为非线性凸规划模型。1991 年，Janson[283][284]研究用户均衡的 DTA 模型，基于静态的路段性能函数建模。1993 年，Liu[285]提出了满足 FIFO 规则的 Janson 模型。1990 年，王炜[286]将静态多路径交通分配模型求解算法改进为动态算法，1994 年，王炜[287]继续设计求解该模型的节点分配算法，提高了多路径交通分配的速度及容量。随后，1998 年邹智军[288]建立了反应拥挤状态的单调路段费用模型。2000 年，Ziliaskopoulos[289]提出单一终点的系统最优的动态交通分配线性规划模型。2008 年，Ukkusuri[290]建立了一个适用于单一起点交通网络的 DTA 线性规划模型。2010 年，蒋艳群[291]基于交通流动力学理论建立动态的非平衡分配模型。2013 年，王园[292]建立了可变信息标志条件下驾驶员路径选择和 DTA 模型。2014 年，程浩[293]将出行者动态信息融入细胞传输模型，建立了面向出行者的 DTA 模型。2018 年，林志阳[294]将动态交通分配与土地利用、环境污染相结合，建立动态交通分配与土地利用耦合的双层规划模型。

最优控制理论模型假设 OD 出行率已知且连续，约束条件与数学规划模型很类似，区别在于其假设时间连续，而数学规划模型假设时间离散。1980 年，Luque[295]将最优控制理论引入 DTA，建立了基于最优控制理论的动态系统最优交通流分配模型。1989 年，Friesz[296]、Ran[297]等对用户平衡问题和系统最优问题进行了讨论，建立了具有多个起点和终点的系统最优分配模型。1993年，Ran[298]将路段驶入和驶出函数作为控制变量，建立了基于最优控制理论的瞬时用户平衡模型。1996年，殷亚峰[299]建立了连续时间的动态系统最优和用户最优分配模型。2014年，杨丽娜[300]综合运用F-W算法、蚁群算法、增量分配法求解了基于最优控制理论的动态交通分配模型。最优控制模型能够很好地解释动态交通系统、易于分析，但是采用最优控制理论构造模型的过程复杂。

  变分不等式（VI）模型通过将动态交通流分配过程分为网络加载和网络分配两个过程，将分配问题转化为线性规划问题。1993年，Driss-Kaitouni[301]应用时间-空间扩展网络技术将静态交通分配扩展为动态交通分配，同年Firesz[302]将出发时间和出行路径选择进行了融合，提出了组合动态最优理论。1995年，Wie[303]和Ran[304]（1996）等建立了基于路径和路段的变分不等式模型，但是模型求解速度较慢。1998年，Chen[305]提出基于路段的VI模型。2007年，钟剑华[306]考虑机非车流相互影响，建立了机非混合车流的动态用户均衡的近似变分不等式模型。2008年，李曙光[307]提出了面向出行方式选择及路径和出发时间选择行为的VI动态分配模型。2010年，王希伟[308]将健康损失的概念引入DTA，在情况下，建立了考虑控制污染物排放的定需求VI动态分配模型。2010年，于德新等[309]研究灾害条件下的交通需求及阻抗，建立了DTA变分不等式模型。VI模型灵活性和适用性高好、求解相对容易，且能够明确解释各种DTA问题，应用广泛。但是模型计算量大，对计算机实时处理速度要求更高。

  基于仿真的动态交通分配利用仿真模型使用交通仿真器描述复杂的交通流动态特性。宏观模型通过研究车辆的整体移动分析交通网络，能够描述三参数之间的关系，适用于长期规划；目前基于宏观的仿真模型有METACOR、METANET以及DYNAMIC。微观模型研究单个车辆的移动，通过个体车辆的跟驰行为、换道行为的仿真描述驾驶行为及相互影响；大部分动态仿真模型都是微观模型，微观模型针对个体车辆仿真，计算量大，只适用于中小规模路网；基于微观的仿真模型主要有VISSIM、PARAMICS等。中观模型综合了宏观和微观模型的优点，不但能描述宏观模型无法详细描述的指标，还能描述微观模型所无法描述OD对系统的影响。

5.2 交通阻抗函数

  在各种交通分配模型中，对交通分配起决定性作用的是交通网络上路段的交通阻抗。在做交通网络分配时，作为出行决策的综合影响因素，交通阻抗的确定尤为重要。

5.2.1 交通阻抗定义与类型

5.2.1.1 交通阻抗的定义

交通阻抗是进行交通分配和路网规划的重要参数，是路网属性抽象的重要内容。广义的交通阻抗定义为：人、车、路三方面因素对交通出行的阻力作用，狭义的交通阻抗一般是指车辆出行在道路上所花费的行程时间。

交通网络中的阻抗由相邻站点间阻抗和站点阻抗组成。为了表述的方便，将相邻站点间阻抗也称为路段阻抗。

5.2.1.2 交通阻抗影响因素

国内外研究表明，居民出行时间受到多种因素的影响，包括各方式交通流的情况、各方式路段自然情况以及交通政策法规等。由于车辆行驶在道路上，不仅主要受到交叉口信号灯、公交车停靠站、车道数、天气等客观因素的影响，还受到驾驶员心理因素、时间费用取舍等状态的制约。

东南大学王炜老师课题组经过大量的实际调研以及理论研究，研究发现"出行时间"是影响交通出行的主要因素，经常被选择作为量化道路阻抗的指标，原因如下：

（1）科学研究与工程实践表明，在所有影响交通出行者的因素中，出行时间是出行者所考虑的首要因素。

（2）其他因素均与出行时间相关，比如当乘坐高铁时，一般出行时间越长（出行距离越远），那么票价越高。

（3）与其他因素相比，出行时间更容易量化；同时，由于其他因素与出行时间相关，那么也可以转化为出行时间。

5.2.2 交通阻抗函数国内外研究综述

5.2.2.1 分方式阻抗的研究现状

在城市和公路路网的规划中，由于道路交通流的相关特性，基于流量表达的路阻函数能够比较准确地反应道路的阻抗情况，从而得到广泛的研究和应用；相比之下，由于铁路的运行班次、运载能力都较为固定，对于客流的敏感度并不高，在铁路网的规划建设与管理中，大部分考虑的是交通需求，而对于出行者的路径选择则考虑较少，因而对铁路运输交通阻抗的研究就相当少；航空虽然也是基于交通需求确定运行策略，但与铁路运输类似，且受到天气因素的影响较大，所以研究更多的是延误，而不是阻抗；水运受到自然条件的限制，其路线较为固定，但是船舶在航道和船闸中的行程时间对于船舶流量的也比较敏感，故而也有一些对其阻抗的研究；管道运输的阻抗主要是关注同种货物不同运输方式的运输时间及费用。

（1）城市道路和公路

城市道路和公路阻路函数早期的研究大多也以行程时间为表征量，并且成果较多。美国联邦公路局 BPR 函数最有代表意义[310]；Davidson 在应用排队论的基础上提出了具有渐进性的阻抗函数，克服了 BPR 模型当流量接近通行能力不适应实际情况的不足，在此基础上又发展出了多个改进模型[311]。国内对于公路路阻函数的研究也有大量的成果。"九五"交通科技重点攻关项目《公路通行能力研究》结合我国实际调查，对 BPR 函数进行了重新标定与修订。交通部规划设计院在大量数据的基础上建立了以交通量和路段长度为自变量的单项幂函数模型，并以公路等级为标准，标定了不同道路类型阻抗模型的参数。

王炜等研究了道路收费对交通阻抗的影响，针对收费公路建立了道路收费口排队模型[312]。全林花、王炜[313]考虑机动车流量、大型车比例、非机动车以及横向干扰等因素的影响，建立了城市道路实用路段路阻函数模型。针对城市道路及公路运输的交通阻抗问题的研究很多，每种方法都有其优缺点，在实际选用时应综合衡量其准确度和实用性。

（2）铁路

铁路运输交通阻抗的研究如本节开头所阐述，成果有限且大部分的研究在客流分担率、旅客出行影响因素上。因为脱离综合交通网络谈交通阻抗对于铁路运输的意义并不大。在客流分担率的研究上，大多以安全性、快捷性、票价水平、舒适度、服务水平等参数建立效用函数，用 Logit 模型来求解特征函数值。在出行影响因素方面，宏观因素包括社会经济发展水平、交通政策等，微观因素包括出行者特征、出行特性、交通设施特性等。对于铁路出行阻碍因素，还有学者将其分为刚性阻碍因素、柔性阻碍因素和互补性阻碍因素，并对分类进行了详细的剖析。这些研究与交通阻抗的概念是类似的，只是研究方法不同。这些研究成果将为综合运输下铁路交通阻抗函数模型的建立提供思路。

（3）航空

航空运输目前主要是承担长途客运任务和较小比重货运量的运输。航空因其迅捷、安全、准时的超高效率赢得了相当大的运输市场，大大缩短了运输时间，但相对成本较高。现阶段航空研究的关注点是航班延误，针对航班延误统计指标、延误等级评估、延误波及预测等已有少量的研究成果。而对于航空的交通阻抗函数模型则较少涉及。航空运输的路阻函数应结合其对旅客出行、货运选择的主要影响因素来建模，从时间、费用等角度进行综合考虑。

（4）水运

我国对水运交通网络的研究分析较少，没有统一的水运交通阻抗的计算模型。少有的研究将水运网络类比为公路网络，进行与船舶交通流相关的路阻函数建模，建立基于船舶交通流理论的交通时间阻抗计算模型。

（5）管道

管道运输因其特殊性，通常只能相对固定地输送油、气、化工品等气液体。虽然固体输送（例如矿物）在国外已得到应用，但是国内管道运输品种却较为单一。对于同种货物分类来讲，管道运输的阻抗主要是与其他运输方式比较所花费的运输时间及费用。

5.2.2.2 综合网络阻抗研究现状

综合运输网络规划研究中，可以通过构建广义费用或时间函数来表达路段阻抗。目前研究中广义费用的计算所采用的各项指标选取虽然有差别，但是不同学者的研究思路基本一致，即通过尽量全面地引入反映人们出行所花费的各种成本的指标，如时间、费用等，并赋予一定的权重值。在研究的过程中，还达成了这样一个共识：出行时间成本是广义费用中一个最重要的指标。因此有时候广义时间函数也更具有现实意义。

国外研究者对于广义费用的研究主要考虑的还是出行时间。国内许多学者也建立了各种各样的广义费用模型用于综合反映出行者的出行费用。在这些模型中，广义费用包括了出行时间成本（运输在途时间、换乘时间、等待时间）、出行所花的费用以及安全程度、舒适程度和便捷程度反映主观感受的相应参数。国内有关学者基于广义费用建立了很多不同的出行方式选择模型，出行成本的考虑因素较多。综合目前国内外研究，东南大学王炜老师课题组在对综合交通网络客运交通方式路段阻抗分类基础上，根据每种交通方式运输特征和组织方式，确定了综合交通网络客运交通方式路段阻抗函数模型，其中各方式换乘交通阻抗构成参数由交通调查获取。相关研究成果填补了我国综合交通网络四阶段交通需求预测中路段阻抗研究的空白，可为多模式综合交通网络路段交通量分配提供关键的理论支撑，能够为具有我国自主知识产权的综合交通规划软件开发提供科学合理的依据，具有十分广阔的应用前景。

关于综合运输网络货运交通阻抗的研究较少，它主要在货运方案决策和货运分配模型中得到体现。在综合运输网络货物运输的决策研究中，运输方式的选择是通常需要考虑的问题，各运输方式的运输时间与费用以及换乘转运的时间与费用都要详细考虑。在综合运输网络的交通分配模型研究中也是如此。

5.2.2.3 综合网络阻抗研究总结

经过国内外文献的查阅，总结上述研究，在有关各交通方式的交通阻抗理论研究和模型分析方面已经有一定的基础，对客货运交通阻抗的影响因素的研究也非常广泛。然而对区域综合运输网络的交通阻抗研究仍存在一些不足：

（1）针对铁运、水运、空运的阻抗函数研究比较缺乏，也很少将区域综合运输网络交通阻抗作为研究对象的研究。多数涉及广义时间或费用的模型或算法并没有给出具体的阻抗计算方法。

（2）在多方式联合运输中对枢纽节点的阻抗考虑不够。一般做法计算枢纽之间的市内交通距离来换算成时间，但这仅仅是换乘时间的一部分。不同交通方式之间的服务频率、延误所导致的等待时间也是必不可少的。这就需要研究不同交通方式的运营特征，及其随运输量、运输能力的不同而体现出的路段拥挤效应，这样对于交通分配才具有应用价值。

（3）虽然公路路阻函数的研究成果很丰富，但随着客运、货运专线的出现和发展，针对客货分离的公路路阻函数也需要研究。

针对以上不足，东南大学王炜老师课题组依托国家自然科学基金项目《综合交通运输体系一体化交通分析技术》《现代城市多模式公共交通系统基础理论与效能提升关键技术》将多模式综合交通网络路段阻抗分为客运及货运，其中客运交通阻抗包括公路客运交通阻抗、铁路客运交通阻抗、水运客运交通阻抗、航空客运交通阻抗，而货运交通阻抗包括公路货运交通阻抗、铁路货运交通阻抗、水运货运交通阻抗、航空货运交通阻抗，管道货运交通阻抗，具体如图5-2所示[314]。

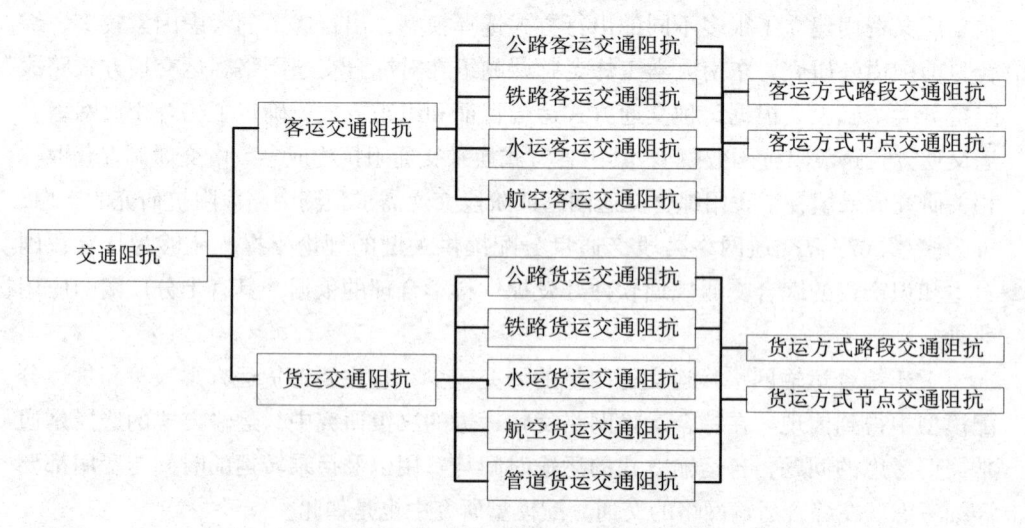

图5-2 综合交通网络交通阻抗类型

在此基础上从区域综合运输网络的路阻函数的系统性角度出发，对各运输方式的路阻函数进行研究，利用广义费用或广义时间的概念，深入对单一运输方式和多方式联合运输中路段和节点交通阻抗的表达形式与参数进行了研究[315]。

5.3 静态交通分配模型

国际上通常以 Wardrop 第一、第二原理为划分依据把静态交通分配分为均衡模型与非均衡模型。

5.3.1 均衡分配模型

其中系统最优原则，可以达到网络总时间最小的目标，是交通网络很理想的状态，不过这个目标需要管理者的有效控制和用户的全力配合。而用户均衡的状态无须控制即可以自然实现，故充分利用 UE 态来实现 SO 态是很好的思路，则需要继续研究两个方面的问题：结合实际的交通问题，深入研究各种 UE 模型的性质和解法；研究 SO 与 UE 之间的差别。本节分析典型的静态交通流分配模型有：用户最优模型、系统最优模型和随机用户均衡模型。

将城市道路系统看成一个网络 G=（N, A），网络的节点是交叉口，节点之间连线是道路。符号定义如下：

N：节点的集合；

A：为有向弧（路段）的集合；

R：需求产生点的起始节点的集合；

F：需求吸引点的终讫节点的集合，R、$F \subseteq N$；

r：一个起始节点，$r \in R$；

s：一个终讫节点，$s \in F$；

q_{rs}：OD 对起讫点 r–s 间的出行需求；

x_a：路段 a 的交通流量；

t_a：路段 a 的交通阻抗，其中 $a \in A$；

K^{rs}：OD 对 r–s 间所有路径的集合，其中 $k \in K^{rs}$；

f_k^{rs}：OD 对 r–s 中路径 k 的交通流量；

$\delta_{a,k}^{rs}$：OD 对 r–s 中路段与路径的关联量，其中 $\delta_{a,k}^{rs}$ =1，则路段 a 在路径 k 上，$\delta_{a,k}^{rs}$ =0，表示路段 a 不在路径 k 上。

5.3.1.1 用户均衡分配模型

1956年，Beckmann构建了与Wardrop的第一平衡原理等价的数学规划模型，即用户均衡分配模型（UE），如下所示：

$$\min Z(x) = \sum_{a \in A} \int_0^{x_a} t_a(w) dw \tag{5-1}$$

$$\sum_{k \in K^{rs}} f_k^{rs} = q_{rs} \tag{5-2}$$

$$f_k^{rs} \geq 0 \tag{5-3}$$

$$x_a = \sum_{rs} \sum_k f_k^{rs} \delta_{a,k}^{rs} \tag{5-4}$$

5.3.1.2 系统最优分配模型

系统最优模型（SO）与用户最优模型的约束条件一样，只是在目标函数上有所区别，系统最优的目标函数是使路网网络的所有用户的阻抗最小。

$$\min Z(x) = \sum_a x_a t_a(x_a) \tag{5-5}$$

约束条件仍是式（5-2）、（5-3）、（5-4）。

5.3.1.3 随机用户均衡分配模型

用户平衡和系统最优模型均假定出行者充分了解路网交通状况，与现实不完全相符。若出行者的选择符合Wardrop第一准则，所选择的路径是其估计的最小出行时间的路径，此估计的出行时间包含：实际的出行时间和随机项。当交通网络处于均衡状态，任何用户都不能通过改变路径的方式减少他估计的出行时间。

随机用户均衡分配模型（SUE）中，某一个OD对的r-s之间已被选择的路径上的实际阻抗值不一定相同，满足下式：

$$P_k^{rs} q_{rs} = f_k^{rs} \tag{5-6}$$

$$\sum_{k \in K^{rs}} f_k^{rs} = q_{rs} \tag{5-7}$$

其中：P_k^{rs}是OD对rs间选择路径k的概率。

路段与路径之间的流量关系式如下：

$$x_a = \sum_{rs} \sum_k f_k^{rs} \delta_{a,k}^{rs} \tag{5-8}$$

根据随机平衡理论得

$$P_k^{rs} = \Pr(C_k^{rs} \leq C_l^{rs}) \tag{5-9}$$

其中：C_k^{rs}、C_l^{rs} 分别是出行者对路径 k、l 的出行时间的估计。

$$C_k^{rs} = c_k^{rs} + \varepsilon_k^{rs} \tag{5-10}$$

其中：c_k^{rs} 为出行者的实际出行时间，ε_k^{rs} 为随机项。

5.3.1.4 兼顾用户均衡与系统最优的综合平衡分配模型

（1）思路

在系统最优状态下，出行者寻求费用较小的路线，其结果是路网上的交通量分配最终趋于系统最优基础上的用户均衡状态。在这一过渡过程中，系统对用户出行行为进行约束。王炜等根据协同理论，构造以下兼顾用户均衡与系统最优的综合平衡分配模型：

$$F(x) = \alpha f(x) + \beta g(x) \tag{5-11}$$

$$F(x) = f(g(x)) \tag{5-12}$$

式中：$F(x)$——综合平衡分配模型；
x——出行决策的综合影响因素；
$f(x)$——用户优化模型；
$g(x)$——系统优化模型；
α, β——修正系数。

式（5-11）寻找 UE 与 SO 的平衡；式（5-12）中的 $f(g(x))$ 能体现在系统最优基础上的用户再优化，因此，采用（5-12）作为网络综合平衡分配模型。

（2）路权的确定

用户路线选择因素包括：

①路段平均行驶速度和运行时间；
②车辆行驶的自由程度；
③交通量和通行能力；
④交叉口排队及延误指标；
⑤安全性和舒适度。

定义广义路权如下：

上述各因素影响下，路段行驶时间与交叉口延误的综合表征量。

函数的数学表达如下：

$$\left.\begin{aligned}&T(i,j)=t(i,j)+d(i,j)\\&t(i,j)=t_0(i,j)[1+k_1(V_1/C_1)^{k_3}+k_2(V_1/C_1)^{k_4}]\\&d(i,j)=d_1(i,j)+d_2(i,j)\\&d_1(i,j)=0.38T\frac{(1-\lambda)^2}{(1-\lambda X)}\\&d_2(i,j)=173X^2[(X-1)+\sqrt{(X-1)^2+16X/s}]\end{aligned}\right\} \quad (5-13)$$

式中：$T(i,j)$——路段 $[i,j]$ 的广义路权（min）；

$t(i,j)$——混合交通下路段 $[i,j]$ 的行驶时间（min）；

$d(i,j)$——在 i 交叉口与 j 交叉口相邻进口道上的车辆平均延误；

$t_o(i,j)$——混合交通下交通流为零时的路段 $[i,j]$ 的行驶时间（min）；

V_1，V_2——机动车、非机动车路段交通量当量值（量/h）；

C_1，C_2——机动车.非机动车路段实用通行能力（量/h）；

k_1，k_2，k_3，k_4——回归参数；

d_1、d_2——均匀延误、过饱和延误；

T——周期长度；

λ——进口道绿信比；

X——饱和度；

s——交叉口影响修正系数。

（3）模型建模

根据建模原理，按 SO 分配到路段的交通量，使路段权重发生变化，诱发用户对路线的再次选择，具体分配过程数学描述为：

$$\left.\begin{aligned}&\min\sum_a Q_a t_a(x)\\&s.t. Q_a=\sum_k\sum_o\sum_d \delta_{ak}(o,d)Q_k(o,d)\\&Q_k=Q(o,d)p(o,d,k)\\&p(o,d,k)=\exp[-\sigma t(k)/\bar{t}]/\sum_{i=1}^m \exp[-\sigma t(i)/\bar{t}]\end{aligned}\right\} \quad (5-14)$$

式中：　Q_a——a 路段的车辆数；

$t_a(x)$——a 路段的广义路权，取决于交通量 Q_a；

$Q_k(o,d)$——从 $o\to d$ 的车辆经过第 k 条路线时的车辆数；

$Q(o,d)$——从 $o\to d$ 的出行量；

$p(o, d, k)$——OD 量在第 k 条出行路线上的分配率；

$t(k)$——第 k 条出行路线的广义路权；

T——各出行路线的平均路权；

$\delta_{ak}(o,d)$——系数，当 $a \in o \rightarrow d$ 的路径时，$\delta_{ak}(o,d) = 1$，否则 $\delta_{ak}(o,d) = 0$；

σ——分配参数；

M——有效出行路线条数。

（4）模型实施过程

①赋初值；

②按 Logit 型多路径概率分配模型分配交通量；

③根据所分配的交通量和广义路权函数确定权重，此时的路权为动态；

④系统最优下，根据各路段的路权，确定该状态下 $o \rightarrow d$ 的最优路线，诱导用户按照最优路线从 $i \rightarrow j$ 出行，i，j 为 $o \rightarrow d$ 最佳路线的 2 个相邻节点；

⑤判断是否到达目的地，若到达终点，则分配完毕；否则，回到②，此时的交通量为调整后的数值，以节点为新的起点，重新计算最佳路线，一直到出行者到达目的地结束。

5.3.2 非均衡分配模型

非均衡分配方法主要有最短路分配（全有全无分配）、容量限制分配（增量分配）、多路径分配（概率分配）和容量限制 - 多路径分配（增量多路径分配）。最短路分配即在路网上没有交通量的状态下，将每个 OD 对所有交通量分配到最短路上面，最短路搜索算法包括 Dijkstra 算法[316]、Bellman-Ford 算法[317]、拍卖算法[318]等以 Dijkstra 算法最为典型；容量限制分配即将每个 OD 对等分成一定的份数，然后根据当前路网阻抗，每次每个 OD 对分配其中的一份 OD 量到最短路上面；多路径分配即在路网上没有交通量的状态下，将每个 OD 对上的交通量概率性地分配到各条路径上面，其中概率值由 Logit 公式计算或 Dial 加载获得，该值与道路阻抗有关，阻抗越大，概率越小；容量限制 - 多路径分配即先将每个 OD 对等分成一定的份数，然后对每一份 OD 矩阵，进行多路径分配。非均衡分配的基本原理简图如图 5-3 所示。

虽然非均衡分配方法简单明了、易于应用，但按照非均衡分配的流量并不能保证用户均衡，因而有必要对该类模型进行改进，使其即易于应用，又能符合实际道路网络的出行规则。

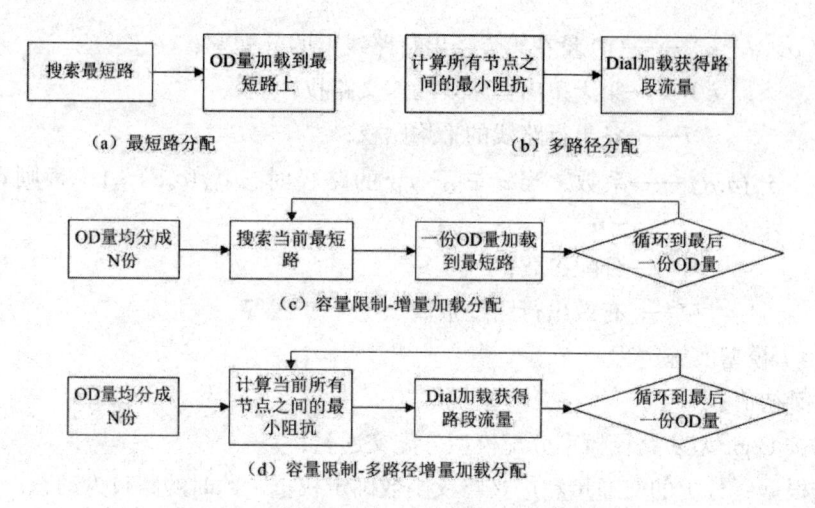

```
┌─────────┐    ┌──────────────┐          ┌──────────────┐    ┌──────────────┐
│搜索最短路│───▶│OD量加载到最  │          │计算所有节点之│───▶│Dial加载获得路│
│         │    │短路上        │          │间的最小阻抗  │    │段流量        │
└─────────┘    └──────────────┘          └──────────────┘    └──────────────┘
        (a) 最短路分配                              (b) 多路径分配
```

```
┌─────────┐  ┌──────────┐  ┌────────────┐  ┌──────────┐
│OD量均分成│─▶│搜索当前最│─▶│一份OD量加载│─▶│循环到最后│
│   N份    │  │短路      │  │到最短路    │  │一份OD量  │
└─────────┘  └──────────┘  └────────────┘  └──────────┘
            (c) 容量限制-增量加载分配
```

```
┌─────────┐  ┌──────────┐  ┌──────────┐  ┌──────────┐
│OD量均分成│─▶│计算当前所│─▶│Dial加载获│─▶│循环到最后│
│   N份    │  │有节点之间│  │得路段流量│  │一份OD量  │
│          │  │的最小阻抗│  │          │  │          │
└─────────┘  └──────────┘  └──────────┘  └──────────┘
          (d) 容量限制-多路径增量加载分配
```

图 5-3 典型非均衡分配法的基本原理简图

5.3.2.1 最短路交通分配

设路段的阻抗为常数，即走行时间不受路段上流量的影响，一次将一个点对的出行分布量全部分配到他们之间的最短路径上去的方法叫"最短路径分配法"。该法又叫"全有全无分配法"，或"0-1分配法"，这是一种最简单的分配方法，是其他分配方法的基础。最短路径分配法的算法流程图如下：

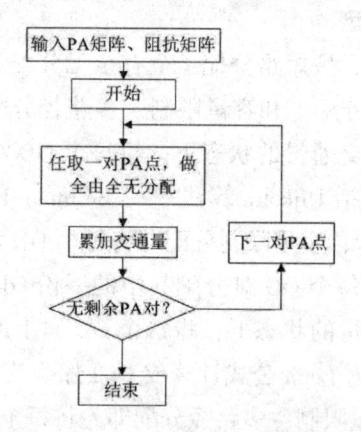

```
            输入PA矩阵、阻抗矩阵
                   │
                   ▼
                 开始
                   │
                   ▼
          ┌─────────────────┐
          │任取一对PA点，做 │◀──┐
          │全由全无分配     │   │
          └─────────────────┘   │
                   │            │
                   ▼            │
             累加交通量      下一对PA点
                   │            │
                   ▼            │
            <无剩余PA对?>───────┘
                   │
                   ▼
                 结束
```

图 5-4 最短路分配法的流程图

最典型的最短路搜索算法为 Dijkstra 算法，也被称为标号法。其基本规则为：设置顶点集合 S，首先将起点加入该集合，然后根据起点到其他顶点的路径长度，选择路径长度最小的顶点加入集合；根据加入的顶点更新起点到其他顶点的路径长度，再选取路径长度最小的顶点重复上述步骤，直到所有顶点加入集合，即求解出起点到其余所有顶点的最短路径长度。

5 交通分配预测

利用经典的 Dijkstra 算法求解最短路问题在理论上已经非常成熟，编程过程也容易实现，但在实际应用中仍存在不足：算法采用邻接矩阵来描述网络节点和弧的特征，存在大量空间冗余，运算时需占用较大空间资源，不适合大规模网络的最短路搜索；算法核心步骤是从临时标记顶点集中找出与起点估算距离最小的顶点，并将其加入永久标记顶点集中。如果不采取任何措施，临时标记顶点集中所有顶点的存放是无序的，每执行一次循环查找均需遍历该集合中的所有顶点，以选取当前循环与起点距离最小的顶点，该过程会大大降低算法的执行效率。

针对上述算法存在的问题，丁浩洋[319]利用二叉堆中的最小堆对临时标记顶点集中散乱无章的顶点按照对应距离进行升序排序。二叉堆是完全二叉树或者近似完全二叉树，二叉堆中的最小堆指父结点的键值总是小于或等于任何一个子节点的键值。基于二叉堆优化 Dijkstra 最短路算法后，临时标记顶点集合中的顶点已经按照与起点间的估算距离升序排列，每一个搜索循环只需将堆顶元素加入永久标记顶点集中即可，大大提升了搜索效率。具体步骤如下：

（1）建堆：根据最小堆原则，比较临时标记顶点与堆顶点元素的距离，将临时标记顶点插入到堆中合适的位置，使其成为堆；

（2）重构堆：堆顶点元素即为临时标记顶点集中与起点估算距离最小的顶点，将堆顶点元素删除，使其成为永久标记顶点，再对剩下的临时标记顶点重新排序。当临时标记顶点集成为空集，即优先序列为空时，算法结束。

基于二叉堆优化的 Dijkstra 最短路算法流程如图 5-5 所示。

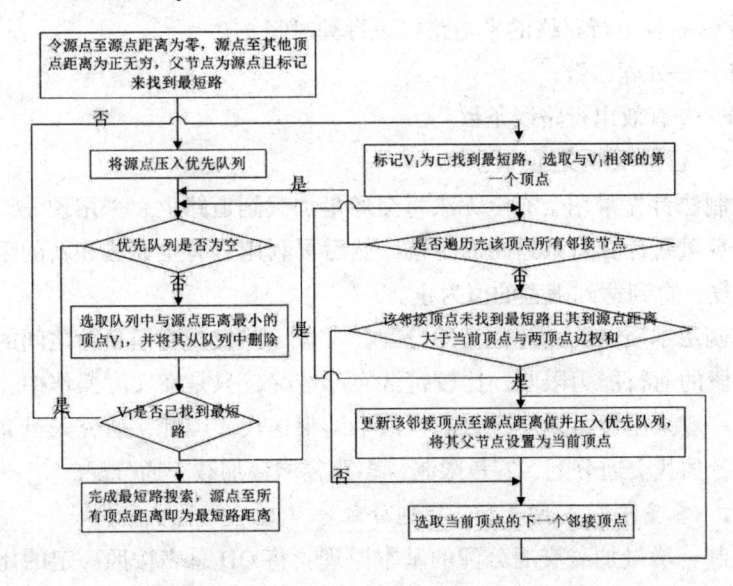

图 5-5 改进的 Dijkstra 算法流程图

5.3.2.2 多路径交通分配

5.3.2.2.1 Dial 概率分配

Dial 概率分配模型[320]认为出行者从连接两交通区路线的可行子系统中选用路线 k 的概率为：

$$P(k) = \frac{\exp(-\theta l_k)}{\sum \exp(-\theta l_k)} \quad (5-15)$$

式中：l_k 路线 k 上的行程时间；θ 为交通转换参数。

5.3.2.2.2 Logit 型分配

出行者在某一交通节点对出行路线的选择，只与目的地（出行终点）有关，与出发点（起点）无关。在分配通过某一交通节点的出行量时，可以不考虑它们来自哪个节点、哪个区，只要有相同的终点，可统一分析。因而可以对具有相同终点的出行量进行批处理分配，以提高分配速度，王炜[265]提出以下改进的 Loigt 路径选择模型：

$$P(r,s,k) = \frac{\exp[-bL(k)/\overline{L}]}{\sum_{i=1}^{m}\exp[-bL(k)/\overline{L}]} \quad (5-16)$$

式中：$P(r,s,k)$——发生吸引量 PA（r，s）在第 k 条出行路径上的分配率；

$L(k)$——第 k 条出行路线的路权（行驶时间）；

$\overline{L}$——各出行路线的平均路权（行驶时间）；

b——分配参数；

k——有效出行路线条数。

5.3.2.3 容量限制交通分配

容量限制法首先采用全有全无法将交通量加载到道路上，采用预先设定的道路流量阻抗函数重新计算每条道路的阻抗，然后再利用全有全无法和新的阻抗重新分配，如此反复，直到达到满意的值为止。

容量限制法本质上为动态的交通分配，考虑了路权与交通负荷之间的关系，即交叉口、路段的通行能力限制，比较符合实际情况，只是在实际操作中，这种方法很难收敛，一般采用设定循环次数的方法来结束迭代。因此，研究人员又提出了容量限制 – 增量加载交通分配、容量限制 – 多路径增量加载交通分配。

5.3.2.3.1 容量限制 – 增量加载交通分配

容量限制 – 增量加载交通分配的基本原理：将 OD 总表按照一定的比例分解为 K 个 OD 分表；对于每个 OD 分表，搜索各 OD 对间的最短出行路径，进行全有全无分配，随后对阻抗进行修正，每分配一次修正一次；当所有 OD 分表的分配全部完成时结束。

按照容量限制分配的基本原理，丁浩洋[237][320]将其用于公交出行量分配，具体流程如图 5-6 所示。

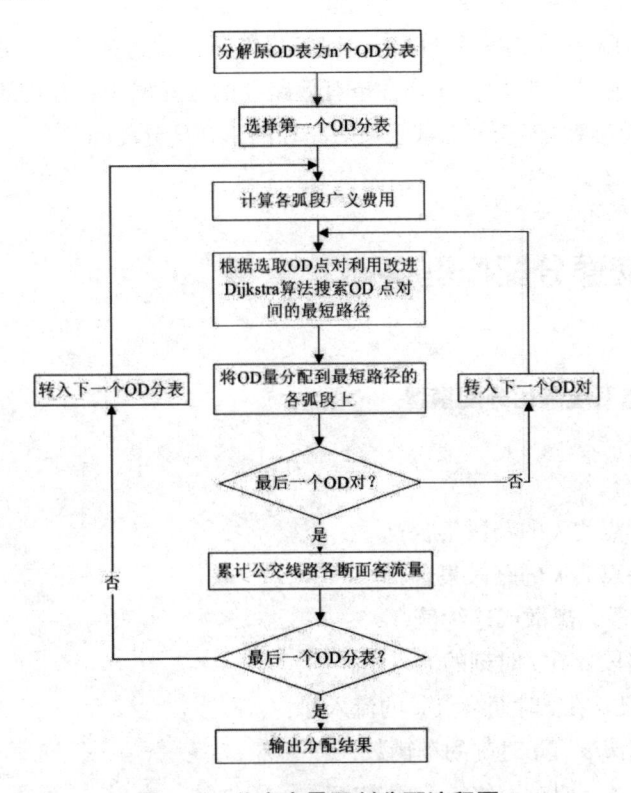

图 5-6　公交容量限制分配流程图

5.3.2.3.2　容量限制 – 多路径增量加载交通分配

容量限制 – 多路径增量加载交通分配先将 OD 总表按照一定的比例分解为 K 个 OD 分表；对于每个 OD 分表，分 K 次用多路径分配法分配 OD 量，随后对阻抗进行修正，每分配一次修正一次；当所有 OD 分表的分配全部完成时结束。

丁浩洋等[237][321]利用以上原理，对容量限制 – 增量加载交通分配进行改进，并利用王炜改进的 Loigt 路径选择模型计算公路径选择概率：

$$p_k^{r,s} = \frac{\exp(-\theta F_k^{r,s} / \overline{F}^{r,s})}{\sum_m \exp(-\theta F_m^{r,s} / \overline{F}^{r,s})} \quad (5-17)$$

$$f_k^{r,s} = p_k^{r,s} \cdot q^{r,s} \tag{5-18}$$

式中：$\overline{F}^{r,s}$——OD 对 r–s 间有效路径的平均广义费用值；

$f_k^{r,s}$——OD 对 r–s 间第 k 条有效路径的分配客流量；

$q^{r,s}$——OD 对 r–s 间的 OD 量。

在进行容量限制—多路径分配时，以容量限制分配为基础，区别为每个 OD 对的客流分配均采用式（5-17）计算各条有效路径的选择概率，并按照式（5-18）进行分配，从而避免将客流全部加载至最短路径的不合理分配问题。

5.4 动态交通分配模型

5.4.1 动态系统最优分配模型

（1）模型符号

A：路段集合；

$A(k)$：起点为 k 的路段集合；

$B(k)$：终点为 k 的路段集合；

$[0,T]$：时间段，离散或连续值；

$u_a(t)$：路段 a 在 t 时刻的流入率；

$u_a^n(t)$：路段 a 在 t 时期终点 n 的流入率；

$x_a(t)$：路改 a 在 t 时刻的车辆数；

x_a^n：路段 a 在 t 时刻至终点 n 的车辆数；

$g_a(x_a(t))$：路段 a 的流出率；

$V_a(t)$：路段 a 在 t 时刻的流出率；

$v_a^n(t)$：路段 a 在 t 时刻至终点 n 的流出率；

$Q_{k,n}(t)$：$[0,T]$ 时段内，起点 k 至终点 n 的交通需求量；

$q_{k,n}(t)$：t 时刻起点 k 至终点 n 的交通需求量；

$C_a(x_a(t))$：路段 a 阻抗（通常以行驶时间作为阻抗）。

（2）建模假设条件

①已知交通路网拓扑结构 $G(N,A)$；

②已知路网特性、时间函数以及路段流出率等；

③已知路网时变交通需求量；

④ 在路网节点处仅仅出现车辆的发生与吸引过程，而过程中不产生任何发生与吸引车辆的现象。

（3）建模

动态系统最优（DSO）从交通管理者的角度出发，目的是保证系统成本最低，具体如下：

① 系统行程时间最小；

② 系统总费用最小；

③ 系统总延误时间最小；

以目标①为例，构建行程时间最短目标下的模型，其中控制变量为 $u_a^n(t)$，状态变量为 $x_a^n(t)$：

$$\min : J = \sum_{a \in A} \int_0^T x_a(t)dt \tag{5-19}$$

$$\frac{dx_a^n(t)}{dt} = u_a^n(t) - v_a^n(t) \tag{5-20}$$

$$\sum_{a \in A(k)} u_a^n(t) = q_{k,n}(t) + \sum_{a \in B(k)} v_a^n(t) \quad k \neq n \tag{5-21}$$

$$\sum_{a \in A(n)} u_a^n(t) = 0 \tag{5-22}$$

$$v_a^n(t) = \frac{x_a^n(t)}{c_a(t)} \tag{5-23}$$

$$x_a^n(0) = 0; x_a^n(t) \geq 0; u_a^n(t) \geq 0 \tag{5-24}$$

$\forall a \in A \quad \forall n \in N \quad \forall k \in K \quad \forall t \in [0, T]$。

5.4.2 动态用户最优分配模型

动态用户最优的目的是确保用户出行时间最小。在对模型构建的过程中，不同的切入点就会得到不同的用户分配模型。

以下动态用户最优分配模型以 Wieet 对行程时间的定义构建：

$$\min : J = \sum_{a \in A} \int_0^T \int_0^{v_a(t)} c_a(x_a(t), w)dwdt \tag{5-25}$$

$$\frac{dx_a^n(t)}{dt} = u_a^n(t) - v_a^n(t) \tag{5-26}$$

$$\sum_{a\in A(k)} u_a^n(t) = q_{k,n}(t) + \sum_{a\in B(k)} v_a^n(t) \quad k \neq n \tag{5-27}$$

$$\sum_{a\in A(n)} u_a^n(t) = 0 \tag{5-28}$$

$$x_a^n(t) = \int_t^{t+\bar{\tau}_a(t)} v_a^n(w)dw \tag{5-29}$$

式中：$\bar{\tau}_a(t)$ ——实际路段行程时间估计值。

$$x_a^n(0) = 0; x_a^n(t) \geq 0; u_a^n(t) \geq 0; v_a^n(t) \geq 0 \tag{5-30}$$

其中 $\forall a \in A \quad \forall n \in N \quad \forall k \in K \quad \forall t \in [0,T]$。

该模型与动态系统最优的差异在于控制变量和状态变量的选取不同。其中 $u_a^n(t)$ 和 $v_a^n(t)$ 表示控制变量，$x_a^n(t)$ 表示状态变量。

为了得到模型的最优解，需要将上述模型离散化，此时离散时间形式可表示为一非线性规划问题。从而选取适合的算法进行求解。

6 交通需求融合分析模型

四阶段法虽简化了预测模型，却不能考虑到各阶段之间的联系，许多学者开始考虑将交通生成、交通分布、交通方式划分、交通分配等步骤中某两个或某三个步骤组合成一个步骤进行预测，融合分析模型应运而生，组合方式包括生成与分布的组合、生成与方式划分的组合、分布与方式划分的组合、交通生成、分布和方式划分的组合等。

6.1 交通需求融合分析研究综述

四阶段需求预测组合模型研究始于二十世纪六七十年代，基于四阶段法的交通需求预测组合模型有以下几种。

交通生成与分布组合模型已有较为成熟的理论，并在交通规划的实证研究中有所应用。德国 PTV 公司于 2000 年开发的 VISEM 软件[322]，哥本哈根在 2003 年投入使用的 ORDISM 系统[323]。国内研究中，1997 年，邓卫[324] 针对货运交通需求预测，根据投入产出原理，提出了货运生成与分布组合预测方法。2000–2006 年，王炜、邓卫等[325] 在《公路网络规划建设与管理方法》一书中对交通生成–交通分布组合模型进行了分析。2011 年，兰鹏等[326] 提出了基于出行目的链的出行生成–分布组合模型。2014 年，龙雪琴、关宏志等[327] 提出了基于土地利用和出行链的生成–分布组合模型。2018 年，林早[328] 构建了基于典型人群出行链的生成–分布组合模型，以南京市江宁区为例，对组合模型进行了检验，利用 C++ 编程，在"交运之星–TranStar"平台上实现了具有出行生成–分布组合预测功能的专业软件模块。

交通方式划分–交通分布组合模型方面，2003 年，陆建[31] 采用交通方式划分–交通分布组合模型对全方式 OD 矩阵进行处理。2004 年，陈征[329] 在距离曲线模型的基础上增加总量平衡约束，建立了组合模型。

交通分布和分配组合模型方面，最初的交通分布和分配组合模型由 1956 年

Beckmann 等[330]提出。1971 年 Tomlin[331]跳出四阶段相互独立的思维模式，构建了交通分布与配组合模型。1976年，Evans[332]提出了交通分布与交通分配的组合模型，并给出了求解算法，Huang 和 Lam 等[333]对该算法进行了进一步优化改进。国内研究中，喻翔等[334]针对我国城市交通特征，设计了交通分布与交通分配组合模型的解法。杜刚诚和彭国雄[335]提出了五种两阶段组合模型，并将交通分布与交通分配组合模型应用到交通需求预测。罗文昌[336]借助于 Logit 选择模型，考虑不同交通方式间相互影响，提出了 SUE 与交通分布组合模型。孙洪运[337]建立了 OD 分布与随机用户均衡分配组合模型。

方式划分–交通分配组合模型方面，喻翔等[337]设计了同时考虑动态多路径概率分配的方式划分–交通分配组合模型。吴红兵等[338]考虑不同交通方式影响，建立了交通方式选择与交通分配组合模型。王山川[339]建立了方式划分与交通分配组合模型。2007 年，陈义华等[340]借助 Share 需求函数提出了交通需求预测方式划分–交通分配组合模型。随后，黎伟[341]将此模型用于轨道交通客流预测。2013 年，李心为[342]提出了基于轨道交通与常规公交联合网络的方式划分与分配组合模型。2019 年，华雪东、王炜等[343]考虑区域综合交通特性，设计了区域综合交通一体化的方式划分与交通分配方法。

其他组合模型还包括（G+MS）–D–A、（G+D+MS）–A、（G+D+MS）–A、G–（D+MS+A）等等，Florian、Nguyen[344]提出了交通分布、方式划分和交通分配联合预测模型。Safwat、Magnanti[345]在上述联合模型基础上，提出生成、分布、方式划分和交通分配联合模型。顾志康[346]建立了交通分布–方式划分组合模型，并根据快速公交自身的特点确定了快速公交通道选择方法。这些组合模型，通常存在需要大量基础资料、模型结构复杂、需要多次迭代等问题，导致应用受限。

本章针对 1-4 种研究成果比较成熟的组合模型进行分析。

6.2　交通生成–交通分布组合模型

常用的交通生成–分布组合模型是重力组合模型：

$$X_{ij} = KE_i^T E_j^U E_{ij}^V \qquad (6-1)$$

式中：　X_{ij}——交通小区 i 到 j 的交通量；

E_i，E_j——i 区、j 区交通生成相关指标，如人口、工农业总产值等；

T_{ij}——i 区到 j 区的交通阻抗参数；

K，T，U，V——系数。

该组合模型优缺点同重力模型。具体模型参见林早通过分解出行链所建立的出行吸引－交通分布组合模型。

6.3 交通分布－方式划分组合模型

交通分布－方式划分的组合模型通常也采用重力模型形式：

$$T_{ijm} = P_i \frac{A_j I_{ijm}^{-b}}{\sum_j \sum_m A_j I_{ijm}^{-b}} \tag{6-2}$$

式中：T_{ijm}——交通小区 i 到交通小区 j、交通方式 m 的交通量；

P_i——交通小区 i 的交通产生量；

A_j——交通小区 j 的交通吸引量；

I_{ijm}——交通方式 m、交通小区 i 到交通小区 j 的交通阻抗；

B——待定系数。

该模型的优缺点同交通产生与交通分布组合模型相类似。

根据东南大学交通学院对国内多个城市居民出行距离曲线的研究，居民出行方式结构随出行距离的改变而变化，并且与城市规模、城市经济水平、城市地形等条件有关。在城市总体客运交通结构已经确定的情况下，杨敏[347]分别计算了不同出行方式在不同出行距离下对应的出行比例，给出以下交通分布－方式划分组合预测模型。

表 6-2 交通分布－方式划分组合预测模型

出行方式	预测模型
步行	$Y=b(x+1)^{-a}$ $a=0.0960R-0.6482B+5.1980T$，$b=1.0719T+1.8335$
自行车	$Y=ax-b$（$x<1.5$km） $a=0.0006R+0.2472B+1.0063T$，$b=0.0552T+0.0319$ $1.5<x<3.5$km 时，Y 取上式中 $x=1.5$km 时的值。 $Y=be-ax$（$x>3.5$km） $a=-0.0114R+0.2097B+0.7799T$，$b=0.9833T+1.3111$
公交车	$Y=ax+b$（$1<x<15$km） $a=0.0033R+0.0048G+0.0516B-0.1408T$，$b=0.3966T-0.0514$

续表

出行方式	预测模型
小汽车	Y=ax-b（x<4km） Y=ax+b（x>4km） a= _0.0024R-0.0019G+0.4264T，b=0.1163T+0.0089

注：x—出行距离，Y—某种出行方式在这一出行距离下的出行比例，R—城市半径（Km），G—人均GDP（万元），B—障碍因素（根据现状调查确定），T—某种出行方式在城市总体客运交通结构中的比例。

根据以上模型，相应的分方式 OD 矩阵不再是通过将全方式 OD 矩阵乘以各出行方式比例的手段获得，而是采用如图 6-1 所示的程序进行：

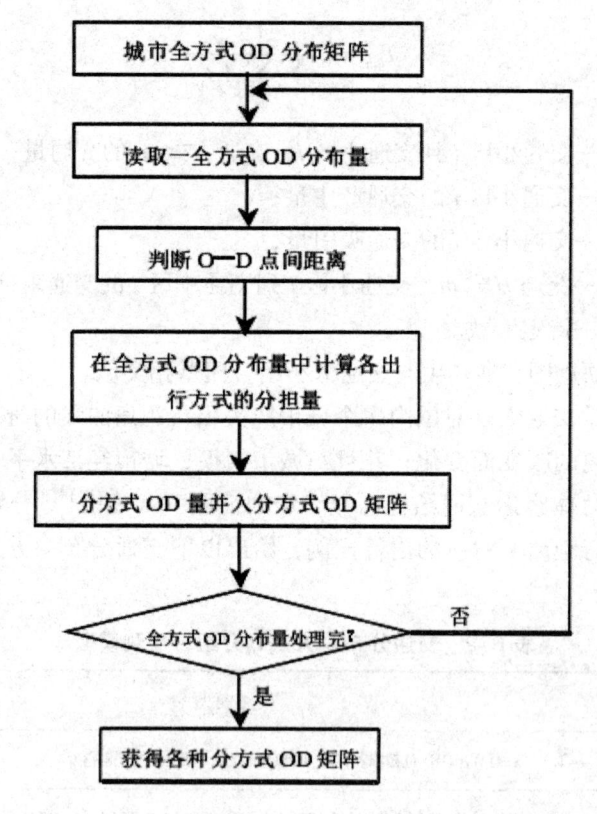

图 6-1 交通分布 – 方式划分组合预测流程

156

6.4 交通分布 – 交通分配组合模型

交通分布 – 交通分配组合模型由组成模型的不同有很多种组合形式。其中较为常见的是重力模型与常见分配模型组合，以下以双约束重力模型与用户平衡模型组合为例分析。

设 q_{rs} 为起点 r 到终点 s 的交通需求量，$t_a(\omega)$ 为路段 a 的交通阻抗，C_k 为 OD 对 r-s 间在路径 k 上的总阻抗，f_k 为 OD 对 r-s 间在路径 k 上的总流量，x_a 为路段 a 上的流量，O_r，D_s 分别为起、终点 r，s 上的交通发生、吸引总量，l_{ak} 为 0–1 变量，表示路段 a 与连接 OD 对 r-s 间的路径 k 的关系。

考虑出行者在出行前对于出行目的地及出行线路的综合选择，其基本形式如下[348]：

$$\min Z(x,q) = \sum_a \int_0^{x_a} ta(w)dw + \frac{1}{\sigma}\sum_{rs}(q_{rs}\ln q_{rs} - q_{rs})$$

$$s.t. \begin{cases} \sum_k f_k = q_{rs}, \forall r,s, \\ \sum_s q_{rs} = O_r, \forall r, \\ \sum_r q_{rs} = D_{rS}, \forall r, \\ f_k \geq 0, \forall k \end{cases} \quad (6-3)$$

其中 σ 为参数，理论研究中取 1。

模型第一项是平衡分配的基本表达式，第二项是满足熵最大化的分布函数，第一个约束条件是交通流守恒。该模型并非交通分布和交通分配问题的简单叠加，而是使各交通小区的阻抗矩阵不再存在，被隐藏于模型的内部。

6.5 方式划分 – 交通分配组合模型

对于城市公共交通而言，出行者在选择出行方式的同时完成了出行线路选择。这为交通方式划分和交通分配两阶段组合起来进行研究提供了可能。

6.5.1 基于广义出行费用和动态多路径分配的组合模型

假定交通方式的选择以各种方式的交通阻抗为基础、以一定的概率关系构造,数学表达为[349]:

$$P_{ijm} = \frac{\exp(-\theta r_{ijk})}{\sum_{k=1}^{m}\exp(-\theta r_{ijk})} \quad (6-4)$$

式中:P_{ijm}——第 i 区到第 j 区 m 方式的分担率;

θ——第 i 区到第 j 区 k 方式的交通阻抗;

r_{ijk}——第 i 区到第 j 区 k 方式的交通阻抗。

基于城市客运交通方式划分的广义出行费用模型形式如下:

$$C_{ijm} = \alpha_{0m} + \alpha_{1m}t_{ijm} + \alpha_{2m}p_{ijm} + \alpha_{3m}w_{ijm} + \alpha_{4m}F_{ijm} \quad (6-5)$$

式中:C_{ijm}——方式 m 的广义出行费用;

t_{ijm}——交通小区 i–j 间第 m 种运输方式的在途运输时间;

p_{ijm}——交通小区 i–j 间第 m 种运输方式的步行时间;

w_{ijm}——交通小区 i–j 间第 m 种运输方式的等待时间;

F_{ijm}——交通小区 i–j 间第 m 种运输方式的运输费用;

α_{0m}——罚因子,表征第 m 种运输方式的安全性、舒适性和方便性等;

α_{1m},α_{2m},α_{3m},α_{4m}——第 m 种运输方式各项费用元素的换算系数。

模型中各参数采用最小二乘法进行标定。

喻翔等基于广义出行费用和动态多路径概率分配基本思想的交通方式划分和交通分配组合模型的基本形式如下:

$$P(r,s,k,m) = \frac{\exp\left(\dfrac{-\theta C(m,k)}{C(m)}\right)}{\sum_{i=1}^{m}\exp\left(\dfrac{-\theta C(i,k)}{C(i)}\right)} \quad (6-6)$$

式中:$P(r,s,k,m)$——第 m 种交通方式的 OD 量在第 k 条路径上的分配率;

$C(m,k)$——第 m 种交通方式在第 k 条路径上的广义费用;

$C(m)$——第 m 种交通方式在所有路径上的平均广义费用。

6.5.2 区域综合交通一体化的方式划分与交通分配方法

华雪东、王炜等设计以下适用于区域综合交通一体化的方式划分与交通分配流程：

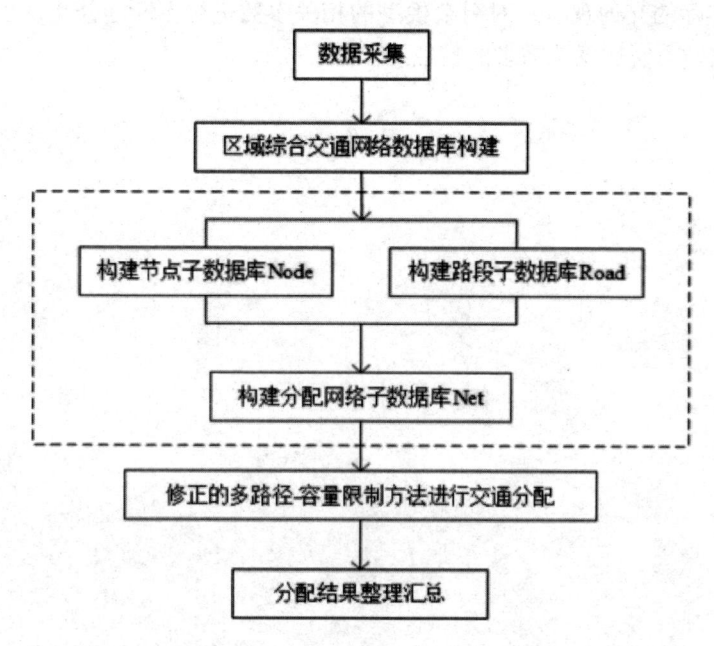

图 6-2　区域综合交通一体化的方式划分与交通分配预测流程

该方法包含以下步骤：

（1）交通调查和数据采集，包括节点信息数据、路段信息数据；

（2）根据基础调查数据，构建多模式区域综合交通网络数据库，包含节点子数据库、路段子数据库和分配网络子数据库；

（3）交通分配：以多模式区域综合交通网络数据库中分配网络子数据库 Net 为基础，采用修正的多路径 – 容量限制法进行交通分配。

6.6　交通需求融合分析模型应用前景分析

通过以上对国内外有关交通需求组合模型及其研究现状分析可以得出：交通需求预测组合模型的出现，丰富了交通需求理论体系，拓展了交通需求预测的思路和方法，具有很强的理论指导意义。但同时由于组合模型的构造相对复杂，研究的成果大多体现在理论阐述方面，在实际应用方面较少。

对于每一个城市来说，交通特征都有其唯一性。因而在实际的客流预测阶段需要结合城市实际的交通现状，对组合模型的相关参数进行不断地修正，以期能够最大程度反映出城市交通系统需求的特征。

7 基于大数据的交通需求预测

交通强国背景下，我国开启了全面建设社会主义现代化强国新征程，交通需求预测技术也进入了一个新时代，同时面临严峻挑战，新一轮科技革命与产业革命方兴未艾，以信息技术为引领，新材料技术、新能源技术等技术群广泛渗透、交叉融合，交通领域重大颠覆性创新不时出现，这就要求应用"互联网+"、大数据、云计算、人工智能等为现代交通需求预测技术提供科学决策支持。

目前，交通领域的专家学者开始利用大数据的优势进行建模分析，在城市交通模型构建及应用创新方面寻求更大的突破，涌现了基于出行链/活动链、大数据的交通需求预测等方法。

7.1 基于出行链的交通需求预测

传统的出行行为分析方法以单次出行为作为分析单位，而出行和活动相关分析认为出行需求是为了从事出行活动的派生需求，因此对活动的出行行为分析应该不以单个出行行为作为分析单位，而是采用一天或更长的时间的连续性行为或行为类型作为分析单位；同样，为强调家庭中人际关系和角色的作用，考虑家庭各成员间的相互作用，也可以采用家庭为分析单位。因此，一些学者在考虑了时空约束、家庭情况、个人情况等因素的前提下开始以出行链/活动链为分析单位，研究分析出行者出行行为。

7.1.1 基于出行链的交通需求预测国内研究综述

最初基于家庭的分析只是在个人层面的模型中加入了家庭属性的解释变量，研究家庭属性对个人活动-出行行为的影响。随着对家庭决策研究的深入，研究人员发现家庭成员对家庭活动决策的影响不容忽视，也开始关注家庭中的共同活动和家庭成员在活动和出行中的交互作用。家庭成员的交互是指不同家庭成员的活动和出行之间的联系，通常通过时间利用和资源分配来反映。1997年，Golob、McNally[350]分析家庭中男女主人各类活动参与发现，男主人的工作活动对家庭交互有决定性的影响。1999年，Lu等[351]建立了以人口统计属性为外源变量，活动参与和出行特征为内生变量的结构方程模型，证明了三者之间存在复杂的联系，分析结果表明考虑了活动参与变量比只考虑外部属性能更好地解释出行行为。2000年，Golob[352]使用来自俄勒冈州波特兰市1994年活动及旅游的调查数据，建立了一个3级因果结构模型，捕捉到了活动需求、出行需求和出行时间需求之间的相互作用，以及在家工作对出行链和活动参与的效用。2001年，Kuppam[353]采用结构方程模型用华盛顿大都市区基于活动的居民出行调查数据研究了社会人口统计学属性、活动参与和出行行为三者之间的关系，重点分析了户外活动和户内活动的相关性，得出两种活动之间存在替代关系的重要结论。2005年，Bradley、Vovsha[354]针对个体日常活动的三种模式，即强制型出行模式、非强制性出行模式和在家模式，提出了一个明确考虑了群体效益的家庭所有成员共同选择参与同一类活动的模型。2005年，Srinivasan、Chandra[355]研究了工作日家庭成员户内和维持型活动参与的相互作用，研究表明有限的家庭资源（如小汽车拥有）的制约有助于家庭成员的共同活动的产生。2009年，Hironor和Mana-bu[356]以核心家庭为对象，采用微观计量经济学中效用最大化的理论，建立了一个家庭时间安排的非线性模型，首次将子女的因素纳入模型，运用模型对日本东京和富山两个不同规模城市的居民的时间安排行为进行了分析和对比。2009年，Arentze、Timmermans[357]考虑了家庭成员之间的相互影响，提出了一个基于需求的家庭多日、多个体的活动计划预测模型，并在假定的条件下对两口之家9周的活动计划进行了模拟。2009年，Wang和Li[358]考虑了雇佣保姆这一因素对家庭时间安排行为的影响，建立了家庭的时间安排模型。

国内研究中，2005年，宗芳[359]建立了Logit形式的基于活动的出行时间和方式选择模型，并对模型进行了参数标定和敏感性分析。2007年，富晓艳[360]继续标定了以上模型。2006年，邵昀泓[361]建立了活动-出行行为模拟的概率模型、基于交叉分类的出行量预测模型。2007年，杨敏、王炜[362]等建立结构方程模型，对家庭户主之间的社会人口统计、活动参与和出行链进行分析。同年，杨敏、王炜等[363]借助逻辑回归等算法深入研究了个体-家庭特性户主特性、区位因素、工作计划和方式选择如何影响个体在简单和复杂的通勤出行链之间的选择行为。2010年，鲜于建川、隽志才[364]建立递归联立离散选择模型，分析了工作出行链和出行方式间的相互作用；2016年，鲜于建川[365]构造基于广义极值理论的Cross-Nested Logit模型，分析了通勤出行方式和出行链模式联合选择行为。2011年，万霞[366]运用活动匹配方法构建了家庭内私人交通工具合乘行为预测算法，构建了适用于我国复杂交通环境的基于出行链和家庭内私人交通工具分配的出行方式选择模型。2012 年，江国俊[367]从活动 – 出行链的角度对邯郸市居民的自行车使用进行了实证研究，构建了 MNL 模型并分析了邯郸市居民家庭特征、个体特征和出行链特征对自行车方式选择的影响。2012 年，欧舟[368]根据城市居民的日常出行活动特征，将城市居民出行活动分为典型工作出行模式、混合出行模式以及休闲出行模式三种类型，构建以居民出行活动类型为上层，以交通出行方式为下层的 Logit Nested 模型，并对模型中参数进行标定、检验及分析。2013 年，李丹[369]的硕士论文中研究证明了家庭中个体的出行链生成和出行方式选择会受到个人及家庭属性和活动参与的影响：个人及家庭属性主要通过影响活动参与间接影响出行链生成，而出行方式主要受个人及家庭属性的直接影响；不同的属性对活动 – 出行的影响大小和显著程度不同，且这些影响存在性别差异。此外，男女家长的属性、活动、出行之间存在交互作用。2013 年，李志斌、刘攀、王炜等[370][371]提出了一种基于活动链模式的选择自行车方式出行预测方法；接着探讨了自行车方式选择与出行链之间的关系，提出了基于对数模型框架的协同进化方法分析了两者之间的决策顺序，并以国内一中型城市的调查数据为基础进行了分析。2014 年，杨敏、王炜等[372]研究了使用互动强化学习的活动 – 出行方式仿真问题，提出了一种基于多智能体的强化学习算法来模拟出行人员的活动时间和地点选择，通过对上虞市交通状况的模拟，验证了该多智能体方法的有效性。2014 年，龙雪琴、关宏志等提出了基于出行链的出行分布量预测方法；后来林早同样通过分解出行链的方式构建了出行吸引 – 交通分布组合模型。2017 年，杨励雅等[373]以出行链选择子集合、出行方式选择子集合和出发时间选择子集合的组合作为模型的选择项，构建基于广义极值的交叉巢式 Logit 模型。2017 年，叶东[374]对已有出行链研究文献进行总结，利用 NL、MNL 对中小城市居民出行方式选择进行了深入研究。2017 年，叶玉玲等[375]将心理潜变量引入 Logit 模型，构建了基于出行链的旅客城际出行方式选择模型，通过对沪杭交通走廊内客流的调查，进行了模型的应用及参数标定，并对城际旅客出行链的选择进行了预测。2018 年，赵德、王炜等[376]在对出行链进行分析的过程中，开发了一种基于关联规则的地铁 – 公共自行车智能卡数据集成方法。

7.1.2 基于出行链的交通需求预测模型

林早在其硕士论文《基于典型人群出行链的出行生成 – 分布组合模型与软件实现》中通过分解出行链，建立了出行吸引 – 交通分布组合模型：

（1）出行链的分解

对于一条出行链而言，出行链中的出行量均来自起点小区 m 的产生量，除起点外其他节点的产生量不参与到此出行链的交换。出行链中每个节点既为上一次出行的终止点，同时也为下一次出行的起始点，且每次出行终止点的吸引量等下一次出行起始点的产生量，当最后一次出行时，所有小区的出行量均回到出行链的起点。

假设 G_{jck}^m 为以小区 m 为起点的单条出行链 c 在第 k 次出行在小区 j 的产生量；$A_{jc(k-1)}^m$ 为以小区 m 为起点的单条出行链 c 在第 $k-1$ 次出行在小区 j 的吸引量；$p_{ijc(k-1)}^m$ 为以小区 m 为起点的单条出行链 c 在第 $k-1$ 次出行在小区 j 的出行分布量，则有：

$$\begin{aligned} G_{jck}^m &= G_{mck}^m = N_{mhc} = n_{mh} \times p_{hc}, k=1 \\ G_{jck}^m &= A_{jc(k-1)}^m = p_{ijc(k-1)}^m, k=2,\cdots,l_c-1 \\ G_{ic(k-1)}^m &= \sum_{j=1}^M G_{jck}^m = \sum_{j=1}^M A_{jc(k-1)}^m = \sum_{j=1}^M p_{ijc(k-1)}^m, k=2,\cdots,l_c-1 \end{aligned} \quad (7-1)$$

式中 M 为小区总数。

（2）小区吸引强度

根据各小区的吸引强度的大小，上游交通小区的出行产生量将分布到各个交通小区。对于某一出行链而言，每次出行都有特定的目的，对应于相应的土地利用类型，一次出行中两小区间的出行分布量不但与上游小区的出行产生量有关，还与下游小区内相关土地类型的吸引强度有关。

林早利用兴趣点（POI）数据量化交通小区对不同出行目的的吸引强度。则小区 j 对第 g 种出行目的的吸引强度可表示为：

$$D_j^g = \frac{D_j^g}{\sum_{j=1}^M D_j^g} \quad (7-2)$$

（3）单次出行的出行分布

根据重力模型，可知每类出行链 c 中第 k 次出行（$k=1,2,\cdots,l_c-1$）两小区间的出行分布量：

$$p_{ijck}^m = \frac{G_{ick}^m \times D_j^g \times f(R_{ij})}{\sum_{j=1}^M D_j^g \times f(R_{ij})} = \begin{cases} \dfrac{G_{mck}^m \times D_j^g \times f(R_{ij})}{\sum_{j=1}^M D_j^g \times f(R_{ij})} = \dfrac{n_{mh} \times p_{hc} \times D_j^g \times f(R_{ij})}{\sum_{j=1}^M D_j^g \times f(R_{ij})}, k=1 \\ \dfrac{G_{ick}^m \times D_j^g \times f(R_{ij})}{\sum_{j=1}^M D_j^g \times f(R_{ij})} = \dfrac{A_{ic(k-1)}^m \times D_j^g \times f(R_{ij})}{\sum_{j=1}^M D_j^g \times f(R_{ij})}, k=2,\cdots,l_c-1 \end{cases} \quad (7-3)$$

$$p_{imck}^m = p_{ijc(k-1)}^m, k=l_c$$

$$f(R_{ij}) = e^{-0.0326c_{ij}}$$

式中：p_{ijck}^m——以小区 m 为起点的出行链 c 在第 k 次出行时在小区 i 与小区 j 之间的出行分布量；

$f(R_{ij})$——小区 i 与小区 j 之间的交通阻抗；

c_{ij}——小区 i 与小区 j 之间的出行时间成本；

n_{mh}——第 m 个小区中第 h 类人群的数量；

p_{hc}——第 h 类人群选择第 c 类出行链的概率；

当 $k = l_c$ 时，所有小区的出行量均回到出行链的起点 m，即：

$$p_{imck}^m = p_{ijc(k-1)}^m, k = l_c$$

（4）出行分布总量

任意两小区 i 和 j 之间的出行分布总量为以所有小区为出发点，各类小区、各类人群、各类出行链中与小区 i 和小区 j 有关的所有出行分量之和：

$$p_{ij} = \sum_{Z=1}^{4} \sum_{i=1}^{I_Z} \sum_{h=1}^{H_i} \sum_{c=1}^{C_h} \sum_{k=1}^{l_c} p_{ijck}^m \qquad (7-4)$$

7.2 基于多元大数据的交通需求预测

大数据的蓬勃发展为研究者提供了针对城市交通的多角度、多层次、多测度的大样本连续观察能力[377]，使得整体把握交通态势与趋势成为可能。

7.2.1 交通需求预测中的多元大数据

根据数据更新周期的长短将交通数据分为静态数据和动态数据两类：静态数据以地理信息数据为代表，包括城市用地数据和道路网数据；动态数据以交通大数据为代表，直接或者间接通过相关电子设备采集的数据。直接相关的数据如交通监控系统数据、高速公路收费系统数据、公共交通信息系统数据、地铁运营系统数据、出租汽车调度系统数据、客运站售票数据等；间接数据指那些需要进一步挖掘和分析获得与交通出行相关信息的数据，如人们日常活动出行、购物、支付、上网等数据，与交通调查数据、普查及统计数据这些传统交通分析数据相比，具有数据量巨大、更新连续、种类繁杂等特征。

7.2.1.1 地理信息数据

城市用地数据和道路网拓扑数据是交通需求预测重要的基础数据，在地理信息数据没有普及应用的情况下，城市用地和路网数据都是来源于规划资料，然而规划资料并不能反映现实用地状况，具有滞后性和超前性的双重不稳定性。此外，规划的路网数据也不能直接导入建模软件中使用,还需要投入大量的时间和精力去校核和补全。地理信息数据应用于建模后给模型基础数据的收集带来了两方面的好处,一方面能快速获得现状年的土地利用数据,包含建筑属性、建筑面积等详细信息;另一方面能获得道路网拓扑信息,包含道路等级、设计速度、道路方向等。目前,东南大学王炜教授团队开发的 TranStar 软件带有基础数据解析模块,可以从开源地理信息网站上解析下载需要的基础路网数据,以便进行交通规划。

7.2.1.2 手机信令数据

(1)手机信令数据对于常住人口和就业岗位数据的数据采集非常便利,这对于交通生成预测至关重要。

(2)手机信令能够获得"当前""连续"数据,从而对交通需求模型中的参数确定起到校核和验证的作用。

(3)职住分布分析中,传统的调查方法很难区分特定人群的出行行为,而手机信令数据在分析特定人群的出行特征方面具有较好的适用性,特别是通勤出行。

(4)重要集散点客流分布分析方面,手机信令数据在分析特定区域(交通枢纽、大型公共设施、商圈等)的客流来源及目的地方面具有优势。

目前,研究人员利用手机信令数据对交通生成、分布、方式划分阶段进行了研究。

7.2.1.3 车辆监测数据

车辆移动数据主要包括公共汽车、出租汽车、公务车辆的车载 GPS 数据以及基于 RFID、视频卡口和地磁线圈等采集的道路断面流量数据。基于车辆监测数据,构建城市实时车速运行系统,可为各等级道路流量延误函数的标定提供足够丰富的数据基础。根据交通流理论,对路段不同时段的流量、密度进行拟合分析,能够比较清晰地划分出畅通流、压缩流和饱和流状态,作为标定分段流量延误函数的重要基础。此外,根据分时段交通量和车速的统计分析,还可为不同区域、不同道路等级的单车道通行能力标定提供定量参考。通过流量溯源分析,获得特定关键断面的机动车交通流来源,推演机动车出行 OD。

7.2.1.4 公交刷卡数据

轨道交通闸机数据记录了乘客出行的上下车站。公共汽车的 IC 卡数据并未记录乘客的上下车站,但通过与车载 GPS 数据的相同关键字段相匹配,以及相应的理论分析,可以推导得到公共汽车出行 OD 矩阵。将公交 IC 卡数据记录的车辆号、刷卡时间与车载 GPS 数据记录的车辆号、定位时间相匹配,可获取乘客刷卡时对应的定位经纬度,与调查的公共汽车站经纬度相匹配,即可推导出乘客出行的上车站。对于下车站推导,假设乘客单日全部出行是一个以起讫点为连接点的完整环状出行链,则可以假设乘客前一次出行的终点是下一次出行的起点,乘客当日最后一次出行的终点是第一次出行的起点。通过上述方法，可充分利用公交 IC 卡、GPS 数据以及轨道交通闸机数据获取公共交通出行需求 OD 矩阵，大幅度减少人工调查费用和成本的同时，提高了建模数据精度。

7.2.2 基于多元大数据的交通需求预测技术

7.2.2.1 交通生成预测技术的改进

将城市用地分为 K 大类，设第 k（$k \in K$）类用地的出行发生率为 p_k，出行吸引率为 a_k；城市中交通小区数量为 I 个，通过手机信令数据分析可知交通 i（$i \in I$）总的出行发生量 P_i 和出行吸引量 A_i，上述关系能写成以下等式[378]：

$$\sum_k S_{ki} p_k = P_i \qquad (7-5)$$

$$\sum_k S_{ki} a_k = A_i \qquad (7-6)$$

式中：S_{ki} 为已知项指交通小区 i 中第 k 类用地的建筑面积。上述函数中出行发生率为 p_k，出行吸引率为 a_k。

基于手机信令数据能大致区分几类出行目的，如基于家的通勤出行（HBW），基于家的弹性出行（HBO），非基于家的出行（NHB）等，进一步能精细化地标定出特定出行目的的用地发生吸引率，相应的等式如下：

$$\sum_k S_{ki} p_k^{HBW} = P_i^{HBW} \qquad (7-7)$$

$$\sum_k S_{ki} a_k^{HBW} = A_i^{HBW} \qquad (7-8)$$

7.2.2.2 交通分布预测技术的改进

出行分布模型的改进主要体现在以下三个方面的精细化校核。

（1）重要通道的交通需求校核

传统交通调查通过对重要通道和断面的分时段分车型的交通需求调查来收集分布模型校核的关键信息，所收集的数据存在精细化的优势的同时又存在人工主观性的不足；移动手机信令数据分析也能获得重要通道和断面的交通需求，但是结果更为客观。因此，将信令数据与人工调查数据结合分析能优势互补，更加全面反映交通需求。

（2）中区层面的对比校核

基于不同层面的分析需求，分布模型能预测出交通小区、中区和大区的出行需求，与信令数据对比分析。实践证明，小区层面的对比分析容易出现过度集中的问题，大区层面的对比分析又过于粗糙。因此，对中区层面的分析能够更直观反映差距，更好地识别出行通道和出行走廊。

（3）出行分类的对比校核

基于不同的交叉分类，交通模型能预测出不同分类的分布矩阵。与手机信令数据进行校核对比，包括对用户进行人群分类，如通勤人口、无业人口以及流动人口等；进一步识别用户出行的时空分布活动规律，校核通勤、非通勤等出行目的出行特征指标。

2007年，Herrera[379]估计了高速公路和少量主干公路的动态OD矩阵。2012年，Wang等[380]从大规模手机数据中提取出行分布信息。2018年，杨小丽[381]对基于RFID数据的动态OD估计及应用问题进行研究。2019年，俞璐怡[382]融合手机信令数据和网络爬取数据，对手机用户的出行属性、个人属性等特征进行提取。2019年，朱倩[383]以社会经济数据、AFC统计数据为输入信息，对客流预测模型中相关变量及参数进行校正，对城市轨道交通网络OD分布量进行估计。

7.2.2.3 方式划分预测技术的改进

方式选择模型改进体现在三个方面：

（1）汇聚公共交通出行需求数据，把握公交方式分担总量及比例；通过各类数据校核，把握交通方式的总体分担结构；由公交刷卡数据计算出全天公交客运总量。

（2）对出租汽车数据进行分析，把握总体的出租汽车出行特征；利用出租汽车运营统计数据计算出出租汽车方式的总量，进一步修正人工调查的交通方式结构。

（3）融和分析公交、轨道刷卡数据，进一步精细化输入方式划分模型参数。在方式划分模型中的效益函数计算方面，利用车辆实时GPS数据能获得时间阻抗数据，利用公交刷卡数据能获得换乘时间、换乘次数等数据；通过对出租汽车数据分析，获取各地区人群的出租汽车出行偏好和便捷程度等。

相关研究成果：2013年，YAN[384]分析了瑞士弗劳恩菲尔德市230名志愿者填写的日常出行日志，发现群体的出行距离近似服从一个带有指数截断的幂律分布，与基于手机数据得到的实证研究结果非常接近。2016年，赵德[385]根据百度地图API获取的轨道交通与常规公交空间坐标数据，以及运营商提供的公共自行车租赁点坐标信息对南京市的空间耦合性进行评价。2018年，赵德、王炜等[386]从智能卡数据对地铁—公交换乘点进行了识别，运用关联规则算法和聚类分析方法，利用SC数据进行换乘识别，并以南京一周的SC数据为例，对换乘识别进行了验证。2019年，刘华斌[387]研究了基于信令数据出行方式特征挖掘的城市交通出行方式综合辨识方法。提取了出行距离、出行时长、出行平均速度等出行方式观测特征，根据聚类理论构建了基于信令数据的出行方式特征聚类模型,对典型出行方式进行了辨识。2020年,项昀等[388]依托腾讯位置大数据中的"人口迁徙"数据,绘制基于出行距离的客运方式分担率曲线,获得我国现阶段公路、铁路、航空3种城市对外客运方式的绝对优势出行距离与相对优势出行距离。

7.2.2.4 交通分配预测技术的改进

可以利用全市断面的视频卡口数据推演车辆出行轨迹,分析特定断面的交通来源(交通溯源),与交通分配模型计算的断面流量搜索结果对比,进一步校核交通分配模型的精度。

2010年,Zhang、Qin、Dong等[389][390]基于手机用户的移动轨迹估计日OD矩阵。2019年,陈喜群等[391]基于手机信令数据生成居民出行静态OD,并结合微波和卡口数据对仿真模型进行了参数标定。

参考文献

［1］王炜，陈学武．交通规划（第二版）［M］．北京：人民交通出版社，2017.

［2］陈先龙．中国城市交通模型现状问题探讨［J］．城市交通，2016，14（2）：17-21.

［3］易汉文．城市交通分区类别的出行生成模型［J］．武汉城市建设学院学报，1996（03）：14-20.

［4］杨希锐，王殿海，张瑞林．居民居住选址与出行生成模型［J］．吉林工业大学学报，1998，28（90）：94-97.

［5］刘安，杨佩昆．出行生成预测模型的研究［J］．同济大学学报：自然科学版，1998（03）：290-293.

［6］李霞．城市居民出行生成预测方法研究［D］．长春：吉林大学，2004.

［7］杨敏，李文勇，陈学武，等．城市交通生成预测实用分析模型及其应用［J］．公路交通科技，2005，22（12）：109-112.

［8］石飞，王炜，陆建．居民出行生成预测方法的归纳和创新［J］．城市交通，2005（01）：43-46.

［9］刘洪丽．城市居民出行生成预测方法研究［D］．南京：河海大学，2006.

［10］杨朔．基于土地利用的城市交通生成预测实用方法及软件框架设计［D］．南京：东南大学，2007.

［11］裴玉龙，冯岩，孙兴煜．基于区位影响的新城区交通生成预测模型研究［C］//中国城市交通规划年会暨学术研讨会．2006.

［12］曲同庆，严凌．考虑可达性的交通生成预测模型［J］．中国水运，2015，15（5）：67-69.

［13］钟远岳，钟广鹏．地块交通影响下的交通需求预测模型及应用［J］．交通运输工程与信息学报，2019，17（02）：73-80.

［14］张雅婷．基于交通可达性的交通生成率研究［D］．天津：河北工业大学，2014.

[15]富晓艳,隽志才,宗芳.基于非集计选择模型的长春市居民出行数据分析[J].交通运输系统工程与信息,2007(05):80-84.

[16]陈峻,李春燕,张小东.居民出行生成预测的二元Logit模型改进及验证[J].武汉理工大学学报(交通科学与工程版),2009,33(5):1008-1011.

[17]张晓明.城市交通出行生成模型的研究[D].北京:北京工业大学,2000.

[18]彭唬,陆化普,王继峰.城市空间形态对交通生成影响分析[J].武汉理工大学学报(交通科学与工程版),2008,32(06):975-978.

[19]李永晟,夏超.基于用地混合熵的城市交通生成预测模型[J].天津城建大学学报,2014,20(5):328-332.

[20] Ding Haoyang, Yang Min, Wang Wei, Xu Chengcheng. Simulating and analyzing the effect on travel behavior of residential relocation and corresponding traffic demand management strategies[J]. Ksce Journal of Civil Engineering, 2018.

[21] Yang Yang, Wang Wei, Ding Haoyang, Jin, Kun. Quantitative determination method for traffic analysis zone generation and attraction points[C]. ICTE 2019 – Proceedings of the 6th International Conference on Transportation Engineering, p 49-58, 2019.

[22]刘爽,朱晓宁,贾顺平.城市交通结构优化研究综述[J].交通运输系统工程与信息,2009(01):28-38.

[23]刘爽.基于系统动力学的大城市交通结构演变机理及实证研究[D].北京:北京交通大学,2009.

[24]陆建.城市交通系统可持续发展规划理论与方法[D].南京:东南大学,2003.

[25]王炜,陈学武,陆建.城市交通系统可持续发展理论体系研究[M].北京:科学出版社,2004.

[26]陆建,王炜.城市交通系统可持续发展保障体系研究[J].城市交通,2004,2(003):10-13.

[27]万霞,陈峻,王炜.我国私人小汽车的使用和城市经济相关性研究[J].城市规划,2009,000(001):74-79.

[28]杨晨.城市自行车出行需求特性及其影响因素研究[D].南京:东南大学,2011.

[29] Yang Min, Li Dan, Wang Wei, et al. Modeling Gender-Based Differences in Mode Choice considering Time-Use Pattern: Analysis of Bicycle, Public Transit, and Car

Use in Suzhou, China [J]. Advances in Mechanical Engineering, 2013, 2013 (3): 1-12.

[30] 徐奥林. 基于出行者特性的出行行为研究 [D]. 北京: 北京交通大学, 2014.

[31] 杨硕, 邓卫, 程龙. 基于家庭的城市居民活动出行行为研究综述 [J]. 交通运输工程与信息学报, 2016, 14 (2): 92-100.

[32] Yang, Min, Liu Xinlu, Wang Wei, Li Zhibin, Zhao Jingyao. Empirical Analysis of a Mode Shift to Using Public Bicycles to Access the Suburban Metro: Survey of Nanjing, China [J]. Journal of Urban Planning and Development, 2016, 142 (2): 05015011.1-05015011.11.

[33] Ji, Yanjie, Fan Yingling, Ermagun Alireza, Cao Xuening, Wang Wei, et al. Public bicycle as a feeder mode to rail transit in China: The role of gender, age, income, trip purpose, and bicycle theft experience [J]. International journal of sustainable transportation, 2017, 11 (4): 308-317.

[34] 范琪, 王炜, 杨洋, 等. 家庭收入差异对出行方式选择的影响分析 [J]. 交通信息与安全, 2019.

[35] 杜影. 基于感知成本的低收入人群通勤交通方式选择研究 [D]. 南京: 东南大学, 2015.

[36] 程龙. 大城市低收入通勤者出行方式选择及改善对策评估 [D]. 南京: 东南大学, 2016.

[37] 田涛. 大城市中等收入群体出行选择行为影响因素研究 [D]. 南京: 东南大学, 2016.

[38] 李志斌, 王炜, 杨晨, 等. 机动车尾气污染对居民出行选择的影响 [J]. 交通信息与安全, 2009 (03): 56-59.

[39] 刘常平. 基于区域土地利用的交通需求分析方法研究 [D]. 北京: 北京工业大学, 2006.

[40] 杨明, 曲大义, 王炜, 等. 城市土地利用与交通需求相关关系模型研究 [J]. 公路交通科技, 2002, 19 (001): 72-75.

[41] 肖忠斌. 城市土地利用与交通系统协调发展理论研究 [D]. 南京: 东南大学, 2013.

[42] 杨敏, 陈学武, 王炜, 等. 基于人口和土地利用的城市新区交通生成预测模型 [J]. 南京: 东南大学学报, 2005, 35 (05): 815-819.

[43] 富晓艳, 隽志才, 宗芳. 基于非集计选择模型的长春市居民出行数据分

析［J］.交通运输系统工程与信息，2007（05）：80-84.

［44］Greene W H, Hensher D A, John Rose.Acco unting fo r hetero geneity in the v ariance of unobserved effects in mix ed log it models［EB/OL］.http://www.elsevier.com/locate/trb,2006.

［45］王慧晶.基于灰色预测模型的铁路客运量预测研究［J］.铁道运输与经济，2006（06）:79-81.

［46］梅振宇，王炜，李铭，陈峻.高速公路交通生成预测的改进灰色马尔可夫模型［J］.公路交通科技，2004，21（12）：89-92.

［47］袁曾任.人工神经元网络及其应用［M］.北京：清华大学出版社，1999：1-24.

［48］陆化普，周钱，徐薇.交通出行预测的神经网络模型［J］.交通运输工程与信息学报，2008（02）：10-15.

［49］邓捷，陆百川，刘权富，等.基于RBF神经网络的交通生成预测模型［J］.武汉理工大学学报，2014，36（01）：43-47.

［50］Wilson, A. G. A statistical theory of spatial distribution models［J］.Transportation Research, 1967, 1: 253-269.

［51］Wilson, A. . Entropy in urban and regional modelling: retrospect and prospect. Geographical Analysis, 2010, 42（31）: 253-269.

［52］Wilson, A. G. Urban and regional models in geography and planning［M］.Urban and regional models in geography and planning, London: Wiley, 1974.

［53］佐佐木纲，杨涛.最大熵模型及其在一种土地模型中的应用［J］.国外城市规划，1997，3，48-49.

［54］Fotheringham, A. S.（1983）. A new set of spatial-interaction models: the theory of competing destinations. Environment & Planning A, 15, 1, 15-36.

［55］Fang, S. C., & Tsao, H. J. Linearly-constrained entropy maximization problem with quadratic cost and its applications to transportation planning problems. Transportation Science, 1995, 29, 4, 353-365.

［56］杨兆升.交通运输系统规划.北京：人民交通出版社，1997.

［57］田志力，周海涛，等.引力模型预测交通分布量的误差分析［J］.公路交通科技，1994（2）：47-49.

［58］田志力，周海涛，等.引力模型中K系数的变化［J］.公路交通科技，1995，6（12）：36-37.

［59］达庆东，张国伍，姜学峰，等.交通分布与熵［J］.公路交通科技，

1999, 11（6）：36-38.

[60] 陈尚云, 杜文, 高士廉, 等. 我国特大城市出行分布模型及其参数的研究[J]. 系统工程, 2002, 7（112）：64-66.

[61] 邵昀泓, 程琳, 王炜. 最大熵模型在交通分布预测中的应用[J]. 交通运输系统工程与信息, 2005（01）：85-89.

[62] 孙立山, 姚丽亚, 荣建, 等. 基于最大熵模型的客运枢纽换乘量分布预测研究[J]. 公路交通科技, 2008, 25（9）：140-144.

[63] 李旭宏. 城市交通分布预测模型研究——系统平衡模型及其应用[J]. 南京: 东南大学学报：自然科学版, 1997（S1）：152-155.

[64] 邓明君, 王铁中. 居民出行分布预测的改进模型研究[J]. 交通信息与安全, 2010, 28（3）：35-37.

[65] 王炜, 黄蓉, 华雪东, 等. 一种结合重力模型与Fratar模型的交通分布预测方法[P]. 中国专利, CN106504535B. 2018-10-12.

[66] 曲昭伟, 姚荣涵, 王殿海, 等. 基于最大熵原理的居民出行分布模型[J]. 吉林大学学报（工学版）, 2003, 4（33）：16-19.

[67] 姚荣涵, 王殿海, 等. 居民出行分布的熵模型及其参数标定[J]. 交通运输工程学报, 2005, 12（4）：106-110.

[68] 姚荣涵, 王殿海, 等. 出行分布的信息熵模型[J]. 交通运输系统工程与信息, 2005, 6,（3）：117-125.

[69] 朱顺应, 管菊香, 王红, 等. 交通分布预测模糊重力模型[J]. 南京: 东南大学学报（自然科学版）, 2008（04）：185-189.

[70] 覃鹏, 肖亮. 经典出行分布模型的不足与新理论探索[C] // 2019年中国城市交通规划年会.

[71] 黎华林. 增长系数法与Fratar法的类比分析[J]. 中国水运（学术版）, 2007, 7（003）：126-127.

[72] 田志立, 周海涛. 交通分布修正引力模型的应用[J]. 公路交通科技, 1996（01）：48-53.

[73] 张春辉. 交通分布模型的比较研究[D]. 大连: 大连理工大学, 2010.

[74] 饭田恭敬. 交通工程学[M]. 北京: 人民交通出版社, 1994.

[75] 邵昀泓, 王炜, 程琳. 交通分布模型的一致性研究[J]. 系统工程学报, 2006（03）：106-110.

[76] Fang, ShuCherng, Rajasekera, J. R, Tsao, H. S. J. Entropy Optimization and Mathematical Programming [M]. Entropy optimization and mathematical

programming, 1997.

［77］朱亮, 王元庆, 周荣. 基于出行时空分布的重力模型标定方法研究［J］. 武汉理工大学学报（交通科学与工程版）, 2019, 43（01）: 112-116.

［78］闫小勇. 一种改进的重力模型标定方法［J］. 交通信息与安全, 2003, 21（004）: 93-95.

［79］王赛. 交通分布预测重力模型的改进［D］. 石家庄: 石家庄铁道大学, 2018.

［80］王炜, 孙俊. 大型交通网络 OD 矩阵推算方法研究［J］. 南京: 东南大学学报: 自然科学版, 1996, 026（006）: 47-54.

［81］Juan de Dios Ortúzar, Luis G. Willumsen. Modelling Transport（Fourth Edition）［M］. Hoboken: John Wiley & Sons, Ltd, 2011. 207-225.

［82］Scheiner J. Interrelations between travel mode choice and trip distance: trends in Germany 1976–2002［J］. Journal of Transport Geography, 2010, 18（1）: 75-84.

［83］陈学武. 城市客运交通方式结构预测的层次分析法［J］. 东南大学学报, 1998（3）: 23-26.

［84］何婷, 陈茜, 张毅彬. 大城市合理客运交通出行结构研究［J］. 交通与运输, 2009（1）, 14-17.

［85］赵磊, 谢辉, 晏克非, 等. 方式划分中慢行交通分担曲线模型研究 —— 以芜湖市为例［J］. 交通与运输: 学术版, 2009（2）: 51-53.

［86］王健. 大城市客运交通方式结构预测［D］. 南京: 东南大学, 2006.

［87］Mcfadden D, Train K. Mixed MNL models for discrete response［J］. Journal of Applied Econometrics, 2000, 15（5）: 447-470.

［88］Ben-Akiva, M. and S. Lerman. Discrete Choice Analysis: Theory and Application to Travel Demand［M］. Cambridge, Massachusetts, MIT Press, 1985.

［89］关宏志. 非集计模型—交通行为分析的工具［M］. 北京: 人民交通出版社, 2004.

［90］Horowitz, Joel. The Accuracy of the Multinomial Logit Model as an Approximation to the Multinomial Probit Model of Travel Demand［J］. Transportation Research Part B, 1980, 14（4）: 331-341.

［91］Ortuzar J D D. Nested Logit Models for Mixed-mode Travel in Urban Corridors［J］. Transportation Research Part A General, 1983, 17（4）: 283-299.

［92］Mark, D, Uncles. Discrete Choice Analysis: Theory and Application to Travel Demand［J］. Journal of the Operational Research Society, 1987, 38（4）: 370-

371.

［93］Ashiabor S，Baik H，Trani A．Logit Models for Forecasting Nationwide Intercity Travel Demand in the United States［J］．Transportation Research Record Journal of the TRB，2007（1）：1-12．

［94］Hoogendoorn S P，Bovy P H L．Pedestrian Travel Behavior Modeling［J］．Networks Spatial Economics，2005，5（2）：193-216．

［95］Wen C H，Koppelman F S．The generalized nested Logit model［J］．Transportation Research Part B，2001，35（7）：627-641．

［96］Lewis J A．Probit Analysis［J］．Journal of the Royal Statistical Society：Series C（Applied Statistics），1972，21（2）：210-211．

［97］Ai C，Norton E C．Interaction Terms in Logit and Probit Models［J］．Economics Letters，2003，80（1）：123-129．

［98］Gaundry M J I，Dagenais M G．The dogit model［J］．Transportation Research Part B：Methodological，1979，13（2）：105-111．

［99］Yao Liya，Sun Lishan，Xiong Hui，等．Comparison of mode split model based on multinomial Logit and nested Logit［C］．World Automation Congress. IEEE，2012．

［100］Bekhor S，Reznikova L，Toledo T．Application of Cross-Nested Logit Route Choice Model in Stochastic User Equilibrium Traffic Assignment［J］．Transportation Research Record Journal of the TRB，2003（2007）：41-49．

［101］王强．城市道路交通拥挤收费理论体系研究［D］．西安：长安大学，2003．

［102］王树盛，黄卫，陆振波．Mixed Logit 模型及其在交通方式分担中的应用研究［J］．公路交通科技，2006，23（05）：88-91．

［103］李海峰．城市形态、交通模式和居民出行方式研究［D］．南京：东南大学，2006．

［104］贾洪飞，龚勃文，宗芳．交通方式选择的非集计模型及其应用［J］．吉林大学学报，2007，134（06）：1288-1293．

［105］殷焕焕，关宏志，秦焕美，等．基于非集计模型的居民出行方式选择行为研究［J］．武汉理工大学学报：交通科学与工程版，2010（05）：148-151．

［106］王雯静，干宏程．小汽车与轨道交通出行方式选择行为分析［J］．城市交通，2010（03）：12+42-46．

［107］张浩然，任刚，王炜．非集计模型在交通方式结构预测中的应用［J］．

交通运输系统工程与信息，2008（05）：44–49.

［108］冯燕春，杨涛.城市低收入人群广义出行成本研究［J］.大连交通大学学报，2012，33（04）：58–61.

［109］周微.都市圈综合交通客运结构预测理论与方法研究［D］.比北京：北京交通大学，2013.

［110］马晖玮.基于非集计模型的居民出行方式选择影响因素研究［D］.南京：南京财经大学，2015.

［111］袁骏一.差异化交通出行选择行为结构模型研究［D］.南京：东南大学，2015.

［112］栾鑫.特大城市居民出行方式选择行为特性研究［D］.南京：东南大学，2016.

［113］Golob T F, McNally M G. A model of activity participation and travel interactions between household heads［J］. Transportation Research Part B: Methodological，1997，3 1（3）：177–194.

［114］Simma A，Axhausen K W Structures of commitment in mode use: A comparison of Switzerland, Germany and Great Britain［J］. Transport Policy，2001，8(4)：279–288.

［115］周竹萍，任刚，王炜.基于多级递阶层次结构模型的交通方式分担预测［J］.吉林大学学报：工学版，2009，39（S2）：116–120.

［116］Zhou Zhuping, Wang Wei, Hu Qizhou. An Application of Hierarchical Structure Model for Trip Mode Choice Forecasting in China［J］. Mathematical Problems in Engineering，2015，2015（PT.16）：925963.1–925963.11.

［117］郭季，罗明杰，崔姗姗，等.基于结构方程模型的城市居民出行方式选择研究［J］.公路与汽运，2020（2）：30–35.

［118］John R Meyer, The Urban Transportation Problem［M］. Mass: Technology and Culture，1965.111–117.

［119］MohringG H. Optimization and Scale Economies in Urban Bus Transportation［J］. American Economic Review，1972，62（4）：591–604.

［120］Keeler, T E, Merewitz, L A, Fisher, P, et al. Full Costs of Urban Transport. Part III. Automobile costs and Final Intermodal Cost Comparisons［J］. Transportation Research Record Journal of the TRB，1975（7）：167–178.

［121］Boyd J H，Asher N J，Wetzler E S. Nontechnological innovation in urban transit,: A comparison of some alternatives［J］. Journal of Urban Economics，1978，5(1)：

1-20.

［122］B. De Borger, S. Ochelen, S. Proost, et al. Alternative transport pricing and regulation policies: A welfare analysis for Belgium in 2005［J］. Transportation Research Part D Transport & Environment, 1997, 2（3）:177-198.

［123］James M, Mark D. Review of Some of the Literature on the Social Cost of Motor-Vehicle Use［J］. Environmentally Conscious Transportation, 1997（3）:15-80.

［124］Mark A. Delucchi. Do motor-vehicle users in the US pay their way?［J］. Transportation Research Part A Policy and Practice, 2007, 41（10）:982-1003.

［125］Currie G, Sarvi M, Young B. A new approach to evaluating on-road public transport priority projects: balancing the demand for limited road-space［J］. Transportation, 2007, 34（4）:413-428.

［126］荣朝和. 论在我国建立资源节约型的交通运输结构［J］. 经济科学, 1992, 14（6）: 47-50.

［127］胡永举. 城市居民出行成本的量化方法研究［J］. 交通运输工程与信息学报, 2009（01）: 5-10.

［128］顾涛, 刘泽, 刘跃军. 考虑交通拥堵效应的大城市私家车出行成本分析［J］. 山东科学, 2019, 32（01）, 79-85.

［129］杨忠伟, 刘小明. 城市交通出行成本对出行结构的影响［J］. 交通运输系统工程与信息, 2012, 12（002）: 21-26.

［130］孙峰, 杨涛. 城市电动自行车广义出行成本分析［J］. 武汉理工大学学报, 2013, 37（2）: 439-442.

［131］Tlle L. Neues Leben für ein technisches Denkmal［J］. Binnenschiffahrt, 2013, 68（9）: 53-53.

［132］Holz-rau H-C. Verkehrsverhalten beim Einkauf［J］. Internationales Verkehrswesen, 1991（43）: 300-305.

［133］Badland H, Schofield G. Transport, urban design, and physical activity: an evidence-based update［J］. Transportation Research D Transport & Environment, 2005, 10（3）: 177-196.

［134］Diw I. Tabellenprogramm zur Erhebung Mobilität in Deutschland［C］. Berlin: Mobilität in Tabellen, 2002.

［135］VaGane L. Short Car Trips in Norway: is there a Potential for Modal Shift?［C］. Leiden, Netherlands. European Transport Conference. 2007.

［136］Jae, Hyun, Lee et al. A Decade of Dynamics of Residential Location,

Car Ownership, Activity, Travel and Land Use in the Seattle Metropolitan Region [J]. Transportation Research Part A Policy Practice, 2018 (23): 420-439.

[137] 陈尚云, 杜文, 高世廉. 我国特大城市出行分布模型及其参数的研究 [J]. 系统工程, 1999 (4): 63-66.

[138] 周文竹, 王炜, 郭志勇. 基于各等级道路的交通方式出行距离分布研究 [J]. 武汉理工大学学报: 交通科学与工程版, 2009 (5): 976-979.

[139] 周文竹, 王炜, 郭志勇. 团块状单中心大城市的出行距离分布规律研究 [J]. 交通与计算机, 2008, 026 (003): 9-13, 18.

[140] 万霞, 陈峻, 胡文婷. 城市小汽车的使用模式划分及预测模型 [J]. 武汉理工大学学报: 交通科学与工程版, 2010, 34 (4): 689-694.

[141] 郑常龙. 基于效用理论的城市居民出行方式选择分析 [D]. 北京: 北京工业大学, 2013.

[142] 蒋贤才, 墨建亮. 公共交通线路网优势出行距离研究 [J]. 公路与汽运, 2016 (2): 59-61.

[143] 陈征. 交通方式划分--交通分布组合模型研究与软件设计 [D]. 南京: 东南大学, 2004.

[144] 陈征, 刘英舜, 石飞. 城市居民出行方式距离曲线的研究与应用 [J]. 交通运输研究, 2006 (8): 157-160.

[145] 李晓伟, 王炜. 综合运输体系客运方式分担率-距离转移曲线确定方法 [P]. 中国专利, CN201611052082.X. 2017-05-17.

[146] 项昀, 王炜, 郑敦勇, 王宝杰, 华雪东, 魏雪延. 区域综合网络货运交通方式的优势运距研究 [J]. 交通运输系统工程与信息, 2016, 16 (6): 33-39.

[147] Xiang Yun, Xu Chengcheng, Yu Weijie, Wang Shuyi, Hua, Xuedong, Wang, Wei. Investigating Dominant Trip Distance for Intercity Passenger Transport Mode Using Large-Scale Location-Based Service Data [J]. Sustainability, 2019: 11 (19), 1-17.

[148] 丁剑. 基于优势出行距离的方式分担率模型及软件实现 [D]. 南京: 东南大学, 2017..

[149] 范琪, 王炜, 华雪东, 等. 基于广义出行费用的城市综合交通方式优势出行距离研究 [J]. 交通运输系统工程与信息, 2018, 18 (4): 25-31.

[150] 龚勃文. 交通方式划分的非集计模型及应用研究 [D]. 长春: 吉林大学, 2007.

[151] 李辰. 交通方式划分的 Logit 模型方法 [D]. 河海大学, 2004.

[152]徐任婷.基于出行者个体行为特征的出行目的地与方式选择模型研究[D].南京：东南大学，2007.

[153]张天然，杨东援，赵娅丽，等.RP/SP融合数据的Mixed Logit和Nested Logit模型估计对比[J].同济大学学报（自然科学版），2008.

[154] David Revelt, Kenneth Train, Kenneth Train. Customer-specific taste parameters and mixed Logit, working paper[J]. Economics Working Papers, 2000, 19(9): 934-938.

[155]王炜，陈峻，过秀成.交通工程学（第三版）[M].南京：东南大学出版社，2019.

[156]陈学武，王炜.城市客运交通方式结构预测的层次分析法[J].南京：东南大学学报，1998，3：23-26.

[157]牛学勤，王炜，殷志伟.城市客运交通方式分担预测方法研究[J].公路交通科技，2004，21（3）：75-96.

[158]项昀.城市对外客运交通方式划分研究[D].南京：东南大学，2019.

[159]葛亮，王炜，邓卫，等.基于可持续发展的城市客运交通方式分担率预测模型研究[J].公路交通科技，2004，21（8）：95-98.

[160]马俊来.城市道路交通设施空间资源优化研究[D].南京：东南大学，2006.

[161]范琪.基于优势出行距离的城市居民出行方式选择模型研究[D].南京：东南大学，2020.

[162]敬艳君.小汽车方式出行的出行行为特征分析及出行预测[D].南京：东南大学，2006.

[163]万霞，陈峻，胡文婷.基于出行方式和活动交互作用的小汽车使用预测模型[J].东南大学学报（自然科学版），2009，39（1）：171-176.

[164]鲜于建川，隽志才.城市摩托车交通出行特征与出行方式选择行为研究[J].交通运输系统工程与信息，2008，8（005）：136-140.

[165]靳佳.基于IC卡的北京市公交出行特征分析[D].北京：首都师范大学，2013.

[166]侯现耀，陈学武，王卫杰.多公交信息下居民出行前方式选择意向分析[J].交通运输系统工程与信息，2014，14（04）：79-84.

[167]丁平峰.定制公交出行方式选择模型研究[D].南京：东南大学，2015.

[168]王茁，张鸣轩.非集计模型在公交出行方式选择中的应用[J].山东交

通学院学报，2020（1）：24-31.

［169］TRAINK. A structured logit model of auto ownership and mode choice［J］. The Review of Economic Studies，1980，47（2）：357-370.

［170］CHENG Y-H，CHEN S-Y. Perceived accessibility，mobility，and connectivity of public transportation systems［J］. Transportation Research Part A：Policy and Practice，2015，77（C）：386-403.

［171］刘建荣，刘志伟. 基于出行者潜在类别的公交出行行为研究［J］. 华南理工大学学报（自然科学版），2019，47（06）：119-126.

［172］单晓峰. 城市自行车交通合理方式分担率及其路段资源配置研究［D］. 南京：东南大学，2007.

［173］李志斌，刘攀，王炜，等. 一种基于活动链模式的选择自行车方式出行预测方法：.

［174］Li Zhibin，Wang，Wei，Yang Chen，Ding Haoyang. Bicycle mode share in China：a city-level analysis of long term trends［J］. Transportation，2017，44（4）：773-788.

［175］Bao Jie，Xu Chengcheng，Liu Pan，Wang Wei. Exploring Bikesharing Travel Patterns and Trip Purposes Using Smart Card Data and Online Point of Interests［J］. Networks & Spatial Economics，2017，17（4）：1231-1253.

［176］Xueyan Wei，Sida Luo，Yu Marco Nie. Diffusion Behavior in A Docked Bike-sharing System［J］. Transportation Research Part C：Emerging Technologies，2019，107：510-524.

［177］杨晨，陆建，王炜，等. 基于个体出行方式选择的自行车交通影响因素研究［J］. 交通运输系统工程与信息，2007（04）：135-140.

［178］Yang Chen，Wang Wei，Shan Xiaofeng，et al. Effects of Personal Factors on Bicycle Commuting in Developing Countries Case Study of Nanjing，China［J］. Transportation Research Record Journal of the Transportation Research Board，2010，2193：96-104.

［179］边扬. 城市步行交通系统规划方法研究［D］. 南京：东南大学，2007.

［180］Lu Lili，Chan Ching-Yao，Wang Jian，Wang Wei. A study of pedestrian group behaviors in crowd evacuation based on an extended floor field cellular automaton model［J］. Transportation Research Part C：Emerging Technologies，2017，81：317-329.

［181］MeFadden D. Coditional logit analysis of qualitative choice behavior［M］.

Frontiers in Eeonometries，1974.

［182］Phill Wheat，Richard Batley. Quantifying and decomposing the uncertainty in appraisal value of travel time savings［J］. Transport Policy，2015，12（2）：134-142.

［183］Vinayak Dixit，Sisi Jian，Asif Hassan，Edward Robson. Eliciting perceptions of travel time risk and exploring its impact on value of time［J］. Transport Policy，2019，11（1）：36-45.

［184］王涛，杨孝宽，刘晓明. 出行时间成本的测算方法及其影响因素分析［J］. 道路交通与安全，2006，6（4）：19-22.

［185］杨利强，黄亮，张宁，石庄彬. 基于 Mixed Logit 模型的城市轨道交通出行时间价值估计［J］. 城市轨道交通研究，2015，18（05）：29-32+37.

［186］符韦苇，靳文舟，林福成. 基于 MNL 模型的城市公共交通出行时间价值估计［J］. 交通运输系统工程与信息，2010，10（2）：148-152.

［187］杨杰娇. 基于时间价值调查的公交定价研究［D］. 武汉：华中科技大学，2009.

［188］毕晓莹. 不同阶段的轨道交通定价模型研究［J］. 交通科技与经济，2020，22（1）：22-27.

［189］张文科. 城市公共交通出行时间价值估算方法研究［D］. 石家庄：石家庄铁道大学，2016.

［190］赵伟涛. 通勤出行时间价值模型研究［D］. 北京：北京交通大学，2013.

［191］赵淑芝，赵贝. 多因素影响下的城市居民出行行为时间价值［J］. 吉林大学学报（工学版），2011，41（01）：46-50.

［192］李晓伟，王炜，杨敏，等. 多因素作用下旅客多模式交通出行时间节省价值测算与应用［J］. 公路交通科技，2018，035（003）：86-93.

［193］周洋. 居民出行时间价值标定及其在交通分布预测中的运用［D］. 深圳：深圳大学，2015.

［194］顾典. 旅客出行时间节省价值［D］. 上海：上海海事大学，2004.

［195］赵胜川. 私家车出行者通勤出行时间价值［J］. 交通运输工程系统与信息，2009，9（1）：109-112.

［196］王方. 基于SP调查的行为时间价值研究［D］. 北京：北京工业大学，2005.

［197］李田野，邵敏华. 考虑舒适性的公交乘客出行时间价值对比［J］. 交通科学与工程，2011，3:82-86.

[198] 邵长桥，陈昳临. 行程时间价值研究综述［J］. 北京工业学报，2018，44（3）：417-423.

[199] 秦萍，陈颖翱，徐晋涛，王兰兰. 北京居民出行行为分析：时间价值和交通需求弹性估算［J］. 经济地理，2014，34（11），16-18.

[200] LU X S, LIU T L, HUANG H J. Pricing and mode choice based on nested logit model with trip-chain costs［J］. Transport Policy，2015，44（1）：76-88.

[201] SHEN W, XIAO W, WANG X. Passenger satisfaction evaluation model for urban rail transit：A structural equation modeling based on partial least squares［J］. Transport Policy，2016，46（1）：20-31.

[202] IMAZ A, HABIB K M N, SHALABY A, et al. Investigating the factors affecting transit user loyalty［J］. Public Transport，2014，7（1）：39-60.

[203] MA X, ZHANG J, DING C, et al. A geographically and temporally weighted regression model to explore the spatiotemporal influence of built environment on transit ridership［J］. Computers, Environment and Urban Systems，2018，70（1）：113-124.

[204] DAS S, PANDIT D. Importance of user perception in evaluating level of service for bus transit for a developing country like India：A review［J］. Transport Reviews，2013，33（4）：402-420.

[205] CHENG Y H, CHEN S Y. Perceived accessibility, mobility, and connectivity of public transportation systems［J］. Transportation Research Part A：Policy and Practice，2015，77（1）：386-403.

[206] 邱皓政. 潜在类别模型的原理与技术［M］. 教育科学出版社，2008.
［QIU Z H. Latent class modeling：principles and techniques［M］. Educational Science Publishing House，2008.］

[207] Aljarad S N, Black W R. Modeling Saudi Arabia-Bahrain corridor mode choice［J］. Journal of Transport Geography，1995，3（4）：257-268.

[208] Bhat C R. Covariance heterogeneity in nested Logit models：econometric structure and application to intercity travel［J］. Transportation Research Part B：Methodological，1997，31（1）：11-21.

[209] Chang L. A network-based model for market share estimation among competing transportation modes in a regional Channel［D］. University of Maryland［D］. Ph. D，2001：1~13

[210] 马波涛，张于心，赵翠霞. 运用 Logit 模型对高速客流分担率的估计［J］. 北方交通大学学报，2003，27（2）：66-69.

[211] 王颖. 高速公路对运输通道影响研究[D]. 西安：长安大学，1999.

[212] 四兵锋，高自友. 铁路旅客票价与客流量之间的灵敏度分析[J]. 铁道学报，1999，21（4）：13-16.

[213] 四兵锋，高自友. 多模式交通条件下合理制定旅客票价的优化模型及算法[J]. 中国管理科学，2000，8（4）：55-62.

[214] 段国钦. 交通走廊运输需求分析及其运输结构优化研究[D]. 西安：长安大学，2000.

[215] 吴文娴. 铁路通道内客流分担率及客运组织策略研究[J]. 中国铁道科学，2011，32（2）：126-130.

[216] 李晓伟，王炜，杨敏，等. 旅客区域多模式交通出行行为特征与服务质量感知差异[J]. 西安建筑科技大学学报（自然科学版），2017（05）：685-692.

[217] 黄蓉. 城际交通出行的方式划分模型[D]. 南京：东南大学，2019.

[218] Hua Xuedong, Xie Wenjie, Wang Wei, et al. The Influence of Travel Distance on Mode Share for Regional Trips in China[C]// 19th COTA International Conference of Transportation Professionals. 2019.

[219] 华雪东. 基于供需平衡的多方式交通系统出行结构优化研究[D]. 南京：东南大学，2016.

[220] 高自友，任华宁. 城市动态交通流分配模型与算法[M]. 北京：人民交通出版社，2005.

[221] Dafermos S C. The traffic assignment problem for multiclass-user transportation networks[J]. Transportation Science，1972，06（01）：73-87.

[222] Wong S C. Multi-commodity traffic assignment by continuum approximation of network flow with variable demand[J]. Transportation Research Part B，1998，08（32）：567-581.

[223] Clark S D, Wading D P. Sensitivity analysis of the probit-based stochastic user equilibrium assignment model[J]. Transportation Research Part B，2002（36）：617-635.

[224] Nagurney A, Dong J. A multiclass, multicriteria traffic network equilibrium model with elastic demand[J]. Transportation Research Part B，2002（36）：445-469.

[225] Enrique Fernandez J L, De Cea C J, Soto A. A mufti-modal supply demand equilibrium model for predicting intercity freight flows[J]. Transportation Research Part B，2003（37）：615-640.

[226] Nie Y, Zhang H M, Lee D H. Models and algorithms for the traffic

assignnment problem with link capacity constraints[J]. Transportation Research Part B, 2004(38): 285–312.

[227] Garcia R, Marin A. Network equilibrium with combined modes: models and solution algorithms[J]. Transportation Research Part B, 2005(39): 223–254.

[228] Ran B, Boyce D E, Leblanc L J. A new class of instantaneous dynamic user-optimal traffic assignment models[J]. Operations Research, 1993, 01(41): 192–202.

[229] Yang H. Heuristic algorithms for the bilevel origin-destination matrix estimation program[J]. Transportation Research Part B, 1995, 29B(4): 231–242.

[230] Bar-Gera H, Boyce D. Origin-based algorithms for combined travel forecasting models[J]. Transportation Research Part B, 2003(37): 405–422.

[231] Codina E, Garcia R, Marin A. New algorithmic alternatives for the OD adjustment problem on traffic networks[J]. European 3ournal of Operational Research, 2006(175): 1484–1500.

[232] 王炜. 路段交通量与OD出行量互算关系的研究. 南京工学院学报, 1989, 17(1): 24–32.

[233] 牛惠民, 尹云川. 限制路径条件下的交通流分配模型[J]. 兰州铁道学院学报, 1998, 17(4): 111–116.

[234] 宋一凡, 高自友, 单连龙. 对流运输条件下的双约束运量分布和配流的组合模型[J]. 公路交通科技, 1998, 15(03): 37–40.

[235] 王炜, 曲大义, 朱中. 城市交通网络综合平衡交通分配模型研究[J]. 东南大学学报(自然科学版), 2000, 30(1): 117–120.

[236] 王炜, 朱中, 曲大义. 离散化随机交通分配模型研究[J]. 南京: 东南大学学报, 2001, 17(01): 13–17.(Wang Wei, Zhu Zhong, Qu Dayi. A discrete-time stochastic traffic assignment model[J]. Journal of Southeast University(English Edition), 2001, 17(1): 13–17.)

[237] 陈建林, 刘海旭, 程庆学, 蒲云. 基于行程时间可靠性的多类用户交通分配模型[J]. 西南交通大学学报, 2007, 42(1): 115–119.

[238] 周溪召, 陈斌. 多模式均衡配流模型[J]. 城市轨道交通研究, 2002, 05(04): 65–68.

[239] 周溪召, 应伟恒. 城市综合交通规划的组合模型[J]. 同济大学学报, 2002, 30(07): 824–828.

[240] 阴志强, 周溪召. 混合交通网络出行、讫点、方式和路径随机选择的综

合模型［J］.上海海运学院学报，2001，22（01）：35-40.

［241］周溪召，刘振，张华欲.拥挤交通网络中组合的交通出行、OD、路径分配与收费定价模型［J］.系统管理学报，2007，26（02）：180-184.

［242］周溪召.混合交通运量分布与均衡配流组合模型研究［J］.系统工程学报，2000，15（02）：153-157.

［243］陈文强，吴群琪.时间相关的运输网络最小费用路径模型及算法［J］.铁道运输与经济，2009，31（05）：11-14.

［244］刘燕，章询.组合预测模型在短时交通流预测中的应用研究［J］.物流管理，2010（23）：15-18.

［245］周溪召，刘振，张华欲.拥挤交通网络中组合的交通出行、OD、路径分配与收费定价模型［J］.系统管理学报，2007，16（2）：180-184.

［246］罗朝晖，韦增欣，陈巧萍.多类型多准则相互影响的弹性需求随机用户平衡模型［J］.统计与决策，2010，（23）：10-12.

［247］吕彪，蒲云，刘海旭.多用户类型弹性需求随机期望—超额用户平衡模型［J］.西南交通大学学报，2012，47（3）：516-525.

［248］刘晓玲.拥堵交通流分配和道路网络容量计算理论与方法研究［D］.北京：北京交通大学，2017.

［249］岳昊，张鹏，刘晓玲，张辉，邵春福.拥堵路网交通流均衡分配模型［J］.哈尔滨工业大学学报，2019，51（09）：103-109.

［250］吴继峰，唐焕文.综合型交通分配问题的一种模型及算法［J］.高校应用数学学报，1991，06（02）：290-296.

［251］陈森发，周晶，朱玉全.一种实用的城市交通分配模型及其算法［J］.东南大学学报，1992；22（02）：100-104.

［252］刘景星，马俊，宋学劳.交通平衡分配模型算法研究［J］.哈尔滨建筑大学学报，2000，33（04）：105-107.

［253］陆锋，周成虎，万庆.基于层次空间推理的交通网络行车最优路径算法［J］.武汉测绘科技大学学报，2000，25（03）：226-231.

［254］侯立文，蒋馥.一种基于蚂蚁算法的交通分配方法及其应用田.上海交通大学学报，2001，35（6）：930-933.

［255］牛学勤，王炜.基于最短路搜索的多路径公交客流分配模型研究［J］.东南大学学报（自然科学版），2002，（06）：917-919.

［256］王增兵，李远富.神经网络与四阶段预测法在铁路运量预测中的组合应用研究［J］.铁道运输与经济，2003，25（12）：43-46.

[257] Cheng Lin, Yasunori Iida, Nobuhiro Uno, Wang Wei. Alternative Quasi-Newton Methods for Capacitated User Equilibrium Assignment [J]. Transportation Research Record Journal of the Transportation Research Board, 2003, 1857: 109-116.

[258] 崔洪军, 陆建, 王炜. 基于对策理论的交通流分配新方法 [J]. 公路交通科技, 2004, 21 (7): 108-110.

[259] 任刚, 王炜. 交通网络最短路权矩阵的迭代算法 [J]. 交通与计算机, 2005, (05): 8-12.

[260] 程琳, 王炜, 王欣. 可变步长的投影梯度算法与交通网络流量分配闭. 系统工程学报, 2006, 21 (1): 44-48.

[261] 程琳. 城市交通网络流理论 [M]. 南京: 东南大学出版社, 2010.

[262] 任刚. 交通管理措施下的交通分配模型与算法 [M]. 南京: 东南大学出版社, 2007.

[263] 王素欣, 高利, 崔小光, 等. 交通分配的粒子群优化算法 [J]. 交通运输工程学报, 2007, 07 (05): 97-100, 122.

[264] 度巍, 王先甲, 黄崇超. 求解随机用户平衡问题的粒子群演化算法 [J]. 武汉理工大学学报 (交通科学与工程版), 2010, 34 (3): 616-619.

[265] 徐勋倩, 王亚萍. 用蚂蚁算法处理固定需求交通平衡分配问题 [J]. 南通工学院学报 (自然科学版), 2004, 03 (02): 24-27.

[266] 翟长旭, 张和平, 潘艳荣. 遗传算法在均衡交通分配模型中的应用 [J]. 重庆交通学院学报, 2006, 25 (01): 107-109.

[267] 颜佑启, 欧阳建湘. 最短路-最大流交通分配法 [J]. 中国公路学报, 2005, 18 (4): 91-95.

[268] 张治觉, 周玉元. 模拟退火算法在交通规划中的应用 [J]. 湖南农业大学学报 (自然科学版), 2003, 29 (01): 70-72.

[269] 任刚, 刘晓庆, 顾程. 基于起讫点的均衡交通分配改进算法 [J]. 系统工程理论与实践, 2012, 32 (10): 2315-2322.

[270] 付旻. 城市多模式公共交通网络计算机模型构建技术研究 [D]. 南京: 东南大学, 2018.

[271] 丁浩洋. 城市多模式公交网络快速构建与客流分配研究 [D]. 南京: 东南大学, 2018.

[272] 黎茂盛, 王炜, 史峰, 等. 含有分车种禁行路段网络的交通平衡分析 [J]. 东南大学学报: 自然科学版, 2006, 036 (004): 630-633.

[273] 黎茂盛, 王炜, 史峰. 降级路网的认知及交通流平衡分析模型 [J]. 中

国公路学报,2006,019(006):87-91.

[274] 黎茂盛,王炜.基于路网子图空间的交通流平衡分析方法[J].中国公路学报,2007(02):97-101.

[275] Chen Tan, Wang Wei, Liang Mingzhang, Dai Suixi. Reversed Traffic Assignment for Staggered Shifts with User Equilibrium [C]. ICTE 2019 – Proceedings of the 6th International Conference on Transportation Engineering, 67-76, 2019.

[276] 叶含珺,安成川,夏井新.动态交通分配模型发展与展望[C]//第十四届中国智能交通年会.2019.

[277] Boyce, D. E., Ran, B., Leblanc, L. J. Solving an Instantaneous Dynamic User-optimal Route Choice Model [J]. Transportation Science, 1995, 29 (2).

[278] Merchant, D. K, Nemhauser, G. L. A Model and an Algorithm for the Dynamic Traffic Assignment Problems [J]. Transportation Science, 1978, 12 (3): 183-199.

[279] Merchant, D. K, Nemhauser, G. L. Optimality Conditions for a Dynamic Traffic Assignment

[Model [J]. Transportation Science, 1978, 12 (3): 200-207.

[280] Ho, J. K. A Successive Linear Optimization Approach to the Dynamic Traffic Assignment

[Problem [J]. Transportation Science, 1980, 14: 295-305.

[281] Carey, M. A. Constraint Qualification for a Dynamic Traffic Assignment Model [J]. Transportation Science, 1986, 20: 55-58.

[282] Carey, M. Optimal Time Varying Flows On Congested Networks [J]. Operations Research, 1987, 35 (1): 58-69.

[283] Janson, B. N. Convergent Algorithm for Dynamic Traffic Assignment [J]. Transportation Research Record, 1991, 1328: 69-80.

[284] Janson, B. N. Dynamic Traffic Assignment for Urban Road Networks [J]. Transportation Research, 1991, 25B (2/3): 143-161.

[285] Liu Z K. Model dynamic traffic assignment [D]. Nagoya: Nagoya University, 1993.

[286]王炜.一种动态的多路径交通分配模型[J].东南大学学报,1990,20(01):63-68.

[287] 王炜.多路径交通分配模型的改进及节点分配算法[J].东南大学学报,1994,(06):21-26.

[288] 邹智军, 杨东援. 动态交通分配模型解的非唯一性问题[J]. 同济大学学报（自然科学版）, 1998, 26（5）: 561-565.

[289] Ziliaskopoulos, A. K, Wardell, W. W. An Intermodal Optimum Path Algorithm for Dynamic Multimodal Networks[J]. European Journal of Operational Research, 2000, 125: 486-502.

[290] Ukkusuri S V, Waller S T. Linear programming models for the user optimal and system optimal network design problem: formulation, comparisons and extensions[J]. Networks and spatial economics, 2008, 8（4）: 383-406.

[291] 蒋艳群. 二维连续型动态交通分配模型及其数值模拟[D]. 合肥：中国科学技术大学, 2010.

[292] 王园. 可变信息标志条件下动态交通分配模型研究[D]. 哈尔滨：哈尔滨工业大学, 2013.

[293] 程浩. 面向出行者的动态交通分配模型及分布式寻路算法[D]. 广州：华南理工大学, 2014.

[294] 林志阳. 二维连续型动态交通分配与土地利用模型及其数值模拟[D]. 上海：上海大学, 2018.

[295] Luque F J, Friesz T L. Dynamic traffic assignment considered as a continuous time optimal control problem[A]. TIMS/ORSA Joint National Meeting[C]. Washington, D. C.

[296] Friesz T L, Luque J, Tobin R L, BW Wie. Dynamic network traffic assignment considered as a continuous time optimal control problem[J]. Operation Research, 1989, 37（6）: 893-901.

[297] Ran, B, Shimazaki, T. A General Model and Algorithm for the Dynamic Traffic Assignment Problems[A]. Proceedings of the Fifth World Conference on Transport Research[C]. Yokohoma, Japan, 1989.

[298] Ran, B., Boyce, D. E., LeBlanc, L. J. A New Class of Instantaneous Dynamic User-Optimal Traffic Assignment Models[J]. Operations Research, 1993, 41（1）: 1993.

[299] 殷亚峰. 动态交通分配模型建模研究[D]. 北京：清华大学, 1996.

[300] 杨丽娜. 基于蚁群算法与GIS的动态交通分配模型研究[D]. 西安：长安大学, 2014.

[301] Drissi-Kaitouni O. A variation line quality formulation of the dynamic traffic assignment problem[J]. European Journal of Operation Research, 1993, 71: 188-204.

［302］Friesz, T. L., Bernstein, D., Smith, T. E. et al. A Variational Inequality Formulation of the Dynamic Network User Equilibrium Problem［J］. Operations research, 1993, 41（1）: 179-191.

［303］Wie B W, Tobin R L, Friesz T L et al.. A discrete time, nested cost operator approach to the dynamic network user equilibrium problem［J］. Transportation Science, 1995, 29（1）: 79-92.

［304］Ran B, Hall R W, Boyce D E. A link-based variation line quality model for dynamic departure time/route choice［J］. Transportation Research, 1996, B30（1）: 1-12.

［305］Chen, H-K., Hsueh, C. F. A Model and An Algorithm for the Dynamic User-Optimal Route Choice Problem［J］. Transportation Research, 1998, 32B（3）: 219-234.

［306］钟剑华. 机非混合车流的动态交通分配模型研究［D］. 南宁: 广西大学, 2007.

［307］李曙光. 多模式动态交通分配模型在公交专用车道评估中的应用［A］. 第27届中国控制会议论文集［C］. 兰州, 2008: 442-447.

［308］王希伟. 考虑控制空气污染物排放的动态交通分配模型［D］. 南京: 东南大学, 2010.

［309］于德新, 张茂雷, 杨兆升. 基于灾害条件下应急疏散通道的动态交通分配模型［J］. 吉林大学学报（工学版）, 2010, 40: 138-141.

［310］Spiess H. Technical note-Conical volume-delay functions［J］. Transportation Science, 1990, 24（2）: 153-158.

［311］Akcelik R. A new look at Davidson's travel time function［J］. Traffic Engineering & Control, 1978, 19（N10）.

［312］王炜, 张庆涛, 李伟, 曹洪. 收费公路交通阻抗分析方法［J］. 中国公路学报, 1998, S1: 49-55.

［313］全林花. 城市道路实用路段路阻函数研究［D］. 南京: 东南大学, 2008.

［314］李晓伟, 王炜, 王昊, 等. 综合交通网络客运交通方式路段阻抗确定方法［P］. 中国专利, CN104933666A. 2015-09-23.

［315］王炜, 等. 基于综合运输体系的高速公路主通道交通量分析与预测研究［R］. 南京: 东南大学交通学院, 2020: 79-115.

［316］Dijkstra E W. A note on two problems in connexion with graphs［J］.

Numerische mathematik, 1959, 1（1）: 269-271.

［317］Bellman R. On a routing problem［J］. Quarterly of applied mathematics, 1958, 16（1）: 87-90.

［318］Bertsekas D P. An auction algorithm for shortest paths［J］. SIAM Journal on Optimization, 1991, 1（4）: 425-447.

［319］Dial R B. A probabilistic multipath assignment which obviates path enumeration. Transportation Research, 1971, （5）: 83-11.

［320］Ding Haoyang, Bao Yu, Luo Sida, Shen Hanxia, Wang Wei, Long Man, et al. A Capacity-Restraint Transit Assignment Model When a Predetermination Method Indicates the Invalidity of Time Independence［J］. Mathematical Problems in Engineering, 2015, （3）: 1-12.

［321］Wu Lixia, Wang Wei, Ding Haoyang, Fu, Min. Comparing Effective Path Searching Algorithms for Multi-Modal Public Transport Super-Network［C］. CICTP 2018: Intelligence, Connectivity, and Mobility - Proceedings of the 18th COTA International Conference of Transportation Professionals, p 743-754, 2018.

［322］Fellendorf M, Haupt T, Heidl U, et al. VISEM: An activity chain based traffic demand model［C］. Conference "Activity based approaches: Activity scheduling and the analysis of activity patterns", Eindhoven, Holland. 1995.

［323］Jovicic G, Hansen C O. The Orestad Traffic Passenger Demand Model［J］. 2001.

［324］邓卫. 新型交通组合需求预测方法的研究［J］. 南京：东南大学学报, 1997, 27（3）: 41-45.

［325］王炜, 邓卫, 杨琪. 公路网络规划建设与管理方法——道路交通规划与管理（第2版）［M］. 北京：科学出版社, 2006.

［326］兰鹏, 高跃文, 韩宝明. 基于出行目的链的出行生成——分布组合模型分析［J］. 数学的实践与认识, 2011, 41（13）: 000094-98.

［327］龙雪琴, 关宏志, 赵昕, 等. 基于土地利用和出行链的出行分布量预测方法［J］. 中国公路学报, 2014, 27（1）: 107-112.

［328］林早. 基于典型人群出行链的出行生成-分布组合模型与软件实现［D］. 南京：东南大学, 2018.

［329］陈征. 交通方式划分——交通分布组合模型研究与软件设计［D］. 南京：东南大学, 2004.

［330］Beckmann, Mc Guire C B, Winsten C B. Studies in theeconomics of transportation［M］．New Haven，Conn：Yale University Press，1956.

［331］Tomlin J A. A mathematical programming model for the combined distribution assignment of traffic［J］．Transportation Science，1971，05（02）：122-140.

［332］Evans S P. Derivation and analysis of some model for combining trip distribution and assignment［J］．Transportation Research，1976，10B：37-57.

［333］Huang H J，Lam H K. Modified Evan's algorithms for solving the combining trip distribution and assignment problem［J］．Transportation Research，1992，26B：325-337.

［334］喻翔，毛敏，刘建军．城市交通需求预测组合模型的研究［J］．西南交通大学学报，2003，38（01）：75-79.

［335］杜刚诚，彭国雄．交通组合模型在交通需求预测中的应用研究［J］．武汉理工大学学报（交通科学与工程版），2004，28（01）：92-94，144.

［336］罗文昌．混合交通OD分布与随机平衡分配组合模型及算法［J］．宁波大学学报（理工版），2007，20（04）：481-486.

［337］孙洪运．双运量榆树下的OD分布与随机用户均衡交通分配组合模型［J］．物流科技，2010（04）：25-28.

［338］吴红兵，陈义华．混合交通方式划分与交通分配联合模型［J］．系统工程，2005，23（07）：77-80.

［339］王山川．联合多方式划分/交通分配模型的研究［D］．北京：北京工业大学，2006.

［340］陈义华，黎伟．交通需求预测中均衡配流与方式划分组合模型［J］．交通与计算机，2007，25（02）：32-34，38.

［341］黎伟．基于四阶段法的城市轨道交通客流预测模型研究［D］．重庆：重庆大学，2008.

［342］李心为．城市轨道交通与常规公交联合方式划分与分配模型研究［D］．西安：长安大学，2013.

［343］华雪东，王炜，苗迪，等．一种区域综合交通一体化的方式划分与交通分配方法［P］．中国专利，CN110009205A. 2019-07-12.

［344］Florlan M，S. Nguyen. A Combined Trip distribution Modal Split and Trip Assignment［J］．Transportation Research，1978，12（4）：374-246.

［345］Safwat K. N.，Magnanti T. L. A Combined Trip Generation，Trip Distribution Modal split and trip Assignment Modal［J］Transportation Science，1988，18（1）：14-30.

［346］顾志康. 大城市快速公交线网规划理论与方法研究［D］. 南京：东南大学，2006.

［347］杨敏. 基于活动的出行链特征与出行需求分析方法研究［D］. 南京：东南大学，2007.

［348］陆化普. 交通规划理论与方法［M］. 北京：清华大学出版社，1998.

［349］王炜，徐吉谦，杨涛，等. 城市交通规划理论及其应用［M］. 南京：东南大学出版社，1998.

［350］Golob T F, McNally M G. A model of activity participation and travel interactions between household heads［J］. Transportation Research Part B: Methodological, 1997, 31（3）: 177-194.

［351］Lu X, Pas E I. Socio-demographics, activity participation and travel behavior ［J］. Transportation Research Part A: Policy and Practice, 1999, 33（1）: 1-18.

［352］Golob T F. A simultaneous model of household activity participation and trip chain generation［J］. Transportation Research Part B: Methodological, 2000, 34（5）: 355-376.

［353］Kuppam A R, Pendyala R M. A structural equations analysis of commuters' activity and travel patterns［J］. Transportation, 2001, 28（1）: 33-54.

［354］Bradley M, Vovsha E Amodel for joint choice of daily activity pattem types of household members［J］. Transportation, 2005, 32（5）: 545-571.

［355］Srinivasan S, Bhat C R. Modeling household interactions in daily in-home and out-of-home maintenance activity participation［J］. Transportation, 2005, 32（5）: 523-544.

［356］Kato H, Matsumoto M. Intra-household interaction in a nuclear family: A utility-maximizing approach［J］. Transportation Research Part B: Methodological, 2009, 43（2）: 191-203.

［357］Arentze T A, Timmermans H J P. A need-based model of multi-day,multi-person activity generation［J］. Transportation Research Part B: Methodological, 2009, 43（2）: 251-265.

［358］Wang D, Li J. A model of household time allocation taking into consideration of hiring domestic helpers［J］. Transportation Research Part B: Methodological, 2009, 43（2）: 204-216.

［359］宗芳. 基于活动的出行时间与方式选择模型研究［D］. 吉林大学，2005.

[360] 富晓艳. 基于活动的出行预测模型集计方法应用研究 [D]. 吉林大学, 2007.

[361] 邵昀泓. 基于活动的出行需求分析及信息影响研究 [D]. 南京：东南大学, 2006.

[362] Yang Min, Wang Wei, Ren Gang, et al. Structural Equation Model to Analyze Sociodemographics, Activity Participation, and Trip Chaining between Household Heads: Survey of Shangyu, China [J]. Transportation Research Record, 2018.

[363] Yang Min, Wang Wei, Chen Xuewu, et al. Empirical Analysis of Commute Trip Chaining: Case Study of Shangyu, China [J]. Transportation Research Record: Journal of the Transportation Research Board, 2007, 2038: 139-147.

[364] 鲜于建川, 隽志才. 出行链与出行方式相互影响模式 [J]. 上海交通大学学报, 2010 (06): 792-796.

[365] 鲜于建川. 通勤出行方式-出行链模式联合选择模型 [J]. 交通运输系统工程与信息, 2016 (16): 143-148.

[366] 万霞. 基于出行链和家庭内私人交通工具分配的出行方式选择研究 [D]. 南京：东南大学, 2011.

[367] 江国俊. 基于出行链的自行车出行方式选择实证研究 [D]. 北京：北京交通大学, 2012.

[368] 欧舟. 城市居民出行行为及特征研究 [D]. 长沙：长沙理工大学, 2012.

[369] 李丹. 基于结构方程的核心家庭活动--出行交互作用行为模型 [D]. 南京：东南大学, 2013.

[370] 李志斌, 刘攀, 王炜, 等. 一种基于活动链模式的选择自行车方式出行预测方法 [P]. 中国专利, CN 103116702 A. 2013-05-22.

[371] Li Zhibin, Wang Wei, et al. Exploring the causal relationship between bicycle choice and trip chain pattern [J]. Transport policy, 2013, 29 (SEP.): 170-177.

[372] Yang Min, Yang Yingxiang, Wang Wei, et al. Multiagent-Based Simulation of Temporal-Spatial Characteristics of Activity-Travel Patterns Using Interactive Reinforcement Learning [J]. Mathematical Problems in Engineering, 2014 (1): 189-203.

[373] 杨励雅, 李娟. 居民出行链、出行方式与出发时间联合选择的交叉巢式 Logit 模型 [J]. 北京大学学报（自然科学版）, 2017 (53): 722-730.

［374］叶东. 基于出行链的中小城市居民出行方式选择行为研究［D］. 重庆：重庆交通大学，2017.

［375］叶玉玲，韩明初，陈俊晶. 基于出行链的城际旅客出行方式选择行为［J］. 同济大学学报（自然科学版），2018，46（09）：77-83.

［376］Zhao D，Wang W，Ong G P，et al. An Association Rule Based Method to Integrate Metro-Public Bicycle Smart Card Data for Trip Chain Analysis［J］. Journal of Advanced Transportation，2018，2018（PT.3）：4047682.1-4047682.11.

［377］杨东媛. 通过大数据促进城市交通规划理论的变革［J］. 城市交通，2016，14（3）：72-80.

［378］赵再先，刘晓玲. 大数据时代"四阶段"交通模型体系技术升级方法［J］. 交通与运输，2019，32（S1）：71-74+80.

［379］Herrera J C，Amin S，Bayen A，et al. Dynamic estimation of OD matrices for freeways and arterials［R］. USA California Berkeley：Institute for Transportation Studies，UC Berkeley，2007.

［380］Wang P，Hunter T，Bayen A M，et al. Understanding road usage patterns in urban areas［J］. Scientific eports，2012（2）：01001.

［381］杨小丽. 基于 RFID 数据的动态 OD 估计及应用研究［D］. 重庆：重庆交通大学，2018.

［382］俞璐怡. 基于手机信令数据的在线交通仿真交通方式划分方法研究［D］. 深圳：深圳大学，2019.

［383］朱倩. 基于大数据的城市轨道交通客流预测方法研究［D］. 成都：西南交通大学，2019.

［384］Yan X，Han X，Wang B，et al. Diversity of individual mobility patterns and emergence of aggregated scaling laws［J］. Scientific Reports，2013（3）：2678.

［385］赵德. 多方式公共交通资源耦合效能评价［D］. 南京：东南大学，2016.

［386］De Zhao,Wei Wang,Chenyang Li，Yanjie Ji，Xiaojian Hu & Wenfu Wang. Recognizing metro-bus transfers from smart card data［J］. 2019，42（1）：70-83.

［387］刘华斌. 手机信令数据背景下城市交通出行方式选择辨识方法研究［D］. 北京：北京交通大学，2019.

［388］项昀，徐铖铖，于维杰，华雪东，王炜. 基于人口迁徙大数据的城市对外交通客运方式优势出行距离研究［J］. 交通运输系统工程与信息，2020，20（01）：241-246.

[389] Zhang Y, Qin X, Dong S, et al. Daily OD matrix estimation using cellular probe data [Z]. Transportation Research Part B Annual Meeting CD-ROM, 2010.

[390] Dong S, Qin X, Zhang Y, et al. Dynamic network flow modeling based on cell probe data [C] //2010 IEEE Intelligent Vehicles Symposium, Piscataway. NJ, USA: IEEE, 2010.

[391] 陈喜群, 张帅, 超沈凯, 叶韫, 孙闻聪. 大数据驱动的动态交通分配仿真及实证研究 [A]. 中国智能交通协会. 第十一届中国智能交通年会大会论文集 [C]. 中国智能交通协会, 2016: 09.